부흥으로 이끄는 교회 혁신

잘되는 교회에는
이유가 있다

부흥으로 이끄는 교회 혁신

잘되는 교회에는
이유가 있다

방유성 지음

한언

오늘날 한국 교회는 수난기에 있다. 세간의 여론을 보면 교회를 일종의 이익 집단으로 치부하는 의견도 존재한다. 이들은 목회자와 신자들을 어느 단체보다도 이기적이고 세속화된 집단으로 보는가 하면, 심지어 사회에 분열과 갈등을 조장하는 집단이라고 주장하기도 한다.

교회의 입장에서 보아도 각종 스캔들, 목회 세습, 정치 편향 등으로 지탄받는 계기를 스스로 만드는 교회들이 있다. 하지만 아직도 대다수 교회는 다방면으로 선한 사역을 충실히 이행하고 있다. 이런 상황이다 보니 교회에 비호감 혹은 반감을 가진 사람들에게 어떻게 교회를 바르게 이해시키고 나아가 교회의 일원으로 끌어들일 수 있을까 하는 고민이 생기지 않을 수 없다.

한국은 반세기 만에 눈부신 경제 성장을 이루었다. 이제는 세계 10위권의 경제 규모를 갖추고, 1인당 국민소득 4만 달러 시대를 바라보고 있다. 1996년 경제협력개발기구OECD 회원국으로 가입되었고, 2021년 유엔무역개발회의UNCTAD에서 한국의 지위가 개도국開途國(개발도상국)

그룹에서 선진국 그룹으로 격상되기도 하였다.

이렇게 한국의 경제 성장을 이끌어 낸 데에 기업의 역할이 컸음은 부인할 수 없다. 한국을 이끌어온 굴지의 기업들은 기업 가치를 높이기 위해 지속적으로 사업 영역을 재정비하고 혁신을 추구해 왔다. 때에 따라 조직을 진단하여 조직 구조를 사업 중심으로 재편하기도 하고, 효율적인 업무 프로세스와 정보 시스템을 찾아 개선하기도 했다. 그뿐만 아니라 효과적인 평가 체계와 인사 시스템을 찾기 위해 끊임없이 노력해 왔다. 그 결과 많은 기업의 조직 경쟁력이 강화되고, 일부 대기업은 초일류기업으로 성장하기도 했다.

이와 발맞추어 한국 교회에도 많은 변화가 있었다. 70년대에는 교회 성장론이 많은 교회 지도자들에게 충격과 도전으로 부상되었고, 80년대에 이르러서는 다수의 교회가 외형적인 성장을 이루며 해외에 선교사를 파견했다.

그러나 언제부턴가 한국 교회는 침체기에 접어들었다. 교인 수의 증가율이 둔화되고, 영적 침체가 지속되며, 사회 여론이 계속해서 악화되고 있다. 물론 이런 문제를 타개하기 위해 자기들의 사명과 비전을 얘기하며 노력하는 교회도 있다. 하지만 안타깝게도 지금 한국 교회에는 부흥기 때의 활력과 열정을 찾아보기 어렵다. 설상가상으로 코로나19로 인한 팬데믹까지 겹쳐 그동안 한 번도 경험해 보지 못한 비대면, 온라인 예배가 등장하기에 이르렀다. 이제 교회는 '교인'이라는 구심점도 잃어가고 있는 것처럼 보인다.

하지만 이런 힘든 시기는 오히려 한국 교회에 성찰의 기회를 주고, 새로운 혁신을 시도하기 좋은 기회가 될지도 모른다. 많은 기업이 어려운 환경에서 변화의 기회를 잡아 성장했듯이, 교회도 갱신과 새로운 부흥의 길을 찾을 수 있다는 것이다. 지금이 교회의 정체성을 찾고 교회와 교인들의 유기적 관계 개선을 이룰 때이다. 나아가 사회를 향한 선한 영향력의 폭발적 확대, 즉 교회로서의 역할과 사명을 더 충실히 감당하기 위한 시도를 할 적기다. 그러려면 현실을 직시하고 분별하여 교회를 영적, 수적으로 확장할 수 있는 혁신이 필요하다.

그렇다면 교회는 어떻게 혁신해야 할까?

우선 교회 내에서 현 상황을 정확하게 진단하는 일부터 시작해야 할 것이다. 즉 우리 교회가 과연 건강한지에 대한 고찰이다. 건강하다는 것은 정신적·육체적으로 아무 탈이 없고 튼튼한 상태를 말하는데, 주로 사람이나 동식물을 두고 하는 말이기 때문에 어떤 이에게는 교회 건강이라는 말이 다소 생소하게 들릴 수 있다. 이는 이제까지 우리가 교회의 건강성에 대해 유념하지 않은 탓도 있을 것이다. 그러나 교회의 건강성은 무엇보다도 중요하다. 이 건강성을 잃게 되면 사탄이 우는 사자처럼 달려들 것이다. 이 말은 신실하고 연륜 있는 교인이라면 쉽게 이해될 것이다. 그러므로 교회는 조직의 건강성을 진단하고 미흡한 부분에 대해서 회복 방안을 강구해야 한다.

교회 건강성을 고찰할 때는 무엇보다도 사역 활동 재점검이 우선일 것이다. 보통 사역 활동 점검이라고 하면 교회 사역의 성과 점검만을 생각하기 쉽다. 그러나 확실한 성과를 내고 교인들의 호응까지 이끌어 내려면 사역의 세부적 구성을 살펴볼 필요가 있다. 이는 교회가 지금 시대에 해야 할 일과 하지 말아야 할 일, 우선적으로 해야 할 일과 나중에 해야 할 일을 구분하는 것이다. 이런 과정을 통해 교회 정책 방향을 명확히 할 수 있다.

점검을 통해 교회의 정책 방향이 확립되면 구체적인 혁신 방안 및 실행 계획을 면밀히 마련해야 한다. 그리고 그 정책 방향과 실행 방안을 성도들에게 공유하여 성도들이 적극적으로 동참하도록 촉구하는 과정도 필수적이다.

근본적인 교회의 사역은 예배, 양육, 전도, 봉사 활동을 생각할 수 있을 것이다. 예배사역은 진정과 신령으로 드리는 예배와 감동을 주고 역사하는 강단 메시지를 통해 살아날 수 있을 것이다. 양육사역은 말씀 묵상과 체계적으로 설계된 양육 프로그램이 도움이 될 것이며, 잃어버린 하나님의 백성을 다시 찾는 전도 사역은 모든 기독교인이 받은 지상 명령이다.

이 책에서는 이 세 가지 교회 사역의 활성화를 위해 교회 혁신을 추친해 가는 과정과 방법을 설명한다. 쉬운 접근을 위해 효율적인 교회 혁신 추진 방법을 모델화하여 제시했다. 책 안에 제시된 교회혁신모델MCI, model of church innovation은 크게 세 개의 겹loop으로 싸여 있는 서클

(원)-트라이앵글(삼각형)구조다.

간단하게 설명하자면 모델의 바깥 고리는 교회의 비전, 정책 목표 및 실행 계획을 수립하고 이를 실행-점검-피드백하는 일련의 교회 경영관리 사이클이다. MCI의 가운데 삼각형 고리는 교회의 핵심 성공 요인인 교회의 갱신, 부흥이 추진되는 과정에서 유념해야 할 요소로 효율성, 적합성, 건강성을 체크하는 과정이다. 안쪽의 작은 삼각형은 교회의 활동 영역인 사역관점, 경영관리관점, 관계관점, 네트워크관점에서 접근하고 체크하는 프로세스다.

이 책은 또한 교회 혁신을 위한 경영관리적 측면을 더 면밀히 설명한다. 어느 조직이나 마찬가지지만 교회 경영은 정책관리이고 조직관리이며 관계관리로 요약된다. 물론 교회가 추구하는 방향은 이윤을 추구하는 세상의 여느 기업 조직과는 본질적으로 다르다. 그러나 기업의 이윤 추구를 신실한 교인 수 확대라는 교회의 목표로 바꾸어 보면, 결국 교회 조직도 교회 사역의 정책관리, 사람과 물질을 관리하는 경영관리라고 볼 수 있다.

교회도 하나의 조직이다. 조직은 생물체처럼 살아 움직인다. 살아 움직이며 변화하는 조직을 관리하려면 고도의 경영 지혜가 요구될 것이다. 다행히 조직관리에 관한 경영학적 연구는 이미 광범위하게 이루어져 있는데, 교회도 그 지식을 활용할 필요가 있다. 특히 교회의 직분 제도, 업무 프로세스 개선, 리더의 책임과 역할, 목회자의 선발과 유지 관리, 직원의 관리 등에서 이미 효과가 입증된 조직관리 기법을 활용하는 방법을 제시한다.

교회의 관계관리 측면도 생각해 보자. 교회의 사역자와 성도들 간, 새 신자와 기존 성도 간, 성도들 간의 관계관리 체계가 교회에서는 매우 중요한 영역이다. 기업은 고객과 처음 접촉할 때부터 고객의 니즈needs, 제품·서비스의 품질, 가격, 필요 시점 등의 데이터를 체계적으로 정리하고 관리한다. 이런 분석 결과를 바탕으로 고객에게 최적의 제품·서비스를 최적의 시간에 최적의 가격으로 정확한 장소에 전달하려고 노력한다. 물론 고객과의 충분한 커뮤니케이션과 함께 내부적으로 이에 대한 충분한 연구, 생산 및 전달의 과정을 거친다.

교회 역시 새 신자, 성도의 니즈 등 특성을 체계적으로 정리하고 분석하여 성도의 신앙 수준에 맞춘 예배 및 양육 프로그램들을 다양하게 구성하고, 성도의 상황에 맞춰 교제와 봉사 프로그램을 수립할 필요가 있다. 이러한 관계관리 프로그램 체계를 교회에 적용한다면 교회 지도자들이 성도의 성향과 필요를 정확히 이해하고 성도들과 긴밀한 관계를 형성하는 데 큰 도움이 될 것이다.

필자는 경영학 박사학위를 받은 후 30여 년간, 세계 최대 경영컨설팅 회사의 경영컨설턴트, 매니저, 이사로 일하면서, 기업 혁신과 관련된 양질의 데이터와 보고서를 검토하고 실천적 혁신 방안을 고민해 왔다. 또한 글로벌 경영컨설팅회사의 한국 대표로서 세계 각국의 대표들과 함께하는 수많은 회의와 연구에 참여하기도 했다. 세계적인 굴지의 기업들,

정부 조직, 공공 기관, 대학교 · 종합병원 등을 대상으로 경영자문 · 경영컨설팅을 성공적으로 수행했다. 또한 대학 · 대학원의 겸임교수로 경영 전략, 경영관리, 조직 · 인사 관리 등을 강의하고 기독경영연구원에 소속되어 교회, 신학대학교, 기독NGO 단체의 혁신을 위한 컨설팅도 수행했다.

경영컨설턴트로서 다양한 산업 환경 · 조직 환경을 체계적으로 분석하고, 수많은 임직원과의 인터뷰와 워크숍을 진행하고, 성과 좋은 기업에 대한 벤치마킹도 해가며 혁신의 필요성을 직접 보아왔다. 수많은 기업과 조직의 선진 정보 시스템, 효율적인 프로세스와 조직관리 시스템을 도입시켜 혁신의 효과도 다수 체험했다. 또한 대학 · 대학원의 겸임교수로 경영 전략, 경영관리, 조직 · 인사 관리 등을 강의하고 기독경영연구원에 소속되어 교회, 신학대학교, 기독NGO 단체의 혁신을 위한 컨설팅도 수행했다.

80년대 이후 일부 교회에서는 경영 이론, 마케팅 이론을 비체계적이고 어설프게 도입 · 적용했다. 최근까지도 교회 경영, 교회의 미래 등을 주제로 한 책들이 적지 않게 출간되었지만, 대부분 교회의 문제 등을 분석한 연구 보고서 수준에 머물렀다. 문제점만 부각시켰을 뿐 누구도 구체적인 해결 방안은 내놓지 않았다.

그래서 평생을 정책관리, 조직관리에 몰입해 온 필자의 사명이라고 여기며 이 글을 쓰기 시작했다. 이 책에서는 일반적이고 개념적인 말이 아닌 교회의 정책관리, 조직관리, 조직 운영 프로세스를 효율적으로 바꾸는 방법을 구체적이고 실질적으로 설명하고자 한다. 최대한 일목요연하게 서술하여, 교회가 하겠다는 마음만 먹으면 스스로 쉽게 혁신으로 나아가도록 돕고자 한다.

　이 책은 나면서부터 크리스천인 필자가 한국 교회를 바라보며 교회의 부흥을 위해 고민한 결과의 산물이다. 부디 이 책이 교회의 미래를 염려하며 새로운 부흥을 꿈꾸는 교회와 성도들에게 혁신으로 나아가는 마중물이 되었으면 하는 바람이다.

방유성

목차

제5부. 교회의 관계관리

참고문헌

1
교회와 혁신

"모세가 이스라엘 무리 중에서 능력있는 사람들을 택하여 그들을 백성의 우두머리 곧 천부장과 백부장과 오십부장과 십부장을 삼으매 그들이 때를 따라 백성을 재판하되 어려운 일은 모세에게 가져오고 모든 작은 것은 스스로 재판하더라."

(출 18:25-26)

모세의 장인 이드로가 모세를 방문했을 때, 모세는 온종일 재판하느라 앉아있고 백성들은 아침부터 저녁까지 그 곁에 서 있는 진풍경을 보게 되었다. 미디안의 제사장으로 족속을 다스려 본 경험이 있는 이드로는 이스라엘 무리 중 능력 있는 사람들을 세워 일을 효율적으로 하는 방법을 모세에게 제시했다. 이 의견에 따라 모세는 이스라엘 민족 중에 재판 관리자를 새롭게 구성하고 재판 프로세스를 재설정했다. 그 결과 이스라엘 내의 유능한 일꾼들에게 헌신의 영역을 넓혀줄 수 있었고, 백성들은 신속하고 능률적인 재판의 혜택을 누릴 수 있었다.

교회는 예수 그리스도를 주님으로 고백하고 따르는 성도들의 모임 공동체이다. 넓게는 예수를 믿는 성도들의 집합체이지만, 현실적으로는 개별 예배당에 소속된 성도의 무리로 존재한다. 소규모 개별 교회 형태로 운영되다 보니, 기업이나 정부 조직처럼 효율적 경영관리 기법을 도입하는 데 소극적이었다. 하지만 이제 교회에도 검증된 경영관리 기법을 활용해 보면 어떨까? 그러면 이드로의 지혜를 활용한 모세처럼 성도와 교회 모두에게 유익한 길을 더 쉽게 찾을 수 있을 것이다.

거의 모든 기업이 조직 역량을 차별화시키는 경영 전략을 수립하고, 경영관리 기법을 통해 복잡한 일을 표준화된 작업 절차로 체계화하며, 비용과 수익을 세세하게 측정하고 관리한다. 그뿐만 아니라 수많은 임직원의 과업을 조정하고 통합함으로써 공통된 조직 목표를 효과적으로 달성한다. 이러한 지속적인 경영관리 개선 및 혁신 활동 덕분에 기업이 성장하고 발전해 왔고, 굴지의 기업들이 생겨났다.

물론 경영관리 및 혁신 활동에 대해서 부정적인 시각이 전혀 없는 것은 아니다. 지나친 경쟁적 경영 모델이나 성과 관리 등은 인간의 자유로운 본성을 짓밟기도 하고, 인간의 상상력과 창조성을 억압한다고 지적된다. 소비자의 구매력을 증가시켜 기업의 생산과 서비스를 촉진했지만, 동시에 과잉 생산이나 과소비 및 환경 파괴를 초래하는 주범으로 지목되기도 하는 것이다. 현대적 경영 이론이 조직을 매우 효율적이고 경쟁적으로 변화시키긴 했지만, 조직의 실질적 가치를 증대시키거나 조직과 사회를 건강하고도 바람직한 방향으로 이끌지는 못한다는 비판도 받아왔다.

아직 교회에서 경영 이론이나 혁신 기법을 운운하는 것이 신실한 신앙에 배치背馳된다고 주장하는 성도나 목회자들도 여전히 적지 않다. 물론 교회는 사명과 목적 면에서 분명 세상의 기업이나 조직과는 근본적으로 다르다. 그러나 교회도 다른 조직들과 마찬가지로 하나의 조직체이자 효과적이고 효율적인 조직 운영이 필요하다는 점은 부인하기 어렵다.

조직의 공통적인 속성과 교회의 특수성을 감안하여, 경영학이 가진 장점과 유익한 면을 잘 활용한다면 교회의 발전에 분명히 도움이 될 것이라고 확신한다.

1. 왜 교회 혁신인가?

1) 사회 변화와 교회의 위기

한국 사회뿐만 아니라 전 세계가 과거와 매우 다른 모습으로 바뀌고 있다. 세계 경제는 탈 글로벌 및 보호무역주의 경향이 더욱 심화되고 있다. 산업 분야는 정보 기술, 인공지능, 바이오, 전기차, 블록체인, 신재생 에너지 등 기술의 발전으로 재편되고 있다. 사회는 포스트모더니즘의 확산, 동성애·동성혼 인정과 합법화 추진, 출산율 급감, 기후 변화, 코로나19 팬데믹 등으로 혼란스럽다.

이러한 사회·경제·기술·문화의 변화는 교회에도 많은 영향을 미치고 있다. 일각에서는 교회가 정치 활동에 참여하지 않아야 한다고 하고, 또 다른 한편에서는 교회가 더욱 적극적으로 정치 활동을 해야 한다고 주장한다. 포스트모더니즘은 비성경적이어서 이 개념의 확산을 적극적으로 막아야 한다고 하고, 동성애·동성혼의 합법화 추진도 절대 이루어져서는 안 된다고 목소리를 높인다.

교회가 연말 결산 후 이월금을 적절한 투자처에 넣어 두고 향후 자산의 증식을 도모해야 한다는 장로도 있는 반면, 자산 투자나 투기를 하는 것은 죄악이라고 여기는 장로도 있다. 또한 팬데믹의 상황이라도 비대면·온라인 예배는 진정한 예배가 아니기에 직접 예배당에 나와서 예배를 드려야 한다고 생각하는 성도들도 많다.

이처럼 다양한 기독교인들의 생각이나 주장도 중요하다. 하지만 교회는 교회 안뿐만 아니라 교회 밖 세상이 교회와 기독교인들을 어떻게 보고 있는지에 대해서도 세심하게 귀 기울여 들어야 한다. 왜냐하면 교회를 비판하는 교회 밖 사람들이 바로 교회의 잠재 고객, 즉 전도 대상자들이기 때문이다.

2020년 기독교윤리실천운동에서 조사 발표한 한국 교회에 대한 신뢰도 조사 결과를 보면 신뢰한다(매우+약간) 31.8%, 신뢰하지 않는다(별로+전혀) 63.9%로, 국민 3명 중 1명 정도만이 한국 교회를 신뢰하는 것으로 나타났다. 계층별로는 50대 이상 고령층, 가정주부층, 소득수준 중하층 등 이념적으로 보수 성향 그룹에서 상대적으로 높은 경향을 보였다.

특히 종교별로 볼 때 개신교인은 한국 교회에 대해 75.5%의 높은 신뢰도를 보였으나, 타 종교인과 무종교인들에서는 신뢰보다는 불신이 더 높게 나타났다. 특히 무종교인들의 경우 신뢰 17.2%, 불신 78.2%로 큰 차이를 보였다. 종교 신뢰도를 상대적으로 파악하기 위해 종교간 조사한 결과에서, 개신교는 신뢰도 측면에서 가톨릭이나 불교보다 낮게 나타났다.

이러한 결과가 나온 원인에 대해서 여러 가지 해석이 가능하겠지만, 일각에서는 개신교의 합리성 부족을 지적하고 있다. 개신교는 이성에 근거된 종교 생활이 근본이므로 말씀을 이해하고, 개인의 결단과 헌신을 중요시한다. 그래서 각각 누구에 의한 신앙이 아니라 스스로 제사장이 될 것을 강조한다. 문제는 이렇게 흩어진 개인들의 신앙이 합리성에 따라 통합이 어렵고, 교회들과 성도들의 공동체 의식이 부족하게 만든다는 것이다.

그런데 교회 밖 시선은 몇몇 개별 교회나 소수 기독교인의 일탈을 대부분 개신교의 잘못으로 인식하는 경향이 강하다. 비난하는 세간의 시선은 대부분 교회에 대한 몰이해와 편견에 기반을 두고 있다. 신앙인의 관점에서는 교회의 부흥을 막으려는 사탄의 계략 때문이라고 생각할 수도 있다. 그러나 한국 교회는 이 시대의 사명을 완수하기 위한 잘못과 비판에 대해 겸허히 받아들이고 소명을 온전히 감당하지 못한 점도 반성해야 한다. 교회가 지금까지 알게 모르게 저지른 과오나 실수도 진정으로 회개해야 할 것이다.

그리고 모든 기독교인의 사명인 하나님 나라의 확장과 잃어버린 주의 백성을 전도하는 일에 교회가 더욱 가열차게 매진해야 한다. 그러기 위해서는 한국 교회가 바뀌어야 한다. 위기에 처한 한국 교회가 건강한 교회로 변해야 한다. 즉 혁신이 이끄는 교회 부흥의 길을 모색해야 한다.

기업 세계는 치열한 생존 경쟁의 논리가 지배한다. 어떠한 업종에서는 1, 2위 업체만 살아남고 나머지 후발 업체들은 존속하기 어렵다. 또한 새롭게 시장에 진입하려는 기업은 이미 시장을 선점하고 있는 기업들보다 더 좋은 제품을 더 빠르게 그리고 더 값싸고도 효율적으로 생산하기 위해 혹독한 경쟁을 한다.

우리나라 경제가 급격하게 성장하던 90년대부터 기업들은 조직재설계, 프로세스 리엔지니어링, 전사적자원계획시스템ERP, 고객관계관리시스템CRM, 물류관리시스템SCM과 같은 IT 애플리케이션의 첨단화, BSC balanced score card와 같은 정책관리, 지식 경영, 로봇 중심의 공장자동화, 평가와 보상 체계의 개선 등 수많은 경영혁신을 추진해 왔고, 지금도 기업의 경쟁 우위 확보를 위해 혁신 활동은 진행 중이다.

경영혁신은 다국적기업들과 대기업에서 시작되었고, 점차 중견기업, 중소기업으로도 확산되었다. 그리고 관료 조직인 중앙행정부처에도 경영혁신의 광풍이 불었고, 이 혁신의 물결은 다시 공공 기관, 지방정부 등으로 이어졌다. 심지어 비영리 조직인 대학교, 병원, NGO non-governmental organization 단체들조차 이제는 혁신이 없이는 살아남기 어렵다고 한다.

모든 조직이 변화와 혁신을 외치고 있는 와중에도 과거의 관행을 답습하며 조직 운영의 효율성과 효과성, 합리성을 외면하는 조직이 있다. 바로 교회다. 교회도 엄연한 조직이다. 자전거가 움직일 때 쓰러지지 않는 것처럼, 조직도 지속적으로 혁신을 추진해 갈 때 쓰러지지 않고 발전할 수 있다. 혹 잠깐 쓰러졌다 하더라도 가능한 한 빨리 일어서서 앞으로 나아가기 위해서는 혁신이라는 활동이 필요하다. 이제 교회도 혁신을 통해 건강한 교회, 좋은 교회, 부흥하는 교회로 나아가야 한다.

경영혁신이란 업무 프로세스나 업무 수행 방법을 보다 효과적으로 변화시키거나 기존의 조직 형태를 수정해 조직의 전략 목표를 달성하는 일련의 변화관리 활동이다. 경영 전략가 게리 하멜Gary Hamel은 경영혁신의 내용을 전략적 계획, 예산 편성, 프로젝트 관리, 인재 채용, 인재 육성, 내부 의사소통, 가치 창출을 위한 지식 관리, 주기적 사업 검토, 그리고 평가와 보상 등으로 분류했다. 이들 각 영역에 대해서 체계적으로 분석하고 조직에 맞는 혁신 방안을 수립하고 실행하는 것이 경영혁신이다.

한 기업이 혁신을 추진하는 과정은 다음과 같다.

(1) 기업이 속해 있는 산업 환경을 체계적으로 분석함으로써 앞으로 기업이 나아가야 할 정책 방향을 수립할 수 있다. 정치, 경제, 사회, 법, 기술, 문화, 경쟁 기업 등 환경을 분석해 보면 어떤 환경은 기업에 위협 요인이고, 반대로 어떤 환경은 기업이 사업을 하는 데 기회 요인이 되기도 한다.

(2) 기업 내부의 역량을 분석한다. 기업의 브랜드 역량, 기술적 역량, 서비스 역량, 생산 역량, 고객과의 관계 역량에서 강점이 있을 수 있다. 반면 인적 자원 역량, 조직 문화, 시장에서의 이미지 등에서 약점이 있을 수 있다.

(3) 기업의 강·약점을 기회와 위협적인 환경 요인 속에서 통합

적으로 생각해 보면, 기업의 어떤 역량이 부족하고 보강해야
하는지 파악된다. 그리고 기업의 이런 강점을 바탕으로 사업
기회를 어떻게 더욱 집중 공략해야 하는지 경영 전략이 세워
진다.

(4) 기업이 약한 역량을 강화하기 위해서 조직과 인원을 재편하
거나 보강할 수도 있고, 프로세스를 더 효율적으로 처리되도
록 개선하거나 정보 시스템을 개발할 수도 있다. 한편 기업이
특정 역량에서 강점이 있다면, 좀 더 강점을 강화해서 사업
기회를 안정적으로 유지할 수 있다.

경영혁신 활동은 비전을 추진해 가는 수많은 변화 활동들에 대한 관
리이다. 경영혁신 활동을 크게 분류하면 비전·전략 수립(정책관리), 실
행 계획과 관리, 조직 재설계, 프로세스의 재설계, 인사 제도 개선, 공장
자동화 그리고 정보 시스템의 개발 등으로 나누어 볼 수 있다.

기업에서 경영혁신 활동을 추진해 가는 주체는 기업의 임직원이다.
기업의 대표, 임원들은 혁신 활동을 추진하는 리더가 되고, 직원들은 혁
신 활동을 실천해 가는 주체이자 대상이기도 하다. 그런데 혁신은 누구
나 싫어한다. 혁신은 기존의 방식을 다른 형태로 대체하는 것이기 때문
에 기존에 익숙해져 있던 방식을 버려야 하는 것이다. 새로운 방식은 서
툴기도 하고, 익숙해지기 전에는 많은 시행착오를 거쳐야 한다. 그래서
혁신 과정에서는 변화를 싫어하는 구성원들의 심리적 저항이 일어나기

도 하고, 이런 저런 장애물에 봉착하기도 한다. 조직마다 저항의 원인이나 정도, 장애물의 유형이 다르므로 모든 교회의 혁신에 적용되는 단 하나의 솔루션이나 매뉴얼은 없다. 모든 교회에 맞는 유일한 비전도 존재하지 않는다.

그러나 혁신 이후 달성할 비전이나 성과를 생각하면서 강한 의지를 가지고 나아가다 보면, 변화의 길 위에서 나아가고 있는 것을 발견하게 될 것이다. 함께 비전을 수립하고, 그 비전을 달성하기 위해 혁신을 하고, 혁신 활동을 수시로 점검 · 피드백해야 한다. 혁신 활동에 대한 수정과 대응 방안을 다시 실행에 옮기고, 또 점검 · 피드백하는 과정을 거치면서 교회는 어느 사이에 부흥하고 발전하게 된다. 결국 혁신을 통해 교회 운영의 실패를 줄이고, 교회의 역량을 제고하며, 교회의 본질과 사명을 완수하게 된다.

2) 비전 수립과 실행력 제고

비전이 없는 조직은 미래도 없다. 마찬가지로 비전이 없는 교회는 참담하다. 교회 본연의 사역, 소명을 정확히 알지 못하고, 교회의 시대적 소명, 공간적 비전을 수립하지 않은 교회는 발전을 기대하기 어렵다.

우리에게 익숙한 성경 구절, '예루살렘과 온 유대와 사마리아와 땅끝까지 이르러 내 증인이 되리라 하시니라(행1:8)'가 교회의 사명이다. 교회는 이 사명에 따라 비전을 수립한다. 지금 대부분의 한국 교회는 나름대로 비전을 수립하고 있다. 일부 교회는 수립된 비전을 주보에 인쇄하기도 하고, 또 다른 교회는 예배당 안쪽 전면에 현수막으로 내걸기도 한다.

그런데 이런 노력이 과연 성도들에게는 어떻게 받아들여지는가? 안타깝게도 소수의 목회자, 장로들을 제외한 대다수 성도는 이런 비전이나 사역 목표 등에 무관심하다. 관심이 없기에 어떤 성도들은 그냥 뻔한 문구, 있어도 없어도 그만이라고 생각한다. 초신자나 새로 등록한 성도들 중에는 처음 보는 문구에 궁금해할 수도 있지만 의미를 캐물어 볼 만큼 관심을 두는 성도는 드물다.

왜 그럴까? 신앙의 경륜이 적은 초신자이거나, 사역의 중요성에 대한 이해가 부족한 것이 이유일 수도 있다. 그러나 사실 대부분 성도는 개개인의 삶만으로도 이미 바쁘다. 바쁜 생업에 지친 현대의 성도들은 교회의 비전을 세우는 일이나 그 비전의 달성 같은 일은 전임 사역자들의 몫이라고 여긴다.

교회의 목회자, 장로들은 교회 살림살이가 버겁다. 예배설교 준비, 절기 행사, 주일학교 교육, 성가대의 찬양, 그리고 남녀전도회의 사업 등 수많은 사역으로 인해 다른 일들을 돌아볼 여유가 없다. 그럼에도 불구하고 일부 교회에서는 열심히 하는 장로, 안수 집사들이 나서서 교회의 비전을 수립하고 교회를 갱신하는 꿈을 꾼다.

그런데 아무리 근사한 비전을 세운다고 해도 성도들의 관심 밖에 있다면 그 비전은 제대로 추진될 수 없다. 수립된 비전이 성도들의 관심을 끌지 못하고 주보의 앞장이나 교회 벽면의 현수막 문구로만 남아있는 것이다. 이런 경우가 실행되지 않는 비전이다. 실행되지 않는 비전이 달성될 리 없다. 당연히 교회의 혁신이나 부흥에 긍정적인 영향을 미칠 리 없다.

그러면 비전이 실행되지 않는 이유가 무엇일까? 무엇보다 비전이 수립되는 초기에 이미 문제는 내재되어 있다. 대부분의 교회는 담임목사 혹은 당회가 교회 비전과 사역 방향을 결정한다. 그렇게 만들어진 비전과 새로운 사역 방향을 이후 교회 부서의 세부 실행 계획 수립에 반영시키는 경우도 매우 드물다. 설사 세부 실행 계획에 반영되었다고 하더라도 교회 부서원들이 실행하도록 만들 수 있는가 하는 문제가 남는다.

당회에서 비전을 만들었다면 담당 장로가 교회의 부서 임원들에게 설명하고 이해시킬 것이라고 생각하는 사람도 있다. 그런데 조직이라는 살아있는 생명체는 정교한 방법을 동원하지 않으면 상위 부서와 하위 부서의 연계나 소통이 제대로 잘 되지 않는 것이 일반적이다.

부서원들이 보기에는 부서를 감독하는 담당 장로가 부서장보다 부서의 사역에 대해서 더 잘 이해하는 것도 아닌 것 같고, 장로가 보기에는 하부 부서원들이 새로 만든 비전이나 사역 방향을 이해하려는 의지가 부족해 보인다. 결국 교회 전체의 비전과 교회 부서의 실행 계획과는 연결 고리를 찾기 어렵다.

이런 상태로 한 달이 지나고 일 년이 지나간다. 한 해의 마지막 달이 되면 한 해의 사업별로 간단하게 사업 점검 및 결산을 하고 내년의 예산을 수립한다. 연차 계획을 수립할 때 작년의 성과에 대해서 잠간 살펴본다면 그래도 꽤 세심한 관리자다.

한편, 한 번 수립된 비전은 그냥 그대로 1년, 2년 혹은 5년을 간다. 경우에 따라서 어떤 교회는 초기 교회 설립 때 수립한 비전을 수십년 동안 고수하기도 한다. 이와 같이 대부분의 교회는 비전을 주기적으로 검토 및 갱신하지 않는다.

아니, 더 정확하게 말하면 제대로 된 비전을 수립해 본 경험이 없거나 그런 역량이 부족하다. 설사 비전을 어떤 형태로든 세웠다고 해도 이 비전을 성도들에게 반복적으로 공유하거나, 교회 각 부서에서 실행 계획을 세우도록 사전에 충분히 설명하는 경우는 드물다. 그러니 실제 비전과 실행 계획을 수립하고 그 실행 계획에 따라 실천을 하는 교회는 더더욱 찾기 힘들다.

그러면 실행 가능하고도 참신한 비전은 어떻게 수립하는 것일까?

(1) 비전을 세울 때부터 가능한 많은 성도가 참여하는 모임을 여러 차례 가진다. 또한 가급적 교회 내외의 많은 이해관계자들의 다양한 의견을 수렴하도록 해야 한다.
(2) 비전이 수립되면 전 교회 차원의 실행 계획, 부서 단위의 실행 계획을 순차적으로 세운다.
(3) 수립된 교회의 비전, 실행 계획을 교회의 리더(목회자, 장로, 부서 임원 등)에게 자주 반복적으로 설명하고, 전체 성도들에

게도 수시로 공유하도록 해야 한다.

(4) 실행 계획에 따라 실천하도록 독려해야 하고, 자주 주기적으로 진행 상황을 평가하고 점검한다.

(5) 실행 점검 후 진척이 미흡하면 그 원인과 해결 방안을 수립한다. 경우에 따라서는 비전과 실행 계획을 재수립한다. 그리고 이 비전과 실행 계획에 따라 실행이 되고 또다시 일정 기간 후에는 주기적으로 실행에 대한 점검과 피드백이 뒤따라야 한다. 그래서 교회의 혁신은 비전 수립으로 시작해서 실행 점검을 거친 뒤 다시 비전을 수정하고 재수정하는 순환 사이클이다.

예전에는 담임목사의 생각이 곧 당회의 결정 사항이고, 이러한 결정 사항에 대해서 교회의 모든 성도가 따르면 된다고 믿었다. 이제는 이런 교회가 없겠지만, 만약 있다면 이 교회는 도태의 길로 가겠다고 선언했거나 비정상적인 길로 가겠다는 의미로 해석될 것이다.

목회자가 교회의 사역에 대한 나름의 목회 방침을 가지고 그냥 자신의 생각대로 밀어붙이기보다는, 내·외부 환경을 고려해 성도들과 교회의 방향을 협의해 가면서 교회의 혁신을 꾀하는 것은 지극히 당연한 일이다. 교회도 변화하는 사회 상황을 고려하고 성도들의 성향에 지혜롭게 대처해야 한다는 뜻이다. 상황 변화에 지혜롭게 대처해 가는 이런 교회의 혁신이 경영관리의 요체다.

앞에서 언급했듯이 많은 교회가 비전은 있으나 그 비전을 성도들에게 제대로 공유하지 않는다. 또한 공유가 되어도 그 비전이 성도들에게 감동을 주지 못하는 경우가 많다. 왜 감동을 주지 못할까? 그 이유를 생각해 보자.

우선 비전의 내용에 참신함이 결여되었을 수 있다. 또는 교회 비전에 대한 정확한 설명이 부족했기 때문일 수 있다. 비전의 문구나 내용에서 참신함이 부족하다는 것은 비전에 대해 많은 고민과 노력을 하지 않았다는 것을 의미한다. 교회가 처한 환경에 대한 정확한 분석이 부족했거나, 교회의 여건 등을 제대로 파악하지 않았기 때문이기도 하다.

그리고 교회 비전에 대해 많은 생각과 회의를 하지 않았을 경우에도 이런 참신함의 문제가 대두된다. 일상적으로 많이 사용하는 비전 문구로는 '교회다운 교회' '이웃에 사랑을 전하는 교회' '말씀으로 양육되는 교회' '전도하는 교회' 등이 있다. 이런 문구는 자신의 교회만이 가지고 있는 고유한 여건이나 특성이 전혀 보이지 않는 비전이다.

교회의 비전 문구에서 사랑, 소망, 믿음 등의 내용을 담고 있는 것은 당연하고 옳은 일이라고 주장할 수 있다. 그러나 성도들의 관심을 끌기 위해 같은 의미라 해도 좀 더 기억하기 쉽고 참신하며 감동을 주는 비전 문구의 정리가 필요하다.

비전이 성도들에게 처음 공표되었을 때 강한 공감을 불러일으키지 못하게 되면 성도들의 마음속에서 곧 사라지게 된다. 심지어 교회 중진들조차 자기 교회의 비전을 기억하지 못한다. 이런 경우에는 실행 계획을 수립할 때도 구체적인 방향성을 명확히 제시하지 못한다.

우수한 기업들은 비전 수립 시 참여하는 핵심 직원들의 눈높이를 잘 맞추고 이들이 참신하다고 생각하는 비전을 찾아낸다. 교회도 비전 수립 과정에 핵심 성도들의 참여를 최대한 유도해야 할 것이다. 그렇지 않으면 담임목사나 몇몇 리더들의 사고에 국한된 언어와 개념으로만 비전이 설정되고, 이러한 비전은 성도들의 참여와 헌신을 이끌어 내기 어렵다.

교회의 비전과 사역에 대한 기본 방향이 잡히면 다음 단계를 생각해 보자. 아무리 탁월한 전략이나 논리적인 비전일지라도 성도들의 공감을 얻어 내지 못하면 성공을 장담할 수 없다.

시간이 지나면 성도들은 현재 하고 있는 교회 프로그램이나 활동을 왜 하는지 의문을 품게 된다. 그러므로 중진들에게 비전 수립 초기 때부터 참여토록 하고, 비전의 수립 배경과 대내외 환경 분석에 대해서 소상하게 설명한다. 가급적 많은 수의 성도들을 비전 수립, 사역 방향 등을 논의할 때 참여시키면 좋다. 비전 수립에 참여시키는 것이 가장 좋은 공유 및 홍보의 방식이다.

교회 전체의 사역 방향이 정해지면 이 내용을 토대로 교회 부서들의 실행 계획에 반영되어야 한다. 그래서 교회 부서들의 사업 추진이 교회 전체의 사역 방향과 연계되게 한다. 결과적으로 교회 부서들의 실행 계획이 달성되어 교회 전체의 비전이 이루어지게 만들어야한다. 이러한 연결성은 성도들에게 그들의 활동이 교회 발전에 이바지한다는 믿음을 줌으로써 사역 추진의 원동력이 된다.

또 사업 추진 과정에는 중간 점검과 피드백이 따라야 한다. 사업 추진 과정을 중간에 수시로 점검하고 기대에 못 미치는 결과에 대해서는 그 원인을 따져보고 개선 방향을 모색한다. 연말이면 한 해의 목표 달성 여부를 점검하고 사업 평가를 해서 내년에는 사업 추진의 오류나 실수를 답습하지 않도록 해야 한다.

따라서 교회는 비전과 사역 방향을 수립하는 것도 중요하지만 이를 중간 점검하고 대응책을 마련하는 일련의 정책관리메커니즘을 갖추어야 한다.

2. 교회 혁신, 어떻게 할 것인가?

1) 기독윤리와 경영

교회 경영이나 혁신을 다룬다고 하면 구체적인 내용을 듣기도 전에 감정적으로 거부 반응을 보이는 기독교인들이 많을 것이다. 교회가 무슨 경영혁신이냐며 의아해 할 교인들도 있을 것이다. 기독교인 가정에서 태어나 평생 교회 생활을 해온 필자는 그 마음을 충분히 이해하며 어떤 면에서는 그분들의 염려에 공감한다. 그러므로 이번에는 기독윤리와 경영에 관련된 주장들을 좀 장황하게 설명해야 할 것 같다.

「웨스트민스터 소요리문답」의 첫 문답은 '사람의 제일 되는 목적은 하나님께 영광을 드리고 하나님을 영원히 즐거워하는 것이다'이다.

인간이 하나님을 찬양하고 즐거워하는 것은 이처럼 기독교인으로서의 기본 인식인데 이 말을 종말론적 의미로만 받아들여서는 곤란하다. 예배 중에만 기뻐하고 즐거워하라는 뜻도 아닐 것이다.

기독교윤리학에서는 인간은 일반적으로 창조된 모든 물질과 상품, 서비스를 추구할 만한 가치가 있다고 주장한다. 그렇지 않다고 생각하는 것은 인간의 충족과 만족을 위해 그것을 만드신 창조주께 이의를 제기하는 것이라고 한다.

성경은 인생이 선택해야 할 방향을 제시해 준다. 그러나 모든 인생이 처한 다양한 상황마다 구체적으로 어떻게 하라고 일일이 지시하지는 않는다. 그러므로 인간은 어떤 행동이 절대적으로 더 나은지 오류 없이 완벽하게 알 수는 없다.

그리스도인으로 산다는 것은 한정된 목적을 지닌 상세한 법규나 행동 규칙이 없는 환경에 처했을 때에도 높은 분별력을 갖추기를 요구한다. 일반적으로 가치는 객관적이지만 각각의 특수한 상황에 처한 개인에게 가치는 상대적일 수 있다. 경우에 따라서 기독교인 각 개인에게 오직 하나의 선으로 가치 기준을 내세우기 어려울 때가 있다.

흔히 윤리적 관점에서는 인간의 행동이 선한가를 평가할 때 세 가지 기준으로 평가한다. 첫째, 이루려는 목적이 인간이 추구할 만한 가치가 있는 선한 것인가? 둘째, 목적을 이루려는 행위자의 동기 또한 선한가? 셋째, 목적을 달성하는 수단이 선한가? 위에 언급한 기독윤리와 사회윤리를 살펴볼 때, 기독교인은 무슨 일을 하든 하나님을 찬양하고 즐거워하며 선을 추구하면서 살아가야 한다는 결론에 이른다. 그러려면 어떻게 그런 삶을 이룰 수 있을까?

장로교 목사이자 스코틀랜드의 경제학자인 토머스 찰머스Thomas Chalmers는 정치경제학의 목적은 전체 대중에게 풍요와 안락을 확산시키는 데 있고, 이것을 실현하는 방법은 인간에게 즐거움을 주는 물질과

외적 수단을 증대시키는 것이라고 했다.

그는 종교적 행위 외에 다른 가치들을 실현하지 않고는 이 목적을 달성하기가 불가능하다고 했다. 물론 그는 목사답게 국민의 경제적인 행복을 위해서는 도덕과 종교 교육을 국가 정책의 최우선 목표로 삼아야 한다는 주장도 덧붙였다.

이제 경제와 경영 활동이 기독교와 기독윤리에 합당한 것인가에 대해 살펴보도록 하자. 인간은 효용의 극대화를 추구하는 동물이다. 이는 경제학자들의 신조로서 효용이란 용어를 상품·서비스의 유용성 또는 그것이 주는 만족감이란 의미로 사용한다. 효용이란 용어를 경제학 분야에 편입시킨 제러미 벤담Jeremy Bentham은 효용을 이익, 혜택, 기쁨, 선, 또는 행복을 만들어내는 물건의 특징이라고 정의했다.

경제학자들이 '효용의 극대화'라고 말하는 것은 '행복의 추구'와 연결되고, 밀턴 프리드먼과 로즈 프리드먼Miton and Rose Friedman은 『선택의 자유』에서 '아담 스미스가 말하는 더 나은 삶이 물질적 풍요만을 의미하지는 않는다. 여기에는 인간 성공을 평가하는 데 포함되는 모든 가치가 들어간다'고 지적했다.

오늘날 경제학은 일반적으로 '희소한 자원의 분배를 결정하는 것과 관련된 학문'으로 정의된다. 자원에는 상품뿐만 아니라 시간과 재능도 포함된다. 따라서 모든 인간 행동은 서로 경쟁하는 가치들 가운데서 효용을 극대화 할 수 있다고 생각되는 것을 선택하는 것이다.

물론 어떤 기업은 '싸게 사서 비싸게 판다'는 개념의 극대화를 생각하며 기업을 운영하기도 한다. 그러나 경제학자들은 대체로 단지 금전적 이익만이 경제 행위의 유일한 법칙이라고 보지 않았다.

기독교인이 경제적으로 옳고 그름을 판단하는 것은 창조자의 목적을 아는 데에 바탕을 두어야 한다. 존 로크John Locke는 사유재산에 대해서 '하나님 한 분만이 세상의 모든 것들의 진정한 주인이시다'라고 주장했다. 그리스도인은 소유한 상품을 통치할 수 있는 지배자가 아니다. 상품들을 맡은 청지기이다. 청지기 직분이라는 개념은 경제 활동을 매개로 적절한 질서를 강제한다는 생각과 밀접한 관련이 있다.

청지기로서의 적절한 질서를 제럴드 밴더잔드Gerald Vandezande가 『위기의 그리스도인』이란 책에서 일목요연하게 정리해 주었다. 그는 경제인, 기업인은 다음의 것들을 추구해야 한다고 주장했다.

첫째, 환경을 신사적인 방식으로 대해야 한다.

둘째, 동료를 공정하게 대해야 한다.

셋째, 창조된 자원을 현명하게 사용해야 한다.

넷째, 이웃이 휴식과 일거리를 찾을 때 그들의 요구에 적극 호응해야 한다.

다섯째, 기술을 이용하는 방식에 주의해야 한다. 즉 우리는 기술을 우상화하지 말고 인간의 목적을 이루는 합리적인 방법으로서 활용해야 한다.

여섯째, 에너지를 절약해야 한다.

일곱째, 낭비를 막고 효율성을 추구해야 한다.

여덟째, 공정하게 가격을 결정해야 한다.

아홉째, 생산품의 판매를 촉진하는 방법이 정직해야 한다.

열째, 이익을 공정하게 추구해야 한다.

기독교인은 교회의 경영관리가 주는 진정한 이점을 무시하거나 외면해서는 안 된다. 무엇보다 교회의 경영관리를 균형 있게 바라볼 수 있는 성경적 관점이 필요하다. 기독교인에게 경제가 삶의 전부는 아니지만 삶의 중요한 부분이라는 논점은 옳은 얘기다. 또한 경영관리 역시 하나님께서 관심을 두시고 우리에게 허락하신 은혜의 영역임을 간과해서는 안된다.

경제·경영 영역에서 선을 행하려는 의지를 가진 기독교인은 청지기 직분을 이해하고 실행할 수 있는 책임감을 갖게 된다. 청지기의 직분을 다하는 데 필요한 영감과 통찰력을 얻을 수 있도록 지원해 주는 성경의 원리도 있다. 그러므로 기독교인은 신중한 자세로 경제 활동과 경영관리를 다루어야 한다. 세상사 모든 영역과 마찬가지로 경제 활동과 경영관리에서도 하나님의 것과 그렇지 않은 것을 분별할 수 있도록 깨어 있어야 한다.

위에 언급한 경영과 기독윤리에 관한 필자의 설명에 공감하지 못하는 사람도 있고, 또 부분적으로 반박하는 마음을 가진 사람도 있으리라 생각한다. 그리스도 안에서 서로 의견이 다를지라도 그 불일치마저도 경제적 청지기로 부름 받은 우리를 성숙시키는 데 유용하다고 본다. 경제 · 경영관리 영역에서 어떻게 주님의 마음과 뜻을 알릴 수 있을지 함께 논의하는 기회를 갖는 것도 우리가 누리는 주님의 은혜일 것이다.

2) 경영과 교회 혁신

이제 교회 혁신으로 들어가 구체적으로 생각해 보자.

먼저 교회 비전의 역할에 대해 알아보자. 좋은 비전이 수립되어 성도들에게 감동을 주고 비전 실행이 잘 추진되었을 때 단기적인 사역의 성공을 넘어 교회 전체의 혁신과 부흥을 촉진시킨다. 균형 잡힌 참신한 비전 수립의 중요성에 대해서는 앞서도 설명했는데, 비전은 그 말이 의미하는 바와 같이 우리의 꿈, 미래의 모습이다. 이런 변화의 과정에는 언제나 갈등과 저항이 동반된다. 때로는 그 저항이나 갈등이 커서 비전의 달성이 어려울 수도 있다.

성도의 수가 늘어나고, 사역이 매년 확장되는 어느 교회가 예배당 신축과 사역의 확장 등의 내용으로 비전을 세웠다고 가정해 보자. 이 교회가 예배당 신축을 계획할 때 미래에도 지금의 추세대로 성도의 수가 증가할 것을 감안해서 초기 설정된 건축예산의 150%를 초과하는 건축물을 세우기로 계획했다. 현대적이며 웅장한 예배당 신축 계획이 잘못되었다고 나무랄 수 없다.

예배당 신축 공사의 첫 삽을 뜨고, 초기 토목 공사는 순조롭게 진행되는 듯했다. 착공한 지 얼마 지나지 않아 예배당 신축 부지에서 낡은 기와, 도자기 등이 몇 점 출토되었다. 공사 책임자가 보기에 이런 것들이 오래된 문화재인 듯해서 이 사실을 관련 기관에 신고 했다. 얼마 지나지 않아 구청에서 예배당 신축 공사를 잠시 중단하고 이 공사 현장에서 문화재 발굴 작업을 하고 난 뒤 공사 재개를 알려주겠다는 연락이 왔다.

문화재발굴팀이 현장 조사를 한 뒤 근 1여 년 동안 문화재 발굴 작업이 지속되었다. 그 후 예배당 신축 공사는 재개되었지만, 교회는 공사 기간의 연장으로 인해 엄청난 재정적인 부담을 더 지게 되어 성도들 사이에서 불만의 목소리가 나오기 시작했다.

이런 경우 교회 지도자는 이러한 난감한 상황을 헤쳐 나가기 위해 나름 대책안을 강구할 것이다. 그러나 만약 이 교회의 비전이 유명무실하거나 예배당 신축과 관련된 성도들과의 공감이 부족하다면 교회는 이 난국을 헤쳐가기가 쉽지 않을 것이다. 교회가 뚜렷한 비전을 가지고 있고, 그 비전 안에 교회 예배당의 신축 목적과 활용에 대한 내용이 정확히 설정되어 있다면, 그리고 성도들이 그 비전을 잘 이해하고 있다면 교회가 흔들림 없이 꿋꿋이 비전을 향해 나아갈 수 있을 것이다. 확실한 비전은 조직의 위기 때에도 앞으로 나가게 하는 원동력이 될 수 있다.

다음으로는 교회의 본원적 사역이자 교회 경영의 목표 활동인 예배와 비전의 관계에 대해 생각해 보자.

예배는 주일오전예배, 주일오후 · 밤예배, 수요예배, 절기예배 등이 있다. 예배의 중요한 순서 중의 하나인 설교 말씀은 목회자의 개인 성향에 많이 좌우된다. 그런데 목회자가 말씀 준비를 신실하게 하는 교회는 대부분 교회의 비전도 명확히 설정해 놓고 말씀과 비전이 일치하도록 노력을 기울이는 경향이 있다.

현대인들은 주변에서 쉽게 성경을 구할 수 있지만, 과거 성경을 구하기 어려울 때보다 성경을 더 많이 읽고 묵상하는지는 의문이다. 단편적인 성경 지식이나 설교, 기독교 관련 정보는 인터넷 세상에 흘러넘친다. 그렇다면 이러한 자료를 많이 찾아보는 성도는 얼마나 될까?

오늘날에도 아마 대부분 성도들은 주일 출석 교회 강단의 설교에 의존도가 높을 것이다. 성도가 이사를 가거나 새롭게 출석 교회를 정할 때 주로 교회 예배당의 외관 형태, 규모와 목회자의 지명도, 설교가 주요 결정 요소로 작용한다는 세간의 얘기는 크게 틀린 말이 아닌 것 같다.

그러므로 목회자는 성도들의 신앙생활의 경륜, 삶의 환경 등을 고려하여 설교를 준비하면 좋겠다. 성도들의 생활과 삶을 이해하기 위해 사회와 직장의 현실에 대한 이해의 폭도 넓혀야 한다. 설교가 성도들에게 어떻게 이해되고 적용되는지 파악하는 피드백 시스템도 갖춰야 한다. 무엇보다 교회 비전이 성도들의 성향이나 환경을 고려하여 세워지고, 목회자의 설교 준비가 교회 비전에 입각해서 준비해야 한다는 것이다. 그러면 일관성 있고 공감을 얻는 말씀 선포가 가능해질 것이다.

최근 몇 년 동안 예배 중 상당한 시간을 전문찬양경배팀의 인도로 경배와 찬양을 드리는 교회가 많아졌다. 공연 비슷하게 진행하는 찬양 시간이 젊은 층에게 호응도를 높인다. 이러한 교회는 교회의 비전에 찬양과 경배사역에 대한 명확한 방향성이 들어가 있다고 보인다.

반면에 기도 생활이나 기도회는 전통적으로 노인들의 참여율이 높다. 젊은 층은 기도 생활이나 기도가 주는 은혜와 기도 응답에 대해서 기복적이고 신비주의로 평가하는 경향이 있다. 그러므로 세대 간 특성과 차이를 넘어 교류와 연계가 이루어지도록 교회 비전이 설정되면 좋을 것이다.

요컨대, 교회의 비전과 사역 활동은 균형성과 충실성을 갖추어 다수 성도의 공감을 불러일으키는 방향으로 추진되어야 하고, 교회 경영은 이러한 교회의 비전과 사역이 효과적으로 잘 수행되도록 체계적으로 지원하고 관리하는 활동이 되어야 한다.

일반적으로 교회 지도자의 역할은 한두 가지로 끝나지 않는다. 설교, 기도회 인도, 성도의 양육과 심방, 전도 그리고 교회의 여러 봉사 활동과 각종 프로그램이 활발히 진행되도록 지원한다. 교회의 인프라, 예배당의 효율적 운영, 나아가 교회의 재정도 관리한다.

이런 수많은 사역과 관리 업무를 수행해 가면서 동시에 사역을 위한 장기적 비전을 세우고 그 비전이 단기적으로 실행되도록 노력해야 한다고 하면, 교회 지도자들은 일이 너무 많아서 감당하기 힘들다고 생각할지 모른다. 그러나 세상의 모든 조직관리자들이 이런 일들을 매일, 매월, 수십 년간 지속하고 있다. 이른바 목표 지향적 관리 활동은 현대 사회에서 모든 조직들이 성공을 위해 반드시 수행해야 하는 주요 업무라고 말할 수 있다.

교회 경영관리는 체계적인 사역 관리, 효과적인 인프라 확충, 그리고 투명한 재정 관리를 통해 탁월한 성과를 달성하고 비전을 이루어가는 것이다. 현재는 교회의 비전 달성에 대한 평가 결과가 교회마다 다르다. 최근 새 신도 정착 프로그램 운영 만족도 조사가 있었는데, A교회는 목표 대비 90%, B교회는 80%를 달성했다고 하고, C교회는 50% 달성에 그쳤다고 말해졌다. 세 교회의 새 신도들 정착률은 거의 비슷한 수준이었다. 그런데 왜 교회마다 평가에서 차이가 날까?

그 이유 중의 하나는 성과 평가에 대한 도구와 프로세스의 부재다. 자교회든 타 교회든 성과를 객관적으로 바라보고 평가하는 기술이 필요하다. 명확한 잣대가 있을 때 누구나 동의할 수 있는 평가가 가능할 것이다.

경영 이론으로 명확한 평가 시스템을 만들 수 있고, 정확한 성과 평가는 조직원들의 수긍을 얻어낼 수 있다. 만약 교회 경영도 경영 이론에 입각하여 체계적으로 운영해 간다면 성과는 좋아지고 사역 추진의 방향도 올바르게 잡을 수 있을 것이다.

필자는 경영학 학위를 받고 바로 경영컨설팅회사에 입사해, 30여년간 경영컨설팅업무에 종사해 왔다. 다국적기업, 대기업, 금융 기관, 중소기업, 정부 부처, 공공 기관, 대학교, 대학병원 등 수많은 조직이 대상이었다.

경영컨설팅 업무는 대상 기관에 가서 임직원들과 인터뷰를 하고 이슈를 파악하는 일로 시작한다. 관련 벤치마킹 기관의 우수한 제도나 경영방식을 조사하고, 대상 조직이 안고 있는 문제들을 해결하기 위한 대안을 모색한다.

전략 과제, 제도, 프로세스 그리고 지원 인프라 등 다양한 대안들의 장단점을 따져보고 그 조직에 최적화된 대안을 찾아내 해결안을 수립한다. 그리고는 대상 기관의 임직원들에게 찾아낸 이슈와 대안을 설명하고 피드백을 듣는다. 마지막으로 대안을 수정, 보완한 뒤 대상 기업의 임직원들과 공유하여 문제를 해결해 나가곤 했다.

기업을 대상으로 경영컨설팅을 하다보면, 컨설팅 대상 기업의 임직원들은 늘 같은 주장을 했다. 어느 기업에서나 컨설팅 초기에 항상 부딪치는 상황이었다. 그것은 자신들의 조직이나 단체는 다른 조직과는 전혀 다르다는 것이었다.

대기업의 경우 다국적기업과 우리나라 기업의 속성이 다르다고 한다. 경영 방식 중에서 생산, 유통, 회계 등의 분야는 글로벌 스탠다드나 베스트 프랙티스가 존재한다 하더라도, 사람 관리나 조직 문화 그리고 리더십은 한국적 특성이 있어서 다국적기업과는 다르다고 주장한다.

중소기업이나 소상공인들은 자신들의 사업 형태가 대기업과는 판이하게 다르다고 한다. 대기업과 규모가 달라서 IT 인프라도 갖추기 어렵고, 우수한 인재가 들어오지 않기 때문에 대기업 방식의 경영을 적용하기가 어렵다는 것이다. 소상공인들은 아예 경영이란 표현 자체도 부담스러워 해서 그냥 장사, 또는 사업이라 한다.

문제는 대기업 중에서도 금융 기관인지, 일반제조 업체인지, 정보통신 산업인지, 서비스 업체인지 등과 같이 업종이 다르면 경영이 다르고, 같은 규모의 중소기업 간에도 업종이 다르거나 지역이 다르면 경영이 달라진다는 논리를 편다.

한편 정부 부처와 공공 기관은 민간기업의 경영과 완전히 다르다고 우긴다. 민간기업은 이윤 극대화를 목표로 하지만 정부 부처나 공공 기관은 공공의 가치 증대를 목표로 하기 때문에 민간기업의 경영을 언급조차 하지 말라고 한다. 공공 기관 내에서도 재정 관련 기관, 교육 관련 기관, 복지 관련 기관, 소방안전 관련 기관, 농업 · 축산 · 산업 관련 기관 등에 따라 경영 방식이 다르므로, 산업이 다르거나 기관의 취급 영역이 다른 경우는 다른 형태의 경영이 필요한 것이라고 강조한다.

교육 기관에서도 유아 교육, 초중등 교육 그리고 전문대, 일반대학 등 학교에 따라서 경영 방식에 많은 차이가 있다고 했다. 심지어 대학에서도 수도권의 대학, 지방 국립대, 지방 사립대, 그리고 신학대학 등에 따라서 다르다고 주장했다.

조직의 규모가 다르고, 업의 형태가 다르고, 지역이 다르고, 조직의 설립 목적이 다르기 때문에 이러한 조직의 속성을 이해하지 않고서는 어떠한 경영 진단이나 경영 대책 수립도 적절하지 않다는 주장은 일부 이해가 되는 측면도 있다. 그러나 모든 조직은 유사한 형태의 업무 체계를 가진다.

하나는 핵심 가치 업무로서 원재료의 구매, 제품 또는 서비스의 생산 업무, 연구 개발 업무 그리고 고객에게 제품과 서비스를 전달하는 업무이다. 그리고 다른 하나는 흔히 지원업무라고 기획, 재무 관리, 인사 관리 업무 등이다. 이러한 제반 활동을 체계적으로 관리하기 위해 조직 구조를 효과적으로 재편하고, 효율적인 정보 시스템을 활용하는 등 다양한 경영관리 기법을 사용한다.

이것이 경영학적 접근이고, 경영 기술이다. 이 기술을 조직의 특성에 맞게 조금만 보완하면 모든 조직에 적용 가능한 공통적인 경영관리가 될 수 있다.

교회 등 종교 기관은 이윤을 목적으로 하는 기업과는 확실히 다르다. 그러나 종교 기관 역시 조직이고, 이 조직 역시 특성에 맞게 기술적으로 경영 기법을 잘 적용하면 이제까지와는 전혀 다른 새롭고 놀라운 발전을 획기적으로 이룰 수 있으리라는 것이 필자의 생각이다.

3) 교회 혁신의 특수성

기업이 사업을 잘하고 있는지 파악하고 향후 사업을 어떤 방향으로 가져갈 것인지 그 전략 목표를 수립하기 위해서는 먼저 조직 진단과 조직을 둘러싼 환경을 분석한다. 조직 진단에서는 조직의 속성을 먼저 이해해야 하는데, 어떤 조직이든 독특한 업의 특성과 경영관리 방식 그리고 기업 문화가 있다.

조직의 규모가 다르고 업종이 다르면, 고객과 사업 목적도 다르다. 심지어 같은 지역에서 같은 업종에 같은 제품이나 서비스를 제공하는 기업들도 사실 그들의 경영 전략과 경영관리 방식이 같지 않다. 예를 들어 브랜드가 다른 A, B 커피 전문점들이 한 지역에 있는 경우, 동일한 고객을 대상으로 동일한 사업을 하지만 A와 B 커피 전문점은 서로 경영 전략이 다르고 원료의 원산지가 다를 수 있고, 커피를 추출하는 기계나 방식이 다를 수 있으며, 무엇보다 점원을 관리하는 방식에서도 차이가 있다.

교회는 기업, 공공 기관, 교육 기관, 금융 기관 등과는 근본적으로 다르다. 하나님께 예배를 드리고, 성도의 신앙을 육성시키며, 온 세상에 복음을 전하고, 이웃을 사랑하며 봉사하는 것을 사역으로 한다. 교회의 사명뿐 아니라 교회의 비전도 다르다. 구체적인 사업 계획, 연간 계획에서도 많은 차이가 날 수밖에 없다.

그뿐만 아니라 교회는 일부 사이비 종파를 제외하고는 개별 성도에게 어떠한 역할이나 책임을 강요하지 않는다. 때로 교회가 추진하는 사역에 동참할 것을 호소하지만, 성도가 참여하지 않았거나 참여에 소극적이라 해도 이에 대해서 책임을 묻지 않는다. 단지 성도의 헌신과 봉사를 기대할 뿐이다.

그러나 기업은 그렇지 않다. 경영 전략 내용이나 제품·서비스의 디자인, 생산, 마케팅, 물류 등 주요 활동과 이들 활동을 지원하는 활동이 사업의 성공을 위해 최적화되도록 노력한다. 원가를 낮추고, 품질을 높이고, 고객에게 더 빠르게 제품을 전달하는 서비스 등 가치 향상을 위해 노력하는 점에서는 모든 기업이 비슷하다.

교회는 기업과는 많이 다르다. 기업의 사업과 교회의 사역은 분명이 다르지만 교회도 계획 수립 활동, 조직관리, 그리고 재정 관리 등의 일에서는 기업의 업무와 유사한 측면이 있다.

경영 활동에서 부가가치를 생성하는 과정을 가치사슬value chain이라고 하는데, 기업이 제품 또는 서비스를 생산하기 위해 원재료, 노동력, 자본 등의 자원을 결합하는 과정이다. 가치사슬은 본원적 활동으로 원자재 투입 활동, 생산 활동, 물류 활동, 마케팅과 판매 활동, 기계·장비·기기의 구매 관리 그리고 건물 임대 등을 들 수 있다. 지원 활동으로 기획 업무, 재무·회계 관리, 법률 자문, 대정부 관리 등이 있다.

이 모든 가치 활동에는 노하우, 제반 절차, 공정 기술 형태의 기술, 임직원의 채용, 훈련, 평가, 보상 등 인사 관리의 제반 활동이 포함된다. 가치사슬 중 산업의 특성에 따라 특정 활동이 상대적으로 더 중요할 수는 있지만 구조적인 틀은 공통적이다. 즉 내용적인 측면에서는 서로가 많이 다르지만 구조적인 측면은 거의 차이가 없다. 그러므로 경영 방식은 조직에 최적화된 경영 전략을 수립하고, 효율적인 프로세스와 효과적인 리더십, 조직 역량, 인프라를 갖추고 있느냐 그렇지 않으냐의 문제이다.

조직의 경영 방식이 체계적이고 효율적이라는 것은 곧 조직의 역량이 뛰어나다는 것이다. 이런 경영 방식은 조직의 목적을 더 쉽게 빨리 달성할 수 있도록 돕는다. 이런 관점에서 볼 때 교회 사역에도 경영의 기법이 더해져 효율적 가치사슬이 이루어지면 교회는 사역 목표를 더 쉽게 달성할 수 있을 것이다.

2
교회의 혁신 모델

건강하다는 것은 육체적으로나 정신적으로 아무 탈이 없고 튼튼한 상태를 말하는데, 이런 표현은 주로 사람이나 동식물을 두고 하는 말이다. 노모가 기저 질환을 앓고 있다거나 가축이 유행하는 전염병에 감염되었다거나 하는 말은 종종 듣는다. 심지어 집안 뜰에 있는 감나무가 병에 걸려 점점 시들어간다는 말은 하지만, 우리 교회가 건강하다는 표현은 다소 생소하다. 이제까지 우리가 교회의 건강성에 대해 유념하지 않은 탓일 것이다.

그러나 교회 밖에서 교회를 평하는 사람들은 주로 교회의 건강성을 문제 삼고 있다. 교회 사역의 목적은 예배와 성도들의 양육이지만 비기독교인들에게 복음의 전도 역시 무엇보다 중요하다. 그러므로 교회는 교회 밖의 평가에 귀를 기울여 건강성 유지에 유의할 필요가 있다.

기업 경영에서는 '조직의 건강성'이란 용어를 이미 오래전부터 사용해 왔다. 예컨대 어느 한 기업의 임직원들이 조직에 헌신하고 열정을 가지고 일을 한다고 하자. 이런 기업은 제품 및 서비스의 생산이 효율적이고 빠르며 낮은 비용으로 탁월한 가치를 창출한다. 즉 이러한 기업을 경쟁 우위, 또는 경쟁력이 있다고 한다. 다른 말로 건강한 조직이다.

건강한 조직은 단지 조직체의 건강 또는 조직 구성원의 건강만을 추구하지 않는다. 건강한 조직체와 조직 구성원이 함께 목표를 향해 기능적으로 바르게 수행하고, 조직 구성원은 그 과정에서 성장하며 자신들의 가치를 경험할 수 있어야 한다. 조직 건강성의 지속적 유지를 위해서는 더 높은 수준의 목표 설정과 함께 그 목표를 구성원과 공유하여 조직 역량 강화가 계속되는 선순환이 이루어져야 한다.

이를 교회에 적용해 보자. 교회가 건강하다는 것은 우선 교회의 목표인 사역을 완수해 간다는 의미일 것이다. 이 과정에서 성도가 일상적인 교회의 제반 사역 활동에도 열심을 다해 참여하여 좋은 성과를 창출하는 상황을 말한다.

건강성 유지를 위해서는 교회가 보다 높은 수준의 미션, 비전 등의 목표를 설정하여 전체 성도들과 공유하며 나아가야 한다. 구성원인 성도들과 교회가 하나의 비전 아래 사역을 수행하고, 이 과정에서 성도들은 성장하며 자신들의 가치를 경험할 수 있어야 한다. 그리고 계속되는 이런 선순환을 통해 교회는 사역의 효과성을 높이고 지속적으로 성장한다.

흔히 성도들 간에는 건강한 교회라는 의미로 좋은 교회라는 말을 사용하는 것 같다. 그러므로 기업과는 달리 건강하다는 말 대신 좋은 교회라는 말로 대체할 수 있다. 즉 건강한 교회란 좋은 교회다.

그러면 좋은 교회는 구체적으로 어떤 모습일까? 성도들이 교회의 각종 예배에 기쁨으로 참여하고, 예배를 통해서 많은 은혜를 받는다. 대부분의 성도들이 교회에서의 양육 프로그램에 적극적으로 참여하여 신앙의 성숙을 경험한다.

교회 주일학교 교사로, 성가대원, 그 외 여러 프로그램에서 은사에 따라 섬기며 사역에 동참한다. 교회의 남녀 선교회를 통해 따뜻하고 건강한 교제를 나누고 교회의 다양한 봉사 활동에도 기쁨으로 참여한다. 교회는 외부 환경에도 잘 대응한다.

교회의 지역 사회 봉사 활동에 대해서 인접 주민들이 호의적으로 받아들이고 국내, 해외열방의 선교사역에 성도들이 동참하며 하나님의 이름을 높인다. 이런 교회의 모습은 성도의 한 사람으로서 생각만으로도 가슴 벅차다.

이런 좋은 교회의 모습이 계속 유지되려면 몇 가지 조건이 추가 되어야 한다. 만약 교회가 지속적으로 일상성만 갖추고 미래에 대한 소망이 결여된다면, 교회는 효율적인 조직일 수 있으나 쉽게 매너리즘에 빠질 수 있다. 이러한 교회는 의사 결정에 체계적인 검토가 부족해지고 결국 의사 결정에서 균형성도 잃게 된다. 따라서 급진적으로 변화하는 환경에 능동적으로 대처할 수 없고 교회의 발전은 어려워진다. 교회에 지속적 혁신이 이루어져야하는 이유가 여기에 있다.

좋은 교회는 현재를 기준으로 바람직한 모습을 가지고 있을 뿐 아니라 미래에 다가오는 도전과 변화의 요구에도 능동적으로 대응하는 교회다. 과거에도 건강했고, 지금도 건강성을 유지하고 있을 뿐만 아니라 미래 건강도 담보할 수 있어야 한다.

1. 교회혁신모델

1) 교회 혁신, 측정하고 관리한다

교회가 좋은 교회로 잘 운영되고 있는지를 어떻게 알 수 있을까? 일반적으로 등록 교인 수의 증가, 재정의 안정적인 운영, 설교에 대한 성도의 호응도 등의 항목을 평가함으로써 좋은 교회인지 아닌지를 구별한다.

그런데 그 이면을 조금 더 생각해 보면, 등록 교인 증가 대비 교회를 떠나는 핵심 교인의 수가 더 많을 수도 있고, 결산 후 잉여금은 남았는데 이미 비용을 지출하며 추진했어야 할 사역이 한둘이 아니라면 평가가 달라진다.

설교 호응도를 보면, 아멘으로 화답하던 성도가 실제 삶에서는 갈등, 번민, 미움 등 마음의 짐이 너무 버거워 삶의 현장에서 비틀대고 힘들어할 수도 있다. 섬세하면서도 정교한 평가가 필요한 이유다.

교회가 목표 대비 제대로 운영되고 있는지를 알아보려면, 교회 운영을 측정하는 도구가 있어야 한다. BSC의 주창자 로버트 캐플란Robert

Kaplan은 '성과를 측정하지 않는 조직은 관리가 되지 않는다'라고 지적했다.

교회의 경영을 체계적으로 진단할 수 있는 도구가 있다면, 교회의 문제를 정확히 파악하고 대책을 수립할 수 있을 것이다. 마치 의사가 환자의 어느 부위에 어떤 질병이나 상처가 있다는 것을 정확히 진단한 뒤, 그에 맞는 수술, 처치 또는 투약을 하는 것과 같다. 교회의 문제 해결이 정확히 이루어지려면 문제의 본질과 부위를 정확히 진단할 수 있어야 하며, 그 이후에 적절한 해결 방안 수립도 가능할 것이다.

그런데 막상 교회의 성과측정도구에 대해 생각해 보면 좀 막연하다. 교회의 성과라면 사역 달성도, 성도들의 교회에 대한 애착심, 헌신도 등이 떠오르지만 수치로 측정이 어려운 것들이다.

설혹 사회과학 기법을 이용해 수치로 표현한다고 해도, 교회 애착심이나 교회 헌신도 같은 지표들이 교회 전체의 차원에서 성과로서 일관성이나 대표성이 있는지도 의문이 간다. 이러한 문제를 해결하기 위해서는 성과측정도구를 도출하기에 앞서 고려해야 하는 것이 바로 비전과 목표다. 측정하고자 하는 대상을 명확히 해야 하는데 교회가 달성하고자 하는 탁월한 성과가 어떤 모습인지를 생각해 보면, 목표를 정확히 정할 수 있다.

목표가 명확하면 그 목표를 달성한 모습이 바로 측정 도구가 된다. 예를 들어 교회의 부흥이 비전이고 교회 성장이 목표라면 부흥되고 성장한 교회의 모습이 어떤 것인지를 먼저 생각해 보아야 한다. 성도의 수에 관계없이 비록 적은 수이지만 성도가 가정에서도 충실하고, 자신의 직업에서도 열심이며 또한 교회의 봉사와 복음전파에서도 최선을 다하는 모습을 가정해 볼 수 있다. 이러한 모습을 측정하는 지표로는 성도의 가정에서의 충실도, 직업에서의 몰입도, 복음 전파에 노력하고 수고한 헌신도를 측정할 수 있을 것이다.

교회의 목표는 비전에서 나온다. 비전을 달성하기 위한 목표는 교회가 처한 환경과 내부의 여건 분석으로부터 출발하여 교회의 가장 핵심적인 사역들이어야 하고, 가장 심각한 문제를 해결하는 것이어야 한다. 또 목표를 달성하기 위해서는 자원과 시간이 필요하므로 어느 목표가 더 중요하고 먼저 해야할지에 대한 목표의 우선순위를 정하는 과정도 필요하다.

일단 정해진 목표는 전체에서 조망하는 관점으로 재정의하는 과정이 필요하다. 재정의를 통해 확정된 목표는 다시 다수의 하부 목표들로 세워질 수 있는데, 이 하부 목표들은 서로 비슷한 수준으로 이루어지도록 균형을 잡아야 한다. 말로 하다보면 복잡한 이 과정을 한 눈에 볼 수 있는 표가 있다면 이해하는 데 훨씬 수월할 것이다.

필자는 교회 경영을 체계적으로 진단하고, 진단 후 적절한 해결 방안을 찾아가는 방안으로 교회 혁신 과정의 모델을 구축해 보았다. 교회 경영의 구성 요소들을 집합하여 합리적 관점에서 조망, 점검이 가능하게 하고 나아가 좋은 교회로 발전하는 데 도움을 주고자 하는 마음에서다.

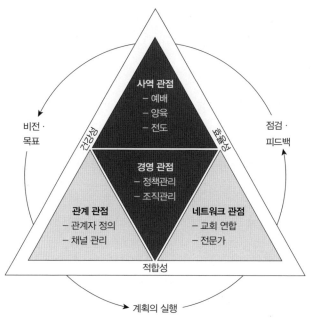

교회혁신모델

여기서 제시하는 교회혁신모델은 크게 세 영역으로 나누어진다.

– 비전 · 목표, 계획의 실행, 점검 · 피드백

– 사역 관점, 경영 관점, 관계 관점, 네트워크 관점

– 효율성, 적합성, 건강성 촉진

교회혁신모델MCI, model of church innovation은 세 개의 겹loop으로
싸여있다. 바깥의 고리는 교회의 활동 프로세스, 즉 교회의 비전, 교회
의 전략 목표 및 실행 계획을 수립하고 이를 점검하고 피드백하는 정책
관리 사이클이다. 가운데 큰 삼각형 고리는 교회 활동이 효율성과 적합
성, 건강성 촉진을 유념하고 추진되어야 함을 보여준다. 안쪽의 네 개의

삼각형은 교회의 구체적인 활동 영역이다. 즉 사역 관점, 경영 관점, 관계 관점 그리고 네트워크 관점 등이다.

교회혁신모델은 교회의 프로세스, 교회의 기능 그리고 관리의 원칙을 동시에 기술하고 있다. 이 모델은 교회 활동을 시간적 흐름에 따라 관리하고, 또한 교회의 기능, 역할들을 관점에 따라 체계적으로 관리하고 추진할 수 있도록 돕는다. 나아가 교회 운영 및 관리의 핵심 성공 요인을 제시하고 있다.

이 교회혁신모델에 대한 이해를 돕고자 이제부터 항목별로 구체적인 의미를 설명해 가겠다.

2) 비전 수립, 실행 그리고 점검이다

교회의 비전은 교회가 향후 5∼10년 후에 어떤 모습의 교회가 되기를 바라는가 하는 질문에 대한 답이다. 비전을 가지고 있지 않은 교회는 지금 당장 별 문제없는 듯해도 시간이 지나면서 가야할 방향을 모른다. 심지어 교회가 병들어 가고 침체의 늪으로 빠져들어 가도 이를 감지하기 어렵다. 교회가 나아가야 할 비전이나 푯대가 없기 때문에 현 상태를 파악하지 못한다.

그러나 비전을 가진 교회는 열정이 있고 생동감이 넘친다. 가슴에 비전을 품은 사람을 생각해 보면 쉽게 이해될 것이다. 비전을 향해 교회는 날로 새로워지고, 나아가 점점 부흥하게 된다. 다행스럽게 오늘날 대부분의 한국 교회는 비전을 가지고 있다. 그런데 모든 교회가 부흥되지는 않는다. 나름대로 비전을 가진 A, B 두 교회를 가정해 보자. A 교회는 부흥하고 B 교회는 부흥하지 못할 수 있다. 비전이 있는데도 B 교회는 왜 부흥하지 못할까?

여러 기업의 경영을 들여다본 필자의 관점에서 두 가지 큰 원인을 생각해 볼 수 있다. 먼저 교회가 비전 수립 과정을 제대로 거치지 않고 적당히 만들었을 가능성이 있다. 대내외 환경을 체계적으로 분석하지 않고 비전을 수립했을 때 비전의 실행력은 현저히 떨어지기 때문이다.

개별 교회들의 환경은 서로 너무나 다르다. 교회 인근의 지역이 다른 만큼 주민들의 교육, 문화나 경제 수준이 다르고, 출석 교인의 규모, 신앙의 수준에서도 많은 차이가 있다. 또한 교회의 역사, 교회의 예배, 설교 말씀, 양육 프로그램, 전도와 교제 등의 사역도 다르다.

이렇듯 교회의 대내외 환경이 다르면, 교회의 비전이나 목표가 달라야 한다. 그러므로 개별 교회는 이에 대한 심도 깊은 고민과 분석이 선행되어야 하는데, 그 비전 수립 과정에서의 부실이 의심된다. 수많은 한국 교회가 대부분 비슷한 비전을 가지고 있다는 점을 생각하면 더욱 그렇다.

또 다른 이유로 교회가 비전에 대한 인식이 너무 추상적이고 관념적이 아닌지 의심해 볼 수 있다. 어떤 교회의 경우 일반적으로 근사하게 여겨지는 비전을 세우고 그것으로 끝이다. 어휘로서의 비전만 수립하고 주보나 현수막으로 알리면 저절로 실행되는 것은 아니다. 그런 경우 비전은 교회 입구나 주보 디자인에 사용된 문구일 뿐이다.

당연하게도 비전 수립 후에 실행 계획이 중요하다. 실행 계획을 일정별, 담당 기관별로 구체화하고 이를 적극적으로 관리해야 한다. 관리되지 않은 실행 계획은 시간이 지난다고 해서 작동되지 않으며 아무런 성과도 내지 못한다. 그러므로 비전과 목표는 정확한 일정으로 교회 부서의 실행 계획으로 수립되어야 한다. 이렇게 교회 부서의 세부 실행 계획들이 제대로 작동되어 소기의 목표를 달성해 가면 이것이 모여서 교회 전체의 목표와 비전이 달성된다.

현실적으로 교회혁신모델에 따라서 교회의 비전과 전략 목표, 실행 계획 등을 수립하는 것이 쉬운 작업이 아니다. 용어가 생소하기도 하고 막상 비전 · 전략 목표를 도출하기 위해 한자리에 모이면 앞이 캄캄하고 진부한 얘기만 나온다.

교회 핵심 성도들이 이러한 비전 · 정책관리 작업을 하게 되는데, 이들은 이 일 말고도 평소 교회의 중요한 사역이나 일을 많이 맡아서 하고 있어서 한자리에 모이기에도 여건이 만만치 않다. 이러한 현상은 모든 교회가 비슷하다. 그런데 부흥하는 교회는 이들이 모이고 그 어려운 비전과 정책관리를 해낸다. 아마도 누군가의 간절한 기도와 헌신적인 리더십이 있었기 때문일 것이다.

그런데 이렇게 쉽지 않은 비전 수립과 귀찮은 실행과 점검, 피드백 활동을 교회가 제대로 수행하려 하면 초기에는 왜 이렇게 힘든 일을 해야 하는지 하는 구성원의 회의에 부딪칠 수 있다. 그러나 토의와 협의를 해

가면서 점차 서로의 생각을 더 많이 이해하게 된다.

또한 신뢰가 쌓이면서 즐거운 마음으로 일을 하게 되고, 이러한 분위기가 확산되면서 점차 회의적인 생각을 하는 구성원들도 줄어들 것이다. 그리고 비전 수립과 점검, 피드백 등의 정책관리 사이클을 제대로 추진했다면 교회는 경영관리에 대한 학습이 일어나 비전과 정책관리에 대한 역량이 생긴다.

그러므로 한 번의 온전한 추진이 매우 중요하다. 그다음부터는 쉽다. 순탄하게 진행이 될 가능성이 커진다. 교회의 분위기가 활력을 얻고 개별 부서의 사역 성과가 순방향으로 흘러간다. 그리고 이것이 반복되면서 '비전 수립-실행-점검'의 사이클은 교회의 갱신과 부흥을 이끄는 견인차가 될 것이다.

대다수 교회는 비전과 목표를 단 한 번도 제대로 수립하지 못하고 그만두거나 대충 하다가 마는 경향이 있다. 그러므로 당연히 이 비전 수립-실행-점검의 사이클을 한 번도 제대로 돌리지 못한다. 다른 교회들이 비전 수립을 한다고 하니 우리도 한번 해볼까 하는 막연한 생각으로 시작하면 낭패를 볼 수밖에 없다. 어쩌면 비전 수립부터 대충했으니 결과에 대한 기대도 없고 실행 여부에 대한 고민도 없었을 수 있다.

이런 교회는 혁신이나 부흥이 일어나기 어렵다. 처음 시도했던 비전의 실행에 실패한 후 다음 연도에 새롭게 비전 수립과 정책관리를 재시도하려고 하면, 처음 때보다 훨씬 더 힘들어진다. 실패한 과거의 트라우마가 있는 교회의 성도들은 패배감에 젖어 새로운 시작에 대한 추진 의

지가 시작도 하기 전에 이미 꺾여있기 때문이다.

어떤 교회는 주기적으로 하는 이 비전 수립과 목표, 점검 및 피드백 등 체계적 관리를 몇 번 하다가 교회 일정이 바빠지면 언제부터인가 이러한 정책관리 프로세스를 건너뛰기도 할 것이다. 그런 교회는 전략 경영을 하기는 한 것 같은데 이상하리만큼 성과가 나쁘고, 교회 운영에 삐걱거림이 생길 수 있다. 그러므로 비전 수립–실행–점검 사이클의 정확한 관리가 중요하다.

2. 교회 혁신의 관점별 관리

교회는 본질적으로 해야 할 사역이 이미 정해져 있다. 예배, 신앙 양육, 복음 전도, 봉사 등이다. 교회 혁신은 이 사역 단위를 없애고 더하는 것이 아니라 사역 단위의 개념을 재정의하는 것이다. 교회 사역 단위의 개념을 재정리해서 현실적으로 적용 가능하도록 정리된 모습이 교회혁신모델이다.

필자가 말하는 교회의 혁신이란 사역의 본질은 유지하되 성도의 속성이나 환경에 맞게 사역 개념을 갱신하자는 의미다. 즉 기존 교회가 가지고 있는 사역 활동의 본질적인 기반 위에 사역의 방식과 절차 등에서 변화를 모색하는 것이다. 이해를 돕기 위한 예로 교회 찬양을 들어보겠다.

1980년대 후반 서울 이촌동 소재의 온누리교회가 목요찬양 예배를 시작했는데, 이 찬양 예배는 기존의 다른 교회에서 행해지던 찬양과는 다른 새로운 형태였다. 같은 찬양을 하지만 찬양 예배의 전체적인 분위기, 찬양곡 선정, 리더의 멘트, 진행하는 방식 등이 완전히 달랐다. 이후 이 찬양 예배 방식은 다른 교회에도 영향을 주었다.

이처럼 방식의 변화만으로도 결과는 크게 달라질 수 있다. 교회 사역의 본질이 아닌 방식과 절차의 변화를 통해 교회의 본질에 충실하면서도 발전된 방향으로 나아갈 수 있다. 본질을 더욱 굳건히 할 수도 있다. 혁신 활동은 필연적으로 사고의 전환을 필요로 한다. 일반적으로 사고의 틀은 갑자기 바꾸기가 쉽지 않고 기존의 익숙함으로 쉽게 되돌아갈 가능성이 크기 때문이다.

기업이 혁신을 시작할 때 '다르지 않은 것은 전략이 아니다'라는 좀 과장된 표어를 사용하곤 한다. 반드시 달라지고자 하는 비장한 개념 정리가 필요하기 때문이다. 교회도 '지금 부흥되지 않고 사역 활동이 정체하고 있으니 과거의 개념에서 완전히 탈피하고 새로운 사역 활동을 추구해야만 한다'는 위기의식을 가질 필요가 있다. 이런 사고의 전환에서부터 교회의 부흥은 시작될 수 있다.

1) 사역 관점: 예배, 양육, 전도

관점별 개념에서 가장 중요한 것은 물론 사역이다. 이는 교회의 존재 목적과 교회 사역의 뼈대이기 때문이다. 사역의 요소로는 예배, 양육(교육), 복음 전도 등이 있다.

예배

교회는 하나님을 예배하는 주체이다. 하나님은 성경 전체를 통해 교회에 하나님을 경배하고 찬미하라고 명령하신다. 예배는 신령과 진정으로 드려야 한다. 이러한 목적을 달성하기 위해 어떠한 절차, 형식으로 예배를 드릴 것인가가 고려할 문제다. 예배의 말씀 선포와 관련해서 누가 말씀을 선포할 것인지, 주제는 무엇으로 할 것인지, 누구를 대상으로 할 것인지를 결정해야 한다. 그리고 찬양은 누가, 어떤 곡으로, 어떻게 찬양을 할 것인지를 정해야 한다.

예배의 유형은 찬양예배, 절기예배, 연합예배, 초청예배 등으로 구분되는데, 때와 시기를 맞추어 교회에 적합한 예배의 형식과 절차를 정해야 한다. 예배는 보통 예배의 부름 찬양, 주기도문 또는 사도신경 암송, 말씀 봉독, 대표기도, 찬양, 설교, 찬양 그리고 축도의 순서로 이어진다.

최근의 경향이지만 많은 대형 교회에서는 전문 찬양 그룹들이 예배의 부름 찬양을 주도하며, 예배 시에 성도들과 4~5곡 이상을 함께 찬양한다. 이러한 예배의 부름 찬양은 확실히 예배 초기 가라앉은 분위기를 끌어올리고 활력을 주며, 예배가 기쁜 축제의 시간임을 알리는 데 큰 역할을 한다. 이때 일부 성도들은 적극적으로 참여를 하지만 일부는 공연을 구경하는 듯하다. 이에 대한 고려와 개선 방향도 생각해 볼 일이다.

예배 순서에서 가장 많은 시간을 차지하는 것은 설교 말씀이다. 설교는 주로 위임(담임)목사님이 주관한다. 일반적으로 위임 목사가 매주 예배 설교를 하기도 하지만, 때로는 교단 내 타 교회의 목회자나 외부의 설교자를 초빙하기도 한다. 어떤 것이 교회의 부흥에 더 도움이 되는지는 교회마다 다를 수 있다.

1년 52주 내내 목회자 한 분이 매주 설교를 맡게 되면 나름 설교의 일관성도 있고 성도 입장에서는 익숙한 설교를 매주 들어 이해하기 쉽다. 다른 한편으로는 설교자와 성도 모두 매너리즘에 빠지고 익숙한 설교로 인해 피로감이 쌓일 수 있다. 이런 면에서 교회 부교역자와 번갈아가면서 설교를 맡을 수 있고, 인근 교회 또는 교단 내 다른 교회의 목회자와의 적절한 교차 설교를 통해 성도들이 다양한 설교를 듣고 신선함을 느낄 수 있도록 유도할 수 있을 것이다.

이는 다양한 인터넷 매체와 빠르게 바뀌는 세상에 익숙하여 늘 새로운 것을 찾는 현 시대의 젊은이들을 교회로 인도하는 방법이 될 수도 있다. 아직도 예배 시간이 너무 길어 성도들을 지치게 만드는 교회 설교도 있다. 설교자의 설교 내용에 겹치는 문장들도 많다.

신령과 진정으로 예배를 드려야 한다는 대전제에 동의한다면 설교자가 시간 조절과 내용 점검을 통해 그런 예배가 드려지도록 성도들을 유도하는 노력도 해야 한다. 주일예배를 시간대별로 1, 2, 3부 또는 4, 5부로 나누어서 보고 있지만, 단순히 시간대별로 나누기보다는 예배의 참석자들을 주로 초신자와 성숙자 중심의 예배로 구분하여 예배의 설교나 절차 등을 다르게 가져가는 것도 생각해 볼 수 있겠다.

또는 예배 시간에 찬양을 좀 더 많이 하는 방식, 아니면 설교 말씀을 좀 더 많이 가져가는 방식 등으로 예배를 차별화하는 것도 방법일 수 있다. 필자가 여기서 제시하는 안들은 반드시 그렇게 해야 한다는 것이 아니고, 다양한 위치에서 기존의 형태를 재조명해 봄으로써 혁신의 방향을 모색할 수 있다는 의미다.

예배 중 목회자의 설교를 위한 기도 시간이 있으면 좋겠다고 생각하는 이도 있다. 아니면 목회자가 설교 중이나 광고 시간에 성도들에게 목회자의 설교를 위한 기도 부탁을 하면 어떨까? 성도의 기도에 힘입어 설교자의 설교는 더욱 온전해질 수 있고 은혜 넘치는 설교가 선포될 수 있다고 생각한다. 필자의 경험에 의하면, 목회자의 설교를 위해 기도한 경우 설교를 더욱 경청하게 되고 더 감동적이었으며 살아서 움직이는 말씀으로 받을 수 있었다.

기도는 성도가 하나님께 감사, 회개, 아룀, 간구하는 행위인데, 마치 생명을 위해 호흡이 필요한 것처럼 성도에게 반드시 필요한 것으로 간주된다. 일반적으로 기도는 교회마다 약간 다를 수 있지만 대부분 예배 때의 대표기도, 새벽기도, 금요기도회 그리고 특별새벽기도, 부흥회의 특별기도 등이 있다. 기도실을 운영하는 교회도 있지만, 교회는 새벽부터 늦은 밤까지 예배당을 열어두고 기도를 할 수 있는 분위기와 여건을 조성하는 것도 필요할 것 같다.

물론 예배당 관리가 어렵고 심지어 불량배나 도둑의 침입을 받을 수도 있다. 그러나 누구나 집 혹은 직장의 가까운 교회에 아침이나 점심때 또는 퇴근 시나 밤에 교회를 찾아 기도할 수 있는 분위기 조성도 필요하다. 바쁜 일상의 현대인의 생활 패턴을 고려한 배려가 그들을 교회로 부르는 계기가 될 수도 있다.

기도의 질에 대한 고려도 필요하다. 형식적인 기도회는 성도들도 집중하지 못하고 의례적인 행사로 지나치기 쉽다. 기도하는 당사자도 중언부언하기 일쑤다. 대표 기도자에 대한 기도 훈련이 필요하고, 대표 기도자들 간에 상대방의 기도에 대한 피드백을 주고받는다든가 하는 방법으로 기도에 활력을 불어넣는 방법도 고려해 볼 만하다.

그리고 기도 후 응답 여부의 나눔도 생각해 볼 수 있겠다. 이러한 피드백은 오해가 없도록 적용 면에서 연구가 선행되어야 하는 문제가 있다. 그러나 어떤 방법으로든 기도가 살아나고 유지되도록 하는 일은 교회의 존립 자체에 중요한 역할을 할 것이다.

양육

성도들을 그리스도 안에서 온전한 자로 세우기 위해 가르치는 일은 교회가 감당해야 할 임무 중의 하나다. 양육은 크게 주일학교 교육과 일반 성도의 양육 프로그램으로 구분된다.

대다수 교회가 주일학교 교육은 영·유아반, 초등반, 중·고등반 그리고 대학·청년반으로 구분하되, 대학·청년반은 다시 새 신자반과 성숙반으로 구분하여 운영하고 있다. 하지만 규모가 작은 교회나 시골 교회에서는 이런 교육 프로그램을 운영한 부교역자를 초빙할 여력이 되질 않아 어려움이 많다.

이 때문에 신천지나 다른 이단 집단에서 기성 교회의 주일학교 학생들이나 성도들에게 성경 공부를 하자는 빌미를 제공하고 있는 것도 사실이다. 교단 차원에서 작은 몇 개의 교회를 모아 양육 프로그램을 운영

하든지, 개교회와 교단차원의 협업도 고려해 볼 만하다고 생각된다.

앞서가는 교회들은 성도들의 교육 프로그램을 보통 몇 단계로 나누고 있다. 크게 초신자반, 성숙반 그리고 사역리더반 등으로 나누어 진행한다. 시카고의 윌로우크릭교회Willow Creek Community Church는 성도의 신앙 성숙 정도를 네 개의 단계로 나누어 양육 프로그램을 운영한 것으로 알려져 있다.

네 단계 프로그램은 먼저 주님을 영접한 초기 단계인 초신자반, 그 이후 일정 기간 동안 신앙이 성숙해 가는 단계인 초ㆍ중급반, 신앙 생활이 7년차 이상이 되는 중급반 그리고 중급반을 지나서 전도 혹은 해외 선교 사역을 나가기 위해 준비를 하는 선교사역반 등이다.

신앙 성숙도에 따른 단계적 교육 프로그램도 효과적이지만, 이에 안주하지 말고 또 다른 개선 방향도 끊임없이 모색되어야 한다. 인류는 끝없는 변화와 연구를 통해 개혁 발전해 왔기 때문이다.

사역 리더반은 사역의 내용에 따라서 교육의 내용이 다를 수 있다. 예를 들면 전도 사역을 위한 전도 사역반 교육 프로그램이 있고, 찬양 리더반은 지휘, 반주, 악기 연주 그리고 파트장 양성반 등으로 구분해서 교육을 받을 수 있고, 교회의 경영관리를 위해서는 비전위원, 재정위원, 방송 인프라 관리반 등으로 교육 내용을 편성할 수 있다. 교회와 가정이 합력하여 신앙 성숙을 이뤄가는 교육 프로그램을 개발하고 운영해 볼 수도 있겠다.

성도의 삶이 계속적인 신앙의 성숙이어야 한다는 점에 기반을 두어 생각해 보면 생을 마감할 때까지 지속적으로 매일, 성경을 묵상하고 기도 생활을 하도록 교회가 리드해야 한다.

교역자의 재교육도 중요하다. 사회의 대부분 전문직종 종사자들은 매년 혹은 몇 년에 걸쳐서 보수 교육을 받는다. 의사 등 전문자격증 소지자의 보수 교육 등과 같이 전문 분야의 내용이 발전함에 따라 적절한 교육을 제공하는 것이다. 이와 마찬가지로 교단 차원에서 목회자가 보수 교육을 의무적으로 받도록 하여 목회자의 학문과 사고의 폭을 넓히는 기회를 주는 것도 생각해 볼 일이다.

전도

교회는 복음을 전하기 위해 존재한다. 과거에도 그러했고 지금도 그러하고 앞으로도 주님이 오실 때까지 이 사명을 충실히 감당해야 한다. 그런데 지금의 한국 교회는 성도들의 수평 이동으로 성장하는 교회들이 많고 비기독인들이 전도를 받고 신자가 되는 경우는 매우 드물다.

교회가 잠재 신자 전도에 대해 더욱 관심을 갖고 지원을 집중해야 한다. 전도의 유형은 국내 선교로서 전통적인 길거리 전도, 친구 · 친척 · 지인의 전도 그리고 해외 선교 등이 있다. 그런데 요즘 국내 선교가 침체기에 들어 개신교의 숫자가 정체 상태다. 오히려 줄어든다는 보고도 있다.

이는 학력이 높아지고 인터넷 등의 발달에 따라 많은 정보와 지식의 획득이 쉬워져서 어지간한 말로 쉽게 감동받지 않는 현대인들의 특성 때문일 수 있다. 그러나 현대인도 마음의 감동에는 약하다. 성도의 모범적인 신앙 생활로부터 알고 지내는 친구, 친척 및 지인들의 마음이 감동되어 교회를 찾게 해야 한다. 한국 교회는 행위의 믿음에 대한 교육에 등한시한 경향이 있었다. 그런 경향이 오늘의 상황을 만들었다고 생각한다. 기성 성도들의 신앙 성숙에 대한 교육에 주력해야 할 이유이기도 하다.

해외 선교 사역을 보면, 한국은 금세기에 들어와 미국 다음 가는 선교 파송 국가였다. 이러한 선교의 사명을 앞으로도 잘 감당해야 하고 선교의 열매를 맺도록 노력해야 할 것이다. 선교에는 전통적인 파송, 역파송, 비즈니스 선교 등 다양한 방법을 고려하고 방법에 대한 연구도 뒤따라야 한다. 최근에 선교 지역의 현지인을 한국으로 데려와 한국에서 신학대학을 졸업하거나 선교사로 양육하여 다시 본국으로 역파송하는 것이 효과적인 선교로 평가되고 있는데, 이 방법에 심도 있는 연구도 필요할 것 같다.

2) 경영 관점: 정책관리, 조직관리

관점별 개념의 두 번째는 경영 관점이다. 경영 관점은 다시 정책관리, 조직관리 등으로 나누어진다.

정책관리

정책관리는 계획, 실행, 점검, 사후 관리 그리고 다시 계획, 실행, 점검, 사후 관리가 반복되는 일련의 프로세스 관리이다.

교회가 사역 또는 경영 계획을 수립하고 그 계획에 따라 목적 지향적으로 활동을 한다. 실행 과정에 계획 목표 대비 얼마나 달성했는지를 중간 점검하고, 목표에 미달했을 때는 무엇이 문제였는지 등을 파악한다.

연간 계획을 기준으로 할 때 중간 점검의 주기는 두 달을 넘기지 않고 자주 하는 것이 좋다. 자주 할수록 문제가 더 크게 번지는 것을 사전에 막을 수 있다. 중간 점검과 최종 평가를 한 뒤 이를 반영하여 차년 계획을 세우게 되면 보다 현실적이고도 달성 가능한 계획이 수립된다.

정책관리는 기업에서는 일반적으로 정책 수립과 관리라는 용어로 사용된다. 정책관리는 교회 활동 전체를 아우르는 특징이 있다. 교회 전체의 계획, 실행, 점검 그리고 사후 관리를 말한다. 사실 정책 수립과 관리가 교회 경영, 교회 혁신의 핵심이다. 그러므로 교회는 주기적으로 정책관리를 해야 한다. 교회의 리더들은 모여 계획을 협의하고, 실행을 점검하며 사후 관리를 해야 한다. 이것을 얼마나 자주 하느냐, 얼마나 효과적으로 하느냐가 교회 혁신의 관건이다.

조직관리

조직관리의 기본은 교회의 의사 결정 체계, 사역 부서의 구조와 운영을 교회의 비전이나 전략에 일치시키는 것이다. 그런데 현실적으로는 이보다 더욱 중요한 것이 목회자의 리더십이다. 도시 교회의 신입 교인들에게 교회를 선택하게 된 이유를 물어보면, 목회자의 설교 역량과 교회 분위기를 첫 번째로 꼽는다. 누가 교회를 추천할 때도 어떤 교회의 어느 목사의 설교가 좋다는 얘기를 빠뜨리지 않는다. 특히 수평 이동을 하는 성도들은 설교에 더 많이 의존하는 경향이 있다.

성도가 높은 점수를 주는 목회자의 설교를 생각해 보자. 목회자가 타고난 달변가인 경우도 있지만 설교 듣는 일에 익숙한 성도들의 인식 레벨에 맞추려는 노력 없이는 어려운 일이다. 설교자도 설교 소비자인 성도의 입장을 고려해야 한다. 한두 번도 아니고 몇십 년 동안 거의 매주 설교하려면 설교의 성패는 준비에 달려있다.

설교자가 주중의 시간 관리를 잘하여 좋은 설교를 창출하는 것이 목회자 리더십의 바탕이다. 이와 더불어 목회자의 행동, 인격, 성품에서 인정을 받는 것도 성도 관리에 중요한 리더십으로 작용한다.

교회의 주요 의사 결정에 대부분 담임목사가 관여하게 되고, 그 결정에 많은 영향을 미친다. 목회자로서는 주의를 기울인다고 해도 일부 성도의 눈에는 목회자의 의사에 따라 편향적인 결정이 이루어졌다고 보일 수 있다.

이런 인식은 목회자나 교회 지도자의 리더십의 손상을 불러올 수 있다. 그러므로 목회자나 교회 지도자들은 최대한 민주적 절차와 처리 과정을 거침으로써 잡음의 소지를 없애는 것이 필요하다. 목회자나 장로들의 리더십이 성도로부터 신뢰를 얻게 되면 교회는 성도의 결집을 끌어낼 수 있고, 많은 사역을 성공적으로 이끌어갈 수 있다.

반면에 리더십에 손상을 입은 지도자를 둔 교회는 성도들의 불만과 원성이 쌓이게 되고 심한 경우는 스캔들로 비화되거나 법정 싸움으로 이어진 경우도 있다. 이러한 교회는 사회의 뉴스거리로 회자되고 교회의 위신이 땅에 떨어진다. 교회는 분열되고, 상처 입은 성도들은 뿔뿔이 흩어진다. 남은 성도들은 후임 목회자를 선임하고 새롭게 교회의 성장을 모색하지만 한번 무너진 교회의 신뢰 회복은 매우 어렵다.

성도들의 교회에 대한 열정도 교회의 전략적 자원의 중요한 부분이다. 자신의 교회에 자긍심을 가진 성도는 교회의 모임이나 행사에 적극적으로 참여하게 된다. 친인척이나 지인들에게 교회에 대한 얘기를 하더라도 교회에 대해 좋은 얘기를 아끼지 않을 것이다. 믿지 않는 지인들에게는 자기 교회를 적극 추천하고 인도할 것이다. 아울러, 설사 교회에서 좀 멀리 이사를 가게 되더라도 가급적 교회를 바꾸지 않을 것이다.

성도들이 자신이 출석하는 교회에 대한 감정을 보면 긍정적 감정, 그저 보통의 애착, 혹은 불만의 감정 등 인식 차가 있을 것이다. 이러한 인식에 영향을 미치는 요인들은 교회의 시설의 편리함과 안락감이나 교회의 이미지도 영향을 미치지만 교회 목회자, 직분자 그리고 성도들과의 관계가 영향을 많이 미친다.

그러므로 교회는 외부에서 평가만큼이나 교회 내부 성도들이 교회의 사역, 예배, 설교 그리고 교회의 예배당, 이미지 등에 대해서 어떻게 생각하는지 주기적으로 점검하고 도출된 결과의 원인을 분석해야 한다. 분석을 토대로 바꾸어 가야 할 사항들을 갱신하여 정책관리에 힘써야 한다.

3) 관계 관점: 이해관계자의 정의, 신뢰 확보

관점별 개념의 세 번째는 교회 외부의 주민, 관공서 등 이해관계자와의 접점 관리이다. 교회의 외부 이해관계자의 정의, 채널 관리, 정보 입수·소통 등이 주요 요소가 된다. 여기서도 인터넷이나 모바일의 등장은 이해관계자와의 접점 관리에 매우 중요한 수단이 되고 있다.

이해관계자의 정의

교회는 특정 지역을 기반으로 예배와 사역 활동을 수행한다. 교회가 위치한 지역의 외부 이해관계자와 직·간접적인 관계를 가질 수밖에 없다. 외부 이해관계자는 특정 지역의 불특정 다수의 주민, 지역 관공서, 언론 기관, 경찰서, 아파트 관리 사무소, 학교 그리고 상가 등이다. 여기에 속한 사람들은 우리 교회에 출석하는 성도일 수도 있고, 타 교회에 출석하거나 향후 잠재적 전도 대상자일 수도 있다.

교회마다 이해관계자가 다른데, 교회가 영향을 주고받는 모든 관련 기관의 담당자 혹은 책임자를 파악하고, 이들과 어떤 이해가 있는지를 정의하고 있어야 한다. 교회의 이해관계 기관이나 담당자, 책임자는 수시로 바뀌기 때문에 주기적으로 이에 대한 최신 현황을 파악하고 있어야 한다.

교회가 이해관계자에게 접촉하는 경로, 대상자를 파악하고, 이들과 접촉하고 소통·협의한 내용은 늘 기록하고 관리해야 한다. 이해관계자의 니즈를 알아야 하고, 또한 관련 정보를 가능한 한 많이 확보하고 있어야 한다. 이해관계자가 교회에 호의적인지 비호의적인지, 그리고 왜 이런 상황이 되었는지 원인도 함께 알고 있어야 한다.

예를 들어 A 교회는 매주 낮 예배 시간에 교회 주차 공간이 턱없이 부족했다. 성도들은 알아서 인근 도로 이면 주차를 하곤 했는데, 간혹 이루어지는 주차 단속 때문에 예배 중에 차를 이동시켜야 하는 등 많은 불편이 따랐다.

인근 도로 주차에 불만을 토로하는 인근 상가주인들을 찾아서 불만의 내용을 자세히 들었다. 또한 관할 경찰서 주차 단속반에 찾아가서 일정 지역에 몇 시부터 몇 시까지는 이면주차가 가능한지에 대해서도 협의를 했다. 이후 해당 예배 시간에 일정 장소에만 제한적으로 주차하고, 그 외에는 주차를 하지 않는 것으로 했다. 그러나 이러한 조치 후에도 여전히 주차 공간이 부족해서 다시 인근 관공서, 학교의 주차 공간, 아파트 주차 공간 등을 이용하기 위해 관련 당사자와 협의를 하게 되었다. 이해관계자들과의 소통은 원활한 교회 운영에 필수적이다.

교회에서 지역 주민, 전도 대상자 혹은 이해관계자들에게 주기적으로 교회의 선물, 기념품 등을 전달하는 것도 이해관계자 채널을 관리하는 방법이다. 꼭 필요할 때만 찾아가는 것보다 평소에 좋은 관계를 유지하려고 노력하는 것이 중요하다.

또한 교회가 이해관계자들에게 편의를 봐줄 수 있는 여력이 있을 경우는 적극적으로 배려하는 것이 좋다. 일례로 B 교회는 예배당 바로 옆에 교회와는 아무 관계가 없는 사설 유치원이 운영되고 있는데, 평일 오전에 주차 공간이 없어 유치원 교사나 학부모의 주차가 문제였다.

이때 B 교회가 먼저 유치원에 평일 정해진 시간대에 몇 대의 차가 교회 주차장에 주차 가능한지 알려주고 이용하게 했다. 이런 과정을 통해 교회는 향후 벌어질지도 모를 이웃과의 이해관계의 어려움에서 도움을 받을 수 있고, 무엇보다도 잠재적 전도 대상자들에게 교회의 좋은 이미지를 심어 줄 수 있다.

교회 내 다양한 문화 활동 프로그램, 즉 외국어 공부반, 기타 연주반, 요리반 등을 운영하거나, 교회 예배당에 카페 등을 운영하면서 성도들의 교제를 활성화하기도 한다. 그러나 이런 여러 문화 활동이 인근 지자체에서 운영되는 문화센터의 프로그램과 경쟁의 관계를 형성하는 경우가 많은데, 이 점에 대한 고려가 필요할 것 같다. 왜냐하면 교회 인근의 주민이나 사업자들은 지역 교회의 잠재적 전도 대상자들이기 때문이다.

인접 문화센터나 자영업자가 못하는 사업, 예를 들어 영유아 돌봄 및 신앙 교육 등은 교회가 담당하지만, 단순한 취미 교육 등은 인접 기관의 사업에 방해가 되지 않도록 배려하는 자세도 필요하다.

카페 운영은 인근 카페에 부정적인 영향을 주기 때문에 인근 카페를 이용하는 방법도 생각해 볼 일이다. 교회 행사에 쓰는 화환이나 꽃도 여전도회 등에서 직접 판매하는 방식에서 인접 자영업을 돕는 방식으로 전환이 필요할 수 있다.

인근 가게에서 구입 혹은 배달해서 사용하면 인근 사업자들은 자연스럽게 교회에 대해 우호적 감정을 갖게 될 것이다. 그분들을 전도하기 위해 따로 초신자 초청의 날을 정하면 값비싼 연예인들을 동원하는 것보다 더 적은 비용으로 더 높은 전도 성과를 올리는 방법일 수 있다.

신뢰 확보

이해관계자와 협의한 사항이나 어떤 의사 결정이 이루어졌을 때는 이해관계자의 이름과 협의 내용을 빠짐없이 기록해야 한다. 그리하여 향후 업무 후임자가 그 상황을 이해하고 관계를 이어가도록 돕는다. 당연히 이해관계자와는 좋은 관계를 유지하도록 노력해야 하고 지나치게 교회 이익을 추구해서도 안 된다.

그렇지만 교회가 너무 손해를 보지 않도록 적절히 관리하는 것도 중요하다. 약간의 손해는 감수하나 공정성을 유지하는 것이 중요하다. 이해관계자와의 소통에서는 교회가 사회에 덕을 세우는지를 항상 염두에 두어야 한다. 특히 교회와 이해관계자가 소통되지 않아 장시간 지연될 가능성이 있을 때는 사전에 이해관계 계획을 세우고 접근하는 것이 현명하다.

반면 이해관계자가 교회에 요구하는 사항 중에 교회에 다소 큰 부담이 있더라도 교회의 사역 활동을 제약하거나 해치지 않는다면, 가급적 빠른 시일 내에 요구 사항을 들어주고 조치를 하는 것이 바람직하다. 또한 교회가 이해관계자와의 협의 내용에서 위법·탈법적 사항이 있는지를 늘 염두에 두어, 그럴 위험성이 있다고 판단될 경우 요구 사항이나 조치를 철회해야 한다.

사회는 교회와 교인에 대해 어느 집단이나 개인보다도 공정하고 이타적이어야 한다는 기대를 품고 있다. 교회가 사회의 그 기대 수준에 못 미칠 때 사회는 교회에게 냉정하고 가혹한 평을 내린다.

4) 네트워크 관점: 교회 연합, 전문가 협력

관점별 개념의 네 번째는 교회 간 관계 또는 교단과의 관계로서, 교회의 내부 자원을 보완하고 확장시켜 주는 사역 네트워크이다. 사역 네트워크로는 교단 총회·노회와의 관계, 인접 교회와의 연합 그리고 외부 신학자 및 전문가 등을 들 수 있다.

교회 연합

개별 교회의 당회가 모여서 지역적으로 노회를 구성하고, 더 위로는 교단 전체의 최상위 기구인 총회로 조직되어 있다. 대한예수교장로회(통합)의 조직은 총회장, 임원회, 사무총장, 총회본부 행정조직, 자문위원회, 특별위원회, 총회산하기관, 총회관련 신학대학교, 총회유관대학·종합병원, 총회연합사업기관 등으로 구성되어 있다.

총회임원으로는 총회장, 부총회장, 서기, 부서기, 회록서기, 부회록서기, 회계, 부회계 등이다. 총회본부의 행정 조직은 사무총장, 행정·재무처 국내외군·특수선교처, 해외·다문화선교처, 교육·훈련처, 도농·사회처 등으로 조직되어 있다.

자문위원회에는 다시 상임부, 상임위원회, 정기위원회로 구분된다. 상임부로는 국내선교부, 군경교정선교부, 세계선교부, 교육자원부, 신학교육부, 사회봉사부, 농어촌선교부, 정치부, 규칙부, 재정부, 재판국 등이 있고, 상임위원회에는 고시위원회, 훈련원운영위원회, 평신도위원회, 남북한선교통일위원회, 헌법위원회, 감사위원회, 이단·사이비대책위원회 등이 있다.

정기위원회로는 헌의위원회, 선거관리위원회 총대등록심사위원회, 질서관리위원회, 안내위원회, 절차위원회, 공천위원회, 통계위원회 등으로 구성되어 있다.

총회의 산하기관으로는 총회유지재단, 총회연금재단, 한국장로교출판사, 한국기독공보사, 장애인복지회, 복지재단, 장학재단, 의료선교회, 문화법인, 총회한국교회연구원, OO병원, OO애락원, 손양원정신문화계승사업회 등이 있으며, 총회 산하 자치단체로는 남선교회전국연합회, 여전도회전국연합회, 전국은퇴목사회 등이 조직되어 있다.

총회관련 신학대학교로는 장로회신학대학교를 위시하여 전국 7개 신학대학교가 설립되어 운영되고 있다. 총회유관대학과 종합병원이 전국에 다수 편재해 있다. 총회연합사업기관으로 한국기독교교회협의회, 한국 교회총연합, 한국장로교총연합회, 대한성서공회, 대한기독교서회,

기독교방송, 기독교TV, 한국찬송가공회, 한국기독교연합회관운영이사회, 한국기독교사회봉사회, 기독교연합봉사회, 한국기독교회관관리위원회, 한국기독학생회총연맹, 한국기독교가정생활협회, 한국기독교군목파송교단협의회, 교회와경찰중앙협의회 등이다.

구체적 사역의 과정을 살펴보자. 노회 논의 사안은 개체교회 당회에서 상정하고, 노회가 그 안건을 받아서 총회로 상정한다. 이 상정 안건들을 가지고 총회는 논의한다. 총회는 단순한 회의가 아니라 치리회治理會 성격이 강하기 때문에 치리회인 노회로부터 올라온 안건으로 논의한다. 노회로부터 올라오지 않은 안건은 논의할 수 없다.

총대원들이 개인적으로 안건을 내고, 그를 논의하는 자리가 아니다. 총회는 공교회의 치리회이고, 공교회를 대표해서 교회적인 사안을 논의한다. 단, 총회 산하의 각종 부와 회가 있고, 총회가 세운 직책을 가진 이들이 어떤 사안을 위임받아 수행하고 있기에 그 부와 회가 상정한 안건을 총회가 다룰 수 있다.

전통적으로 총회 임원회가 이런저런 안건을 상정하는 경우가 많았다. 총회장도 사실은 총회의장이요, 총회가 파하면 그 의장이 역할이 끝난다. 현실적으로는 총회장이라는 직함이 있고, 임원회가 총회로부터 위임받은 사안을 처리할 수 있지만, 그 임원회가 상정안건을 제출하는 것은 합당하지 않다. 임원회는 총회로부터 위임받은 사안만 처리할 수 있고, 치리회가 아니기에 상정안건을 만들어 올릴 수 없다.

개체교회는 노회라는 조직이 있어서 지역을 기반으로 하는 노회에서

서로 긴밀한 관계와 연합을 이루어 갈 수 있다. 그러나 현실적으로는 이러한 연합에 몇 가지 한계가 있다. 먼저 개체교회들이 서로 인근 지역에 있기 때문에 서로 간에 비교가 되고 경쟁자 위치가 될 수밖에 없다. 두 번째는 목회자나 성도가 노회소속교회와 교류가 많아지면 기존 소속·위임 교회에 대한 주인의식이나 책임 의식이 결여될 수 있다.

이러한 제약점에도 불구하고, 개체교회는 노회교회들과의 긴밀한 연합을 통해 서로의 부족한 부분을 보완하고 더욱 건강하고 좋은 교회로 발전할 수 있을 것이다. 노회 차원에서 목회자의 설교 교류나 교회 연합 봉사 활동, 선교 및 전도 등을 해가는 것이 좋은 것 같다. 특히 규모가 작은 교회들은 이러한 노력을 더욱 적극적으로 해 나갈 필요가 있다.

전문가 협력

노회의 교회들과 연합하지 못하는 경우, 개별교회는 같은 교단 혹은 신앙 형태가 비슷한 분들과의 교류를 활발하게 하는 것이 좋다. 주일 설교를 번갈아 가면서 하거나 또는 주기적으로 부흥회 등을 통해 특별초빙설교자로 모시는 것도 좋을 것이다.

특히, 신학교의 교수나 사회 분야별 전문가 중에서 고급의 신학 지식과 온전한 신앙을 가진 분들을 초빙해서 말씀을 듣거나 교회 운영에 대한 의견을 들어보는 것도 좋다. 윌로우크릭교회의 빌 하이벨스 목사님은 경영컨설턴트에게 조언을 듣다가 나중에서는 이들을 상임 직원으로 채용을 하기도 했다.

3. 교회혁신모델의 기준

교회혁신모델은 교회의 비전을 달성하고, 종국적으로 교회의 부흥을 가져다주는 지원 경영 체계이다. 사역 세부 활동 과정상에서는 3가지 요소, 즉 교회 개혁의 효율성, 교회와의 적합성 그리고 교회 건강성 촉진 등을 항시 고려하며 사역을 진행해야 한다. 혁신 모델을 활용한 교회의 경영 활동의 추진 기준을 살펴본다.

1) 효율성: 가치지향적이어야 한다

교회의 비전 달성과 교회의 부흥을 위해 사역 활동, 경영관리, 관계관리 그리고 네트워크 관리를 체계적으로 추진한다. 이러한 활동과 관리에 투입되는 교회의 자원과 비용이 창출되는 결과보다 더 크면 교회는 지속이 어려워진다. 그러므로 제한된 자원으로 보다 좋은 결과를 낼 수 있도록 자원을 효율적으로 사용해야 한다.

기업의 과제는 생산성을 높이는 것이었고, 그 방법은 생산 공정을 최대한 효율적으로 만드는 일이었다. 가치를 효율성으로 정의하게 되면 기업 내부에 주안점을 두게 된다. 즉 기업이 무엇을 만들 것이냐 또는 어떻게 만들 것이냐에 초점을 두게 되는 것이다. 이것은 소위 제조업자적 사고방식이다.

그러나 이러한 논리는 교회와 같이 사명을 가치로 여기는 조직에는 충분하지 않다. 교회는 세상의 기업처럼 효율성의 개념을 절대기준으로 삼아서는 안 될 것이다. 이 기준은 교회가 사역을 해 나가는 데 더 성공적인 방법을 제시한 것일 뿐이다. 당연히 교회는 어떤 의사 결정을 할 때 효율성도 감안해야 하지만 이보다는 사역이라는 숭고한 목표 달성에 집중해야 한다. 효율성은 사역을 위한 한 가지의 기술로 사용될 뿐이다.

2) 적합성: 교회 비전과 일치되어야 한다

상호연관성은 적합성과 유사한 개념이다. 교회 사역 활동의 개별 구성 요소 간의 상호유기적인 작용을 통해 교회의 종국적인 사역 목표를 창출할 수 있다. 또한 교회는 지속적으로 사역에서의 일관성을 유지해야 한다. 교회의 모든 요소가 하나의 목적, 즉 복음의 전도와 교회의 부흥을 위해 상호 작용해야 하면서, 이러한 사역 활동이 교회의 비전, 교회의 역사 그리고 교회의 가치를 추구하는 방향에서 벗어나지 않아야 한다.

교회의 예배 때 찬양은 매우 탁월한 데 반해서 설교나 교회의 프로그램이 미흡하다면 이 교회는 좋은 교회라 하기 어려울 것이다. 한두 개 부분적으로 뛰어나고 좋은 프로그램을 가졌다고 해도 다른 많은 부분이 그에 미치지 못하다면 개별 구성 요소가 각각의 목적에만 충실한 부분 최적화만 됐을 뿐이다. 전체적 조화와 균형은 잃어버린 결과가 나온다.

3) 건강성: 신뢰가 쌓여야 한다

교회의 사역 리더십과 경영관리 역량에 대해서 내부 성도들에게 믿음을 줘야 한다. 또한 교회는 세상 사람들과 외부 이해관계자로부터도 신뢰를 받아야 한다. 그러므로 교회가 교회 밖 세상에도 덕을 끼치도록 노력하는 모습을 보여야 한다.

이런 경영관리 활동은 사역 비전이라는 소기의 목표를 달성하는 데 효과적으로 작용하게 된다. 교회를 신뢰하게 된 성도들에게는 헌신을 불러일으키며 외부 이해관계자들에게 감동을 주어 교회에 마음을 열게 만든다. 신뢰받는 교회의 경영관리 활동이 교회의 리더십을 만들고 본연의 사역 성과를 지속적으로 창출하도록 만든다.

3
교회의 정책관리

성과 관리란 조직 구성원이 최상의 직무 수행 활동을 하여 조직 성과 목표를 달성하도록 조직의 자원을 체계적으로 관리하는 경영 기법이다. 최근에는 성과 관리가 조직 구성원을 지나치게 옥죄는 도구라는 비판을 받으면서, 정책관리 또는 전략적 경영관리란 용어를 더 많이 쓰고 있다.

정책관리는 조직의 전략적 목표 달성을 추구하지만 조직 구성원의 책임이나 문제를 지적하기보다는 목표 달성을 위해 조직 차원에서 효과적인 지원을 어떻게 할 것인가에 초점을 맞추고 있다.

전략적 경영관리는 조직이 달성해야 할 전략 목표를 부서 목표와 구성원 과업 목표로 세분화하는 데서 시작된다. 수립된 목표에 따라 업무가 수행되고 그 추진 과정에 중간 점검이 이루어진다. 중간 점검에서 도출된 이슈와 장애를 진단하고 극복 방안을 마련한다. 경우에 따라서 목표 수정도 하게 되고, 다시 과업의 실행, 점검, 피드백이 반복적으로 이어진다.

이처럼 전략적 경영관리는 조직이 전략과 목표 그리고 실행에 집중하여 조직 목표를 달성하도록 돕는 효과적인 경영관리 기법이다. 그러나 '은혜, 축복' 같은 어휘에 익숙한 기독교인들에게 전략이나, 경영관리 같은 경영학적 용어는 여전히 생경할 것이다. 설사 이런 감정적 문제를 넘어선다고 하더라도 이를 교회에 적용하려고 하면 다소 막막할 수 있다. 어디서부터 시작해야 하고 무엇을 어떻게 해야 할지 모르기 때문이다. 초기 도입이 어렵다 할지라도 전략적 경영관리가 교회에 도입되어 실행되면, 비전과 사역을 효과적으로 달성하게 할 뿐만 아니라 그 실행 과정에 성도를 하나로 묶을 수 있다.

3부에서는 필자가 기업, 공공 기관, 대학, 병원 그리고 NGO 단체에 적용했던 전략 경영 컨설팅 경험을 토대로, 이를 교회에 어떻게 적용할지 실제적인 방법을 제시하고자 한다.

기업은 목표를 세우거나 업무를 추진할 때 기본적으로 경쟁의 논리로 접근한다. 일부 사업상 전략적 파트너가 있기는 하지만 시장에는 경쟁자들만이 우글거린다고 전제한다. 그러므로 기업은 사업 목표를 세울 때부터 이러한 경쟁의 논리를 정확히 반영하려고 노력한다.

반면 교회에서는 경쟁의 논리보다 협력의 논리가 더 크다. 기업과는 달리 결과보다는 과정에 의미를 둔다. 최종적인 목표값을 달성했느냐보다도 사역 과정에서 얼마나 충실했느냐가 더 중요할 수 있다.

기업은 구성원 한 사람에게 개인의 업무 목표가 부여되고 다시 부서의 모든 구성원의 성과를 합하면 부서 목표가 되기 때문에, 부서의 목표가 개인에게 적절히 배분되고 관리된다. 그러나 교회는 부서 단위로 목표를 부여할 수는 있지만 개별 성도 단위로 사역의 목표를 배분하지는 않는다.

그러므로 기업에서 일반적으로 사용하는 전략적 경영관리모델을 판박이처럼 똑같이 교회에 적용하는 것은 바람직하지 않다. 전략적 경영관리의 기본 프레임을 활용하지만 교회의 특수한 상황을 고려하여 모델의 구조를 수정하고자 한다. 그리고 교회에서는 전략적 경영관리라는 용어보다는 정책관리가 좀 더 익숙한 용어라고 판단되어, 이후로는 전략적 경영관리라는 용어 대신에 정책관리라고 표기하고자 한다.

정책관리는 크게 세 부분으로 구분된다. 첫째, 조직이 미래 모습을 설정하고 이를 달성하기 위한 전략적 방향을 세우는 비전 및 정책 수립 단계이다. 비전, 정책 수립과 실행을 전담하는 새로운 부서 및 담당자를 세운다. 이 전담 부서를 중심으로 대내외환경 분석과 SWOTstrength-weakness-opportunity-treat 분석을 하고, 다시 그 분석 결과를 토대로 조직의 비전과 정책 목표를 도출한다.

둘째, 수립된 비전·정책 목표에 따라 과업을 실행하고 관리하는 단계이다. 정책을 실행 가능한 형태로 구체화하고, 정책 목표의 달성 여부를 측정할 수 있는 성과지표를 정의한다. 일정 기간 동안 실행이 이루어진 뒤 성과에 대한 중간 점검을 하고 이를 다시 분석하고 또다시 실행 방안을 수립한다.

셋째, 정책적 성과 단계이다. 비전, 정책, 실행 계획 수립과 성과 관리가 제대로 작동되면 조직 구성원들과의 소통이 원활해지고 조직의 비전과 정책에 대해 구성원들이 공감하게 된다. 이렇게 되면 조직 구성원에게 동기를 불러일으키고, 열정적으로 사역을 담당하게 되어 종국적으로는 사역 목표와 비전이 달성된다.

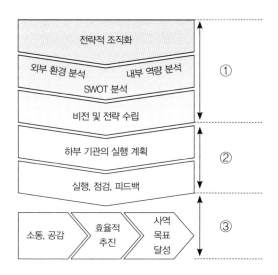

정책관리의 구조와 흐름

① 비전 및 전략 수립

조직의 미래에 달성하고자 하는 모습과 이를 달성하기 위한 전략 수립

② 전략과 목표의 실행 관리

전략을 실행 가능한 형태로 구체화하고 전략적 목표의 달성 여부를 측정할 수 있는 성과지표 정의, 목표치 달성을 위해 필요한 실행 계획, 추진 과제의 도출 및 우선순위화

③ 전략적 성과

전략 실행을 통해 달성된 성과

1. 교회 정책관리의 성공 요인

1부에서 '비전이 시작이고 끝이다'라고 언급하며 교회에서 비전의 중요성에 대해 강조했다. 실제로 비전을 수립하는 과정도 어렵지만 비전 추진 과정에 조직을 체계적으로 관리하는 것이 훨씬 더 힘들다. 그것은 비전 수립 이후 비전 추진 과정에 엄청난 저항과 갈등 그리고 문제들이 발생하기 때문이다.

비전 추진 과정은 목적지를 향해 길을 떠나는 멀고도 험한 여정과 비슷하다. 저 멀리 최종 목적지가 있고, 그 과정에 수많은 중간 기착지가 존재한다. 출발지를 떠나는 순간부터 수많은 위험과 장애물이 여기저기서 돌출한다.

조직의 리더와 구성원들이 한마음, 한뜻이 되어 이러한 위험을 피하고 장애물을 잘 극복해야 한다. 위험과 장애물을 제거하고 최종목적지에 안착하기 위해서는 특별한 여정 관리, 즉 정책관리가 필요하다.

그동안 수많은 기업이 정책관리를 시도했지만 모든 기업이 다 성공한 것은 아니다. 그러나 정책관리를 아예 시도도 하지 않은 기업들보다는 이를 적극적으로 시도한 대부분 기업이 훨씬 좋은 성과를 창출했다. 서구 유수의 기업이나 공공 기관은 물론이고, 우리나라의 대기업과 공공 기관 대부분이 정책관리를 이미 오래전부터 활용해 왔다.

정책관리를 활용해 성공을 경험한 조직들은 공통적으로 몇 가지 성공 요인을 가지고 있다. 첫째, 이런 조직의 리더들은 정책관리의 메커니즘과 프로세스 그리고 효과를 정확히 이해했다. 둘째, 정책관리를 수행하면서 조직 내외에 소통이 원활하고 합리적인 의사 결정 문화를 구축하고 있었다. 셋째, 정책관리 과정이 쉬운 것은 아니지만, 이들 조직은 정책, 실행 계획에 따라 모든 조직 구성원이 충실히 실천하고 실행 과정 중간에 주기적으로 점검을 하며 대안을 재수립해서 피드백했다.

1) 소통이 기본이다

정책관리는 통상적으로 조직관리자가 주도한다. 조직관리자는 조직 구성원들의 직무 수행 역량과 시장 환경 분석을 토대로 조직 목표와 구성원 목표를 설정한다. 조직 목표를 세울 때는 다른 관리자들과 긴밀하게 협의해야 하지만 동시에 조직 구성원과의 소통도 매우 중요하다.

기업에서는 조직관리자가 부하 직원에게 업무 목표를 부여하기 전에 먼저 자신과 부하 직원 간에 충분한 소통을 위해 파트너십을 구축한다. 관리자는 부하 직원에게 회사와 부서의 목표를 전달하고, 동시에 직원들은 자신의 역량과 성과 목표를 관리자에게 정확히 보고한다.

마찬가지로 교회의 정책관리도 교회의 지도자와 성도들 간에 소통을 기반으로 한 신뢰 구축이 전제되어야 한다. 그런데 교회의 지도자 간, 지도자와 성도 간의 소통이 그리 말만큼 쉽지 않다. 교회 지도자는 성도들에게 충분히 설명했다고 생각하는데, 성도는 교회로부터 아무것도 들은 것이 없다고 하는 경우가 비일비재하다.

왜 그럴까? 조직 내 소통이 잘 안 되는 이유는 많지만, 다양한 유형의 사람들이 모여 있는 조직의 특성으로 인해 소통 문제는 당연히 일어날 수밖에 없다. 그러므로 거의 모든 조직은 소통을 위한 체계적인 운영 메커니즘을 갖추고 있어야 한다.

이해를 돕기 위해 기업의 한 예를 들어 보겠다. P 금융 기관의 임원들은 '핵심 고객에게 탁월한 서비스를 제공한다'는 회사의 전략 방향에 대해서 예외 없이 모두 동의한다. 그러나 회사의 탁월한 서비스가 무엇이고, 누가 핵심 고객인가에 대해서 생각이 다르다.

고객 관리 담당 임원이 생각하는 핵심 고객은 회사에 이익을 많이 창출해 주는 고객, 즉 장기적으로 큰 돈을 예치하거나 거액을 대출한 뒤 제때 돈을 잘 갚는 고객이다. 또 주요 서비스란 자금을 예치한 고객에게는 높은 이자를 주고, 대출 고객에게는 적정 금리를 적용하는 것이라고 생각한다.

그러나 기획 담당 임원의 생각은 다르다. 지금처럼 시중에 돈이 많이 풀리고 전반적으로 투자처가 마땅치 않은 상황에서는 자금을 예치하는 고객보다는 대출 고객이 더 중요하고, 고금리보다는 저금리의 서비스가 회사의 영업 이익을 올리는 데 도움이 된다고 믿고 있다. 상품 개발 담당 임원은 신상품이 주요 서비스이고, 신상품을 구매하려는 타깃층이 핵심 고객이라고 주장한다.

이처럼 임원의 역할과 책임에 따라 회사의 전략 목표를 각자 다르게 해석한다. 그뿐만 아니라 구체적인 자기 부서의 실행 계획이나 성과에 대해서는 또 완전히 다른 주장을 한다. 각자의 입장과 역할이 다른 상황에서 임원들의 의견이 대립되는 것은 어찌 보면 당연한 일이다.

어느 조직에서나 전략 목표와 성과에 대해서 서로 다른 생각과 주장을 할 수 있지만, 문제는 협의와 조정을 잘하는 조직이 있는 반면, 그렇지 못한 조직도 상당히 많다는 것이다. 만약 조직의 상위 계층에서 이견이 조율, 합의되지 않으면 그 이슈는 마치 수도관을 따라 물이 흐르듯이 그대로 조직 하부로 흘러가는데, 보통 하부 부서로 내려갈수록 흐름은 커져 그 문제가 증폭된다.

그래서 담당 임원이 임원 회의에서 조율되지 않은 전략을 그대로 부서로 내려보내면 부서장은 엄청난 혼란에 직면하게 된다. 통일된 업무 성과 지침이 없으므로 부서가 수행하는 일이 회사 전체에 어떤 영향을 미치게 되는지 제대로 알지 못한다.

일선 현장의 직원은 더욱 난감하다. 창구에 앉아서 고객을 응대하는 직원의 경우 자신이 하는 일이 회사의 비전, 전략과 어떤 연관이 있는지 이해하지 못한다. 이런 직원들은 업무에 대한 자부심이나 열정이 높을 리 없고 조직에 대한 애착심이나 상사에 대한 신뢰도 역시 낮을 수밖에 없다. 이런 경우라면 각 부서는 수립된 부서 목표에도 동의하지 않고, 구성원들은 자신들의 과업 수행 평가 결과에 대해서도 수긍하지 않으려 할 것이다.

한 기업연구조사에 따르면 85%의 경영층이 전략 목표 논의에 사용하는 시간은 한 달에 한 시간 미만이고, 조직 구성원의 60% 이상이 전략을 올바르게 이해하지 못한 채 일상 업무를 수행하고 있다고 한다. 또한 기업의 60%가 전략 목표와 연계된 예산 편성을 하고 있지 않을 정도로 전략 실행을 위한 제도적 장치가 충분하게 마련되어 있지 않다고 했다.

기업이 이런 상황이라면 교회는 어떨까? 교회를 기업과 비교하기는 어렵지만, 아마도 기업이 교회보다 훨씬 더 자주, 효율적으로 회의를 하고 있으리라고 쉽게 짐작할 수 있을 것이다. 왜냐하면 기업의 종사자들은 평균 주5일을 근무하고 비전, 전략 목표 및 실행 계획을 주기적으로 수립하면서 이에 따라 업무를 추진하기 때문이다. 단언컨대 현대 사회에서 기업은 세상의 어떤 조직보다도 더 효율적이고 효과적으로 운영되고 있다.

성공한 기업의 리더들은 조직의 목표에 대해서 부하 직원들과 끊임없이 협의하고, 성과를 점검하는 성과 관리 일정표, 소위 커뮤니케이션 매트릭스(계획표)를 가지고 있다. 여기에는 언제, 누구와, 어떤 내용으로 소통을 할 것인지에 대해서 상세하게 기술되어있다. 이러한 커뮤니케이션 계획표에 따라 경영자와 임원, 중간 관리자 및 직원에 이르기까지 회사 전체가 긴밀하게 소통한다.

커뮤니케이션 지원 도구로는 이메일, 애플리케이션 혹은 SNS 등이 많이 사용되고 있다. 예를 들어 한 관리자가 자신의 부하 직원들과 성과관리에 대해서 협의를 해야 할 시간이 되면 자신과 부하 직원의 휴대폰에 자동으로 알람이 뜨도록 사전에 설정해 둔다.

교회 역시 목회자, 장로 같은 교회 지도자들 간에 먼저 원만한 소통이 이루어져야 한다. 소통이 잘 되지 않을 때는 같은 용어나 생각을 하고 있어도 서로 다르게 전달된다. 교회의 비전과 정책 방향, 실행 계획에 대해 교회 리더들 간에 조율과 합의를 이루게 되면, 그다음 단계인 성도들과의 소통은 의외로 어렵지 않을 수도 있다.

2) 합리적 의사 결정 문화를 구축한다

조직이 비전을 달성하려면 조직 내외의 소통이 원활해야 하고, 동시에 조직원들의 동참과 헌신이 있어야 한다. 동참과 헌신을 유발하려면 조직원들의 공동체 의식을 불러일으켜야 한다. 교회는 정책관리의 선순환 메커니즘에 대해서 교회 리더 그룹에서부터 일반 성도들까지 모두 충분히 이해하고, 적극적으로 동참하려는 의지가 필요하다는 뜻이다.

그러면 어떻게 정서적 동참을 끌어낼 수 있을까? 한 가족의 사례를 보자. 이 가족은 여름방학을 맞아 해외여행을 계획하고 있다. 아들은 지난해 미국 서부지역으로 가족여행을 다녀온 친구가 1년 내내 부러웠다. 딸은 영화나 TV 여행 프로그램에서 종종 보았던 유럽의 유명한 박물관에 가보고 싶어 한다. 엄마는 자기주장을 내세우는 성격이 아니어서 이번에도 그냥 애들의 생각을 따라가기는 하지만 내심 여행 경비가 걱정이다. 아빠는 가장으로서 이번 여행에 대해서 누구보다도 많은 생각을 했다. 경비에서부터 가족을 고려한 여러 준비 사항을 고민했고 이미 오래전부터 준비해 왔다.

여행 출발 두어 달 전, 생각을 정리한 아빠가 온 가족이 한자리에 모인 자리에서 말문을 열었다. "이번 여행에 대해서 많이 생각해 보았는데, 대만으로 4박 5일 일정이면 좋겠다. 가깝기도 하고 맛집도 많고 볼거리도 많아서…."라고 했다. 아빠가 말을 채 끝내기도 전에 아이들은 고개를 떨어뜨렸다.

엄마는 아빠를 흘깃 쳐다본 뒤 이렇게 말했다. "얘들아, 너희들 생각을 말해 보렴. 아빠 생각은 들었지만, 또 너희들이 가보고 싶은 곳이 있을 것 같은데…. 그곳이 대만보다 더 좋겠다고 의견이 모이면 여행지를 그곳으로 할 수 있지 않겠니? 자, 우리 막내부터 얘기해 볼까?"

우리의 가정이나 직장, 교회에서도 권위적 의사 결정이 종종 일어난다. 교회는 보통 구조적인 의사 결정 체계를 가지고 있어서, 가장 영향력 있는 직분자 한두 사람이 의사 결정을 주도하고 대부분 참여자는 권위에 끌려가는 편이다.

영향력 있는 직분자 입장에서는 당연하다고 생각할 수 있다. 우선 교회에서 일어나는 일들에 대해 자신이 일반 성도들보다 훨씬 더 많은 생각을 했고, 신앙적 양심에 근거해서 결정하는 것이므로 위 가정의 가장

처럼 행동하는 것이 가장 합리적이라고 생각할 수 있다.

이제 시대가 바뀌고 있다. 교회의 평신도 중에도 성경과 사회 지식에 대한 이해가 높은 성도도 많고, 무엇보다 사업이나 조직관리를 많이 해본 성도들이 상당히 많다는 것이다. 교리나 성경의 해석 같은 영역이 아닌 교회의 사역 활동이나 일반 경영관리에서 권위적 의사 결정이 일어나면, 생각이 다른 성도들은 교회 리더들의 의견을 아예 무시해 버리거나, 겉으로는 협조하고 받아들이는 척하면서 내면으로는 강하게 저항할 수 있다.

그러므로 교회에서 중요한 의사 결정을 할 때 먼저 교회의 지도자들이 기도로 준비를 한다. 그리고 사안과 관련이 있는 환경을 충분히 분석하고, 문제를 체계적으로 진단해야 한다. 또한 위에 보기로 든 가정의 엄마처럼 의사 결정에 참여한 사람들이 서로의 생각을 밝힐 장을 열어 두어야 한다.

물론 어떤 조직이든 모든 사람의 의견을 다 반영할 수도 없고, 모든 의견을 통합해서 일하기도 어렵다. 그러나 결정에 참여하는 사람들은 서로의 상반된 의견을 최대한 인정하고 각각 상치된 대안이 가지고 있는 제약과 한계 등을 이해하며, 서로 양보할 것은 양보하고 조정할 것은 조정하는 과정을 자연스럽게 받아들여야 한다.

교회 지도자들은 과정적 논리 접근을 통해 합리적인 의사 결정 문화를 조성해 가야 한다. 이런 노력 없이는 성도들의 진솔한 의견 개진이나 결정 사항에 대한 진정한 동참을 이끌어 내기 어렵다.

3) 혁신은 지속적이어야 한다

경영 성과는 저절로 생겨나는 것이 아니다. 성과를 내는 능력은 운 좋은 사람들만 우연히 타고나는 것도 아니다. 보통의 경우 도제식으로 일을 배우는 과정에서 얻게 된다. 이는 오랫동안 시행착오를 거치며 진화해 기본적인 성과 원칙에 크게 의존하기 때문이다.

80/20 법칙은 흔히 '파레토 법칙'이라고 불린다. 빌프레도 파레토 Vilfredo Pareto가 19세기 말 80/20 법칙의 밑바탕에 깔린 원칙, 즉 원인과 결과 사이에 놀랄 만한 불균형이 존재한다는 사실을 발견했다. 그는 부와 소득의 분배를 연구하다가 자신의 이름이 붙은 법칙을 찾아냈다. 80/20 법칙은 경영적 사고 규율에 있어 가장 기초가 되는 것이라고 할 수 있다.

인생의 많은 부분에서 그런 것처럼, 기업이나 조직에서도 이 규칙은 보편적으로 들어맞는다. 대개 한 회사의 매출액이나 이익의 80%는 20%의 고객 덕분에 벌어들이는 것이다. 또는 이익의 80%는 20%의 제품에서 나온다. 파레토 법칙을 조직에 적용한다면 성과는 단지 몇 가지 일을 아주 잘하느냐의 여부에 달려있다고 볼 수 있다.

수많은 기업이 이 파레토 법칙을 이용하여 성과를 향상시킨다. 대표적으로 조셉 주란Joseph Juran과 에드워드 데밍Edwards Deming은 80/20 법칙을 생산 과정에 적용하여 품질을 획기적으로 개선하는 방법을 찾아내었다. 즉 비교적 적은 수의 품질 문제가 불량에 관련된 손실 대부분을 차지했다는 것을 알아냈고, 이 아이디어는 회사 차원에서의 품질 관리total quality management, 즉 6시그마라는 경영 원칙으로 발전되었다.

수치 그대로 80/20 법칙을 받아들이는 것은 다소 무리지만 기업과 실생활에서 이와 비슷한 비율이 적용된다는 것은 놀라운 일이다. 이 같은 원인과 결과의 불균형이 대부분의 인과 관계를 설명하고 있다. 파레토 법칙의 핵심은 대부분 몇 가지 소수의 일이 나머지 다른 일보다 훨씬 중요하다는 것이다.

교회에서도 핵심 사역을 성공적으로 달성하기 위해서는 교회의 자원이나 노력의 80%를 가장 적합한 부문에 쏟아부어야 한다. 개혁과 변화를 가져올 활동에 조직의 자원을 투자하는 게 중요하다고 말하는 것도 이 때문이다.

또 하나의 원칙은 '지속적 혁신'이다. 다른 표현으로는 '무어의 법칙' 또는 '카이젠'이다. 조직이 존재하기 위해서는 지속적으로 혁신, 개선이 없이는 불가능하다는 것이다. 무어의 법칙Moore's law은 고든 무어 Gordon Moore가 마이크로칩의 용량이 18개월마다 2배가 될 것으로 예측하며 만든 법칙으로, 1975년 24개월로 수정되었다. 마이크로칩 기술의 발전 속도에 관한 것으로 마이크로칩에 저장할 수 있는 데이터의 양이 24개월마다 2배씩 증가한다는 법칙이다.

또한 컴퓨터의 성능은 거의 5년마다 10배, 10년마다 100배씩 개선된다는 내용도 포함된다. 이 법칙은 컴퓨터의 처리 속도와 메모리의 양이 2배로 증가하고, 비용은 상대적으로 떨어지는 효과를 가져왔다.

디지털혁명 이후 1990년대 말 미국의 컴퓨터 관련 기업들은 정보 기술IT에 막대한 비용을 투자하고, 무어의 법칙에 따라 개발 로드맵을 세웠다. 1997년 인텔이 발표한 2비트 플래시메모리와 기존 알루미늄을 구리로 대체한 새로운 회로 칩에 관한 IBM의 발표 등은 이 법칙을 증명하기도 했다.

카이젠은 개선改善이라는 한자의 일본식 표현이다. 개선의 사전적 의미는 나쁜 상황을 고쳐 나아지는 것을 말한다. 제조업 부문에서 이용되는 용어로서의 카이젠은 현장의 작업자들이 중심이 되어 수행하는 소위 아래로부터 위로 가는bottom-up 활동이다. 따라서 카이젠은 일반적인 '개선'이라는 한자어와 구별하기 위하여 'kaizen'으로 표기하는 영어화된 일본어이다.

카이젠 활동의 내용은 생산 설비의 개조, 공구의 개량 등 업무 효율의 향상과 작업 안전의 확보, 품질 불량의 방지 등 생산과 관련된 전체 과정에 해당한다. 카이젠은 위로부터 명령에 의해 실행되는 것이 아니라 작업자 스스로가 지혜를 내어 변화시켜 가는 것을 특징으로 한다.

4) 정책관리 메커니즘을 이해한다

경영 성과에 집중하려면, 모든 조직 구성원들이 정책관리의 메커니즘을 이해해야 한다. 특히 교회의 리더들은 정책관리가 무엇인지, 왜 필요한지, 어떤 절차로 진행되는지에 대해서 정확히 인지하는 것이 중요하다.

기업의 사례를 살펴보는 것이 좋겠다. 직장인은 월요일 아침 출근해서 바쁘게 일에 쫓기다 보면 금세 퇴근 시간이다. 또한 주중에 중요한 일, 꼭 해야 할 일들만 처리하고 업무차 고객을 만나다 보면 하루가 지나간다. 수요일, 목요일이 지나고 어느새 금요일이다. 금요일은 한 주 동안의 실적과 성과에 대해서 주간 보고를 한다. 한 주 동안 목표를 달성했는지 못 했는지를 확인한다.

한 달의 마지막 주가 되면 월 단위 실적 점검이 이루어진다. 이때 부서건 개인이건 목표에 미달하게 되면 그 당사자는 책임 추궁을 피할 수 없다. 다행히 목표를 달성하거나 초과하면 다음 달을 대비해야 한다.

분기가 지나면 분기 실적 평가가 있고 반기가 지나면 반기 실적을 평가받게 된다. 물론 분기, 반기마다 실적에 미달하면 이에 대한 대책을 수립하고 벌어진 목표치를 메우기 위해 더욱 열심히 노력해야 한다.

연말이 다가오면 조직 전체가 한 해의 실적을 평가하게 되는데, 이때 조직의 긴장감은 극에 다다른다. 이 연간 실적을 토대로 인사고과가 이루어지고, 부서 및 개인의 성과급이 결정되며, 부서의 인사이동 등이 결정된다. 기업은 어떻게 보면 목표의 수립과 업무 추진 그리고 실적 평가의 연속이다.

이러한 전체 과정은 대부분 직원이 잘 알고 있다. 신입사원들의 초기 오리엔테이션에도 이러한 교육이 포함되어 있고, 매년 초 전임 직원에게 정책관리 운영에 대한 지침이 전달된다.

이 운영 지침에는 목표 수립과 중간 점검, 대응 방안 수립, 최종 평가에 대한 일정과 절차 및 기준 등이 자세히 나와 있다. 그리고 일정별로 워크숍, 회의, 자료 준비, 인터뷰 등 수많은 과정을 거치면서 정책관리를 이해하고 참여한다.

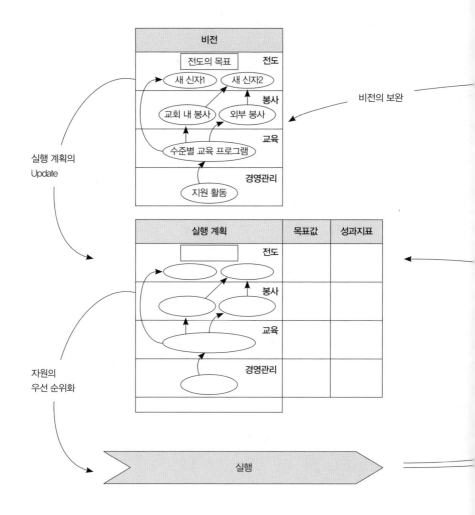

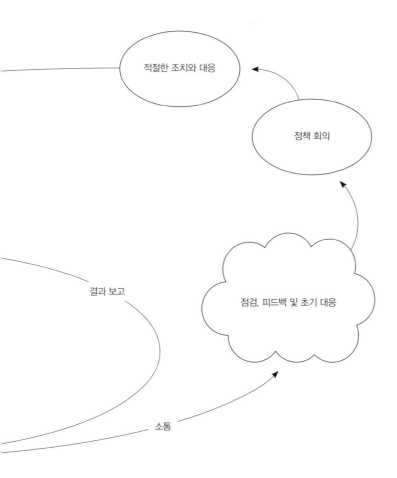

정책관리의 순환 사이클

교회에서는 이러한 정책관리와 관련된 교육이나 지침이 거의 없다. 또한 교회에서는 사역 활동에 대한 부서의 목표 등이 명확하게 설정되어 있지 않다. 이번 달과 다음 달의 사역 목표나 성과도 크게 다르질 않다. 거의 매년 동일한 사역을 추진한다. 사역 목표가 있다 하더라도 사역 활동에 대한 중간 점검이나 점검 결과에 따른 대책 방안 수립 등의 운영 관리가 부족해서 획기적인 발전은 기대하기 어렵다.

교회의 정책관리에 대해서 평가한다면 아쉽게도 부정적인 답변을 내놓을 수밖에 없을 것이다. 그 이유는 교회가 정책관리에 대한 부정적인 시각을 가지고 있기 때문이고, 또 다른 이유로는 정책관리에 대한 이해 부족 때문이다. 경영에 대한 막연한 오해와 무지는 교회의 사역을 무기력하게 방치하게 하고, 이러한 현상이 지속되면서 교회는 점점 더 쇠락하게 된다.

많은 기업에서 이 정책관리의 메커니즘을 도입하고 적용함으로써 엄청난 성과 향상을 경험하고 있다. 교회에서도 경영관리에 대한 막연한 오해와 편견을 깨고 정책관리의 메커니즘을 체계적으로 도입하고 적용한다면, 사역의 좋은 결실을 보게 될 것이고 부흥하게 될 것이다.

2. 교회 정책의 수립

정책관리를 운영해 본 조직과 그렇지 않은 조직은 성과에서 큰 차이가 난다. 정책관리를 처음으로 도입하는 조직은 많은 시행착오를 거친다. 용어도 생소하고 절차가 복잡해 보인다. 그리고 추진 과정에서 정책관리의 필요성에 대한 문제 제기와 추진상의 다양한 어려움에 직면하게 될 수도 있다.

그러나 이 과정을 다 극복하고 나면 생각했던 것 이상의 좋은 성과를 얻을 수 있다. 더 정확히 말해서, 정책관리를 수행하게 되면 비전과 정책 목표를 달성할 수밖에 없다. 왜냐하면 사업을 수행하는 과정에 목표 달성의 장애 요인과 문제를 하나하나 해결해 나가는 조직적 노력을 끊임없이 추진해 가기 때문이다.

교회의 정책관리는 다음과 같은 10가지 단계로 추진된다. 1) 비전추진조직V-TFT, visioning task force team을 구성한다. 2) 환경 변화를 체계적으로 분석한다. 3) 교회의 여건과 역량을 평가한다. 4) 기회-위협/강점-약점SWOT 분석으로 정책을 도출한다. 5) 감동적인 비전을 만든다. 6) 전략 체계도(전략맵)를 구축한다. 7) 비전을 공유하고 부서 실행 계획을 수립한다. 8) 측정할 수 있는 성과지표를 개발한다. 9) 계획대로 실행하고, 추진 과정을 수시로 점검한다. 10) 정책관리 문화를 구축 한다.

이제부터 정책관리의 추진 단계에 대해 하나씩 자세히 설명하겠다.

1) 비전추진조직을 구성한다

교회에 정책관리의 순환 사이클을 작동시키려면 무슨 일부터 시작해 야 할까? 답을 얘기하기 전에 교회에서 비전을 수립하는 과정을 살펴 보자.

사실 교회에서 비전 수립을 해온 것은 그리 오래된 일이 아니다. 그래 서 아직 일정한 방법은 없는 것 같다. 교회마다 조금씩 차이는 있지만 대부분 담임목사가 비전 초안을 만들거나, 아니면 부목사 혹은 장로 중 두어 분이 만들어 당회에 올려 결정하는 경우가 많다.

이렇게 수립된 비전은 교회 앞이나 강단 옆에 공지된다. 그리고 자연 스럽게 비전 조직은 해체된다. 비전 조직이 해체됨에 따라 더 이상 교회 의 비전은 작동되지 않고 일부 교회 리더들의 관념으로만 잠시 남았다 가 점차 잊힌다.

그런데 기업은 다르다. 훨씬 체계적이고 철저하게 관리한다. 기업은 대부분 먼저 별도의 TFT를 구성한다. TFT에 포함된 이들은 자신의 고유 업무에서 벗어나 기획부서 산하의 전담 조직으로 인사발령이 난다. 기획 담당 이사가 비전TFT를 총괄한다. 비전TFT 구성원은 주로 영업, 생산, 지원, 연구 개발의 핵심 인력들로 구성된다.

비전TFT가 구성되면 이들은 비전 수립을 위해 많은 연구 보고서나 현황 자료를 검토한다. 조직 내 분야별 직무 전문가들과 인터뷰를 하고, 관련 외부 기관을 벤치마킹한다. 워크숍을 진행하고 비전(안) 정리를 위해 수많은 토론과 협의를 한다. 이런 과정을 통해 어느 정도 정리된 안을 임원 회의에 올리면 통상적으로 재검토의 지시가 떨어진다.

재검토 후 다시 수정안을 정리해서 올린다. 어렵게 비전이 확정되면, 이어서 영역·부서별 실행 계획을 세우도록 관리한다. 비전과 실행 계획에 따라 본격적인 실행이 되고 분기, 반기마다 성과를 점검하고 피드백을 내리며 때로는 실행 계획을 조정하기도 한다.

기업은 사업의 본원적 업무, 즉 원재료 구입, 생산, 영업·마케팅, 연구 개발·신상품 개발 등을 수행하는 인력이 전체의 70~80%를 차지한다. 그리고 기획, 인사, 종무, 재경, 경영혁신, 업무 프로세스 개선, 비전 추진, 성과 관리, 신상품 개발 등의 인력이 전체의 20~30% 정도다.

이와 같이 교회의 비전 수립과 추진을 위해서도 교회 내 별도의 조직이 구성되어야 한다. 즉 의사 결정 조직인 비저닝위원회visioning committee와 실무비저닝팀V-TFT, visioning task force team 그리고 비저닝자문위원visioning advisory 등이다.

비저닝위원회는 비전 최종안을 결정하고 전체 성도에게 전달·공유

등 비전 설립과 실행을 주관하는 최상위 조직이다. 비저닝위원회는 당회원 모두로 구성할 수도 있겠지만 교회 규모가 큰 경우는 당회원이 너무 많기 때문에 담임목사 혹은 선임장로 중 한 분이 위원장이 되고, 2~3명의 장로가 위원으로 구성하는 것이 일반적이다. 비저닝위원회의 임기는 5년으로 하고 위원은 필요시 추가될 수도 있겠다.

V-TFT는 비전 수립과 추진을 실질적으로 관리하는 조직이다. 비전 수립 관련 대내외 현황 자료를 수집, 분석, 정리하고, 이 내용을 토대로 SWOT 분석을 수행한다. 그리고 이슈와 정책 방향을 정리한 뒤 비전을 세워 비저닝위원회에 보고한다.

실무적인 업무를 비저닝위원회에서 하지 않고 TFT에서 하게 되면 현황을 파악하거나 협의하고 정리하는 데 다소 많은 시간이 소요될 수도 있다. 하지만 현황 파악을 위해 성도들과 소통하거나 나중에 비전 수립 후에 성도들과 결과를 공유할 때, 이들이 비저닝위원회보다 훨씬 효과적이고 실질적인 결과를 도출할 수 있다.

V-TFT 구성은 다양한 직분, 연령, 부서 등의 성도들을 가능한 한 많이 참여시키는 것이 좋다. 교회의 규모에 따라 차이가 있을 수 있는데, 필자의 경험을 토대로 볼 때 출석 교인이 300명 이하인 경우 V-TFT 인원은 20명 정도가 적합하고, 재적 교인 2,000명이 넘어가는 교회는 V-TFT 인원이 50명 내외가 적합한 것 같다. V-TFT는 팀장 1인과 7명 이내의 부팀장들로 구성하는 것이 좋다. 이들의 TFT 임기는 2년으로 하되, 가급적 비전 추진의 연속성과 일관성 차원에서 한 번의 연임을 하는

것이 더 효과적이다.

비전 수립 과정은 사실 녹록지 않다. 어떤 절차, 어떤 방법으로 추진해야 할지 제대로 아는 사람이 거의 없다. 따라서 규모가 큰 교회의 경우는 비전 수립과 추진 과정을 잘 알고 경험이 많은 내·외부 전문가를 찾아내는 것이 매우 중요하다. 미국 시카고의 윌로우크릭교회가 비전 수립과 교회의 혁신을 위해 외부 저명한 경영 컨설턴트들을 영입한 것은 이런 이유 때문이다.

외부 전문가를 영입하면 비전 수립 과정과 추진 시에 생기는 수많은 시행착오를 줄일 수 있고, 보다 효과적으로 추진할 수 있는 이점이 있다. 하지만 이들의 영입 비용에 대한 재정적인 부담을 무시할 수 없을 것이다. 그러므로 규모가 작아 재정에 어려움이 있는 교회의 경우 외부 전문가를 영입하기보다는, 이들 전문가를 초빙하여 교육을 받거나 관련 서적 등을 통해 역량을 배양해서 과업을 추진해야 한다.

사실 비전문가가 교회의 비전을 수립하고 정책관리를 제대로 실행하기는 여간 어려운 일이 아니다. 그러나 이 책에서 밝힌 내용을 이해하고 이런 방향으로 한 걸음씩 단계를 밟아간다면 상당한 효과를 볼 수 있고, 교회는 부흥하리라 믿는다.

비전 수립, 비저닝추진조직이 구성되면, 이제 본격적인 비전 수립이 시작된다. 비전 수립에 대한 경험이 없거나 전문가가 없다는 전제에서 설명하겠다. 일정을 정하는 데도 그에 따른 근거가 있지만 여기서는 번거로운 설명을 빼고 실행 위주로 설명하고자 한다.

먼저 비저닝위원회를 대상으로 비전의 필요성, 비전 수립과 관련한 사전 필수 주의 사항·이해 사항, V-TFT 구성, 비전 수립의 주요 절차, 일정 등에 대해서 논의를 하고, 그 결과를 정리한다. 비전 관련 모임은 비전 전체 모임과 조직별 모임으로 구분하여 일정을 정한다. V-TFT는 비전 수립까지는 격주로 모임을 하고, 비전 수립 후 추진 시에는 격월 정도로 모임을 가지며 활동을 점검한다.

V-TFT의 초기 모임에서는 비전의 필요성, 비저닝위원회 결정 사항, 비전 수립의 절차, 비전 수립의 노하우, 비전 추진의 절차와 핵심 성공 요인 등에 대한 충분한 이해를 제고시키는 과정이 필요하다. 특히 초기 단계 때 비전 TFT에서는 우리 교회의 설립 정신, 교회 역사와 특성 그리고 비저닝위원회의 교회에 대한 기대사항 등을 정확히 이해해야 한다.

교회는 비전관련 조직(비저닝위원회, V-TFT, 비저닝자문위원)을 구성하게 된 과정과 구성 결과를 전체 성도들에게 알린다. 성도들에게 비저닝위원회를 위한 기도를 부탁하고 동시에 V-TFT가 현황 파악을 위해 성도와의 인터뷰 또는 설문 조사 등을 하게 되면 적극적으로 협조하도록 요청한다. 또한 전체 비전 수립, 추진 과정에 대한 개괄적인 일정 등도 궁금해 할 것이므로 정확하게 안내한다.

2) 환경 변화를 체계적으로 분석한다

이제 복잡한 외부 환경 변화를 체계적으로 분석한다. 교회를 둘러싸고 있는 외부 환경으로부터 교회가 어떤 모습으로 존재하고 있는지, 즉 교회가 사회에 어떤 영향을 미치고 있는지를 외부의 연구 보고서 등을 통해 확인한다.

궁극적으로 교회는 하나님의 통치 아래에 있는 것은 맞지만, 교회의 사역 대상은 현 사회 환경 속에 살아가는 사람들이다. 그러므로 환경 분석을 통해 사회와 교회가 어떻게 서로 영향을 주고받고 있는지를 이해함으로써 실행력 있는 비전 수립이 가능하다.

교회의 외부 환경은 지금까지 엄청나게 변해왔고, 변하고 있으며, 앞으로 변해갈 것이다. 지속해서 변하는 외부 환경 분석은 크게 두 가지 관점으로 접근한다. 하나는 교회가 속한 지역 사회, 국가 그리고 국제 사회의 사회, 문화, 정치, 경제, 기술 환경에 대한 분석이고, 다른 하나는 교회 내부에 대한 역사, 실태에 대한 분석이다.

먼저 대외적 환경 분석은 인구, 역사, 정치, 경제, 환경, 기술 등을 파악하고, 우리 교회에 의미 있는 영향이 무엇인지를 분석한다. 세계 역사와 한국의 역사 그리고 교회 역사적 관점에서 볼 때 한국의 교회는 어디에 서 있으며 우리 교회의 미래는 어떻게 전망되는가를 거시적 관점에서 가늠해 본다.

정치적 환경으로는 시민의 정치 참여, 세계화와 국가의 위상, 이데올로기의 변화 등을 분석함으로써 우리 교회가 정치에 어떤 영향을 미치고 어떤 영향을 받는지를 파악한다. 예를 들어 우리 교회의 선교 방향을 잡으려면 현시점의 동북아 상황 파악과 북한의 정치 경제적 불안정, 핵 위협 등도 고려해야 하므로 이에 대한 정리도 필요할 것이다.

경제적 변화도 우리 교회에 많은 영향을 미친다. 국가의 재정 상황, GDP, 산업의 발전, 소득 수준의 변화 등을 알아봄으로써 교회의 재정 및 사역의 목표에 어떤 변화가 예상되는지를 생각해 볼 수 있을 것이다.

환경, 정보 기술 등 기술적인 측면도 분석한다. 우리 사회의 고령화, 에너지 소비 그리고 환경 오염의 문제 등과 이에 따른 우리의 삶을 폭넓게 이해해야 한다. 더하여 이러한 이슈에 대처하는 우리 교회의 인식과 해법을 가지는 것도 중요하다. 특히 휴대폰, 블록체인, 로봇, 자율주행 등 정보 기술의 발전은 우리의 생활 전반에 엄청난 영향을 주고 있다. 우리 교회에서도 이러한 기술을 활용하면서 다른 한편으로는 우리가 경계해야 할 윤리 도덕적인 측면에서도 정확한 입장과 논거를 가지고 대처해야 한다.

종교 환경에 대한 분석도 필요하다. 종교에 대한 일반인들의 인식이 어떻게 변하고 있는지를 이해함으로써 향후 어떻게 전도를 해야 할지에 대한 의미 있는 시사점을 얻을 수 있다. 국가나 선교 단체, 관련 연구 기관 등에서 조사된 통계 자료는 무수히 많다.

종교를 가진 한국인이 최근 10여 년 동안에 9% 감소하고, 연령이 낮을수록 무종교가 많아 거의 60%를 웃돈다. 기독 성도는 전체 인구의 19.7%를 차지하며 제1의 종교이고, 최근 불교의 하락 폭이 가장 크다.

그리고 한국 교회에 대한 사회적 신뢰는 2008년 이후로 '신뢰한다'보다는 '신뢰하지 않는다'는 것이 두 배 이상 높다.

한국의 개신교의 선교지는 2015년 기준 150여 개국, 선교 단체는 160개, 선교 단체의 평균 파송 선교사는 130명, 선교사 파송 수는 20,472명으로 집계된다. 하지만 2010년대 이후 선교사 파송 수의 증가세는 답보 상태다. 기독교 주요 교단의 성도 수는 2011년까지는 꾸준히 증가하다가, 2012년 이후부터는 정체와 감소세를 보인다는 등의 수많은 통계 자료를 이용할 수 있다.

측정할 수 없다면 관리가 되지 않고, 관리가 되지 않으면 진보는 불가능하다. 그럼에도 불구하고 조직의 리더들은 때때로 처리해야 할 정보가 너무 많아 정보의 홍수에서 정확한 정보를 놓치기도 한다. 또한 기초를 제대로 아는 동시에 통계 숫자의 의미를 꿰뚫는 능력이야말로 그 어느 때보다 중요해졌다. 숫자는 판단을 위한 보조 도구일 뿐이라는 사실을 잊기 쉽다. 아무리 좋은 시계라도 시간을 어떻게 써야 하는지에 대한 방법을 가르쳐 주지는 않는다.

두 번째 외부 환경 분석은 우리 교회가 포함된 지역 사회에 대한 분석이다. 즉 교회가 속한 지리적 사회적 상황 분석이다. 지역의 특성, 즉 지역의 경제적 사회적 상황, 지역 주민의 수와 주민의 연령대 분포, 지역 사회의 종교 분포, 지역 사회 교회 분포, 지역 주민의 주 관심사 등 교회가 속해 있는 지역을 면밀하게 조사하고 분석한다. 우리 교회가 속한 지역의 경제, 사회, 교육 등의 환경을 살펴보고 지역 주민의 특성을 자세히 이해함으로써 우리 교회의 설교, 예배, 성도의 영적 양육, 봉사 등에 대한 방향을 정할 수 있을 것이다.

지역 사회 분석은 개별 교회의 양적 발전을 위해 가장 시급한 분석이며, 또 가장 단기간에 효과를 볼 수 있는 길을 모색하는 방법 중 하나다. 지역 사회의 면밀한 검토 분석으로 좁게는 우리 교회의 전도 방향과 발전 방향을 모색할 수 있고, 넓게는 우리 교회에 대한 하나님의 역사와 계획이 무엇인지 정리할 수 있다.

외부 환경 분석을 통해 세계나 지역 사회 속에서 우리 교회가 가지는 사회적 위상과 역할도 정리해 볼 필요가 있다. 규모가 어느 정도 되는 교회라면 북한의 개방, 통일 이후 북한 동포에 대한 선교와 교회의 세움에 대해 준비도 해 둘 수 있다. 그리고 우리 지역 사회, 문화, 교육, 종교 등이 어떻게 변하고 있으며 이것이 우리 교회에 어떠한 영향을 미치는지도 살펴볼 수 있다. 세대 간의 갈등, 문화적으로 양성평등 등의 주장, 포스트모더니즘의 사상이 기독교 전반에 미치는 영향도 따져볼 분야라고 생각된다.

그리하여 교회가 더욱 세계 선교로 길을 넓혀 인류와 다양한 민족을 옳은 길로 이끄는 역할을 담당하는 방법도 찾아야 한다. 그럴 때 이사야가 말한 것처럼, 세계를 통치하시며 모든 신위에 뛰어나신 기독교의 하나님이 유일하신 신으로 만민이 인식하도록 교회가 역할을 하며 나아갈 수 있을 것이다.

3) 교회의 여건과 역량을 평가한다

외부 환경 분석이 끝나면 교회 내부 환경 평가가 필요하다. 이는 교회의 역량을 객관적으로 평가하는 과정이다.

대부분의 한국 교회가 비슷한 양상을 보이지만, 한편으로는 예배, 사역 프로그램 등에서 교회마다 많은 차이를 보인다. 외형적으로도 많은 차이가 있어서 대형 교회인지, 중소형 교회인지, 또는 교회 위치가 시골이냐, 도회지이냐에 따라서 교회의 사역 활동에서 크게 다르다. 그러므로 교회 내부 요소 평가 항목은 참으로 다양할 수 있다.

교회 설립은 어떻게 이루어졌고, 어떻게 발전해 왔으며, 현재까지 지역 사회와 국가에 어떤 영향을 미치고 있는지를 점검한다. 교회가 복음 전도와 성도들의 영적 성장, 사회봉사를 어떻게 해 왔는지, 교회의 사역 활동에는 어떤 제약 요인이 있는지도 분석한다.

그 외에도 내부 역량을 파악하기 위해서는 교회의 예산·재정 관리, 교회의 건물, 장비, 인프라 등도 분석한다. 교회의 사역 활동, 즉 교회의 예배, 설교, 찬양, 기도회, 주일학교, 선교회 등 각종 프로그램이 어떻게 운영되고 있는지도 평가한다. 또한 교회의 목회자 수, 영입 방식과 절차, 교회의 직분자 수와 선출 방식, 목회자와 성도의 관계관리, 성도의 교회에 대한 신뢰와 헌신 등이 어떤지 꼼꼼히 살펴야 한다.

이들 내부 역량에서 무엇이 문제이고, 문제의 원인이 무엇인지도 파악하고, 개혁과 개선에서는 무엇이 제약 요인인지를 정리한 뒤, 내부 역량을 개선할 방향까지 도출한다. 또한 성도들의 선호도 조사와 타 교회의 벤치마킹을 통해 제도, 역량에서 타 교회와의 차이점을 조사하여 더 나은 방향을 찾아낼 수 있다.

성도들의 교회에 대한 인식 수준이나 교회의 사역 방향에 대한 의견을 알아보기 위해서는 보통 질문지 형태의 설문을 활용한다. 이때는 일반적인 개방형 질문 형태로 하기보다는 구조화된 질문지를 개발하는 것이 좋은 방법이다. 만약 인터뷰 질문을 할 때 "우리 교회의 사역은 무엇이라 생각하나요?", "우리 교회의 사역에 동의하십니까?" 같은 오픈 형태의 질문을 하면 대부분 응답 유형은 두 가지로 나타난다. 아무 생각이 없어서 빈칸으로 내거나 자신이 생각하는 유형으로 답을 한다.

응답한 내용을 취합하면 사역에 동의하는 성도와 동의하지 않는 성도의 통계는 잡힌다. 그런데 이 질문의 응답으로는 교회가 어떤 방향으로 가야 할지에 대한 구체적인 대안들을 다시 물어봐야 한다.

구조화된 질문의 경우는 V-TFT에서 사전에 자료 검토를 통해서 교회의 문제가 어디에 있는지 먼저 파악하여 그 대책 방안의 답을 복수로 개발한다. 응답자는 이 복수 대안 중에서 하나를 선택하거나 혹은 우선 순서를 택하도록 하는 방법이다. 구조화된 질문에 대한 응답 내용을 분석하면 그 결과가 대안이 된다.

예를 들면 '우리 교회의 사역 중에서 가장 개선이 시급한 것은 무엇이라 생각하세요?'라는 질문에 '① 예배, ② 성도의 양육 프로그램, ③ 복음 전도, ④ 기타(구체적으로 기술한다)'라는 보기를 주어 답하도록 하는 방법이다. 성도들의 답변을 통해 V-TFT는 성도들이 원하는 방향까지 답을 얻을 수 있다.

질문지는 한 번에 최소한의 질문을 하도록 해야 한다. 질문 항목이 많으면 응답하려는 사람 수도 적게 되고 실제로 응답자도 피곤하다. 질문 내용이 복잡하거나 오픈형 질문지는 응답률이 낮아지고 응답의 신뢰성도 떨어진다. 그래서 성도에 대한 인터뷰나 질문지를 개발할 때는 사전에 충분한 자료 검토와 분석을 토대로 한 구조화된 질문을 준비한다.

그런데 구조화된 질문이라 해도 완벽한 것은 아니다. 일반적인 설문조사에서는 주로 리커트 5점 척도를 이용한다. 질문 항목에 대해서 어떻게 생각하느냐고 묻는 것인데, 그 응답을 '아주 동의한다(5점), 약간 동의한다(4점), 그저 그렇다(3점), 다소 동의하지 않는다(2점), 매우 동의하지 않는다(1점)'로 응답하도록 하는 방법이다.

이 방법으로 조사를 하고 나면, 나중에 질문에 대한 응답 문항의 5점 만점에 평균 몇 점으로 나온다. 이때 결과는 높은 값이 나올 때는 평균 4.6점 이상도 나오고, 낮은 평균값은 1.3점 이하로도 나온다. 이처럼 확연히 높거나 낮은 점수에서는 결과 해석에 문제가 없지만, 중간 값일 때 해석이 어렵다. 안타깝게도 설문지의 결과 값은 대부분 평균 3.1~3.6점 정도다.

이 경우 결과 값에 대해 해석이 쉽지 않다. 평균 3점을 넘었으니 동의하지 않는 것은 아니고 약간 동의한다고 판단한다. 그러므로 정확한 답변을 원한다면 매년 혹은 여러 번 동일한 질문을 동일인에게 해서 그 추이를 보면서 이전의 결과에 비해서 얼마나 변화가 있는지를 파악할 필요가 있다.

내부 환경 평가에서 또 다른 주의점은 교회의 내부적인 여건이나 특성을 파악할 때 매우 조심스러운 접근이 필요하다는 것이다. 특히 교회의 발전 역사나 내막을 정확히 이해하지 못한 채 현재의 드러난 이슈만을 크게 부각하면 많은 오해를 불러일으킨다.

그러므로 교회의 이슈, 문제점, 개선해야 할 부분을 파악하고 정리할 때는 그 원인과 이유를 같이 이해하고 현상을 정리해야 한다. 교회의 연장자 혹은 중직자, 특히 교회의 설립자들에게 자세한 내용을 충분히 듣고 현상을 판단해야 한다.

또 다른 문제로는 현상, 문제, 이슈를 원인과 더불어 파악을 했다 하더라도 동시에 해당 부서, 기관의 현재 임원 혹은 핵심 성도들로부터 이러한 현상, 결과에 관해 확인을 받아야 한다는 것이다. 왜냐하면 나중에 이 문제의 해결 방안을 가지고 추진 실행할 주체가 이들이기 때문이다. 현황 분석 단계부터 소통하면서 문제의 본질을 공유하지 않으면 나중에 실행 단계에서 저항이나 잡음에 부딪혀 어려워질 수 있다.

4) SWOT 분석으로 정책을 도출한다

교회의 내 · 외부 환경 분석이 끝나면 이를 일목요연하게 정리하여 하나의 표로 만들고, 환경 분석 결과와 조직의 강 · 약점을 서로 겹쳐서 향후 조직이 나아갈 정책 방향을 도출할 수 있다. 이미 우리에게 익숙한

SWOT 분석이다.

SWOT 분석은 외부 환경 요인 중에 교회에 위협을 주는 부정적인 요인과 교회의 성장 부흥을 이끄는 기회적 요인으로 나누어 정리한다. 정리된 요인들을 교회에 영향을 미치는 수준을 고려하여 부정적인 요인과 기회적 요인 각 7개 내외로 정리한다. 마찬가지로 교회의 내부 역량 분석에서도 우리 교회의 강점(좋은 점)과 약점(보완점)을 정리한다.

영향 요인을 너무 많이 챙기다 보면 요인들 간에 내용의 중복성이 높아지고 요인 영향도에서 5% 미만인 낮은 요인들이 발생할 수 있으므로 7개 내외가 적절하다. 특히 영향 요인들의 중요도를 고려하여 종합적이면서 균형 있게 파악하는 것이 관건이다.

기회·위협 요인을 가로축에 각각 배열하고 강·약점을 세로축에 나열하여 소위 2×2 매트릭스의 네 가지 영역별 정책을 도출한다. 즉 기회 요인에 따른 강점 전략(OS), 기회 요인에 따른 약점 전략(OW), 위협 요인에 따른 강점 전략(TS), 그리고 위협 요인에 따른 약점 전략(TW)을 수립한다.

		기회	위협
		• 사회, 정치적, 국제 관계적 환경에서 우리 교회에 기회적 요인 • 경제, 기술적 환경에서 우리 교회에 긍정적인 요인 • 교육, 문화적, 지역 관계적 환경에서 우리 교회에 유리한 요인	• 사회, 정치적, 국제 관계적 환경에서 우리 교회에 위협적 요인 • 경제, 기술적 환경에서 우리 교회에 부정적인 요인 • 교육, 문화적, 지역 관계적 환경에서 우리 교회에 불리한 요인
강점	• 우리 교회가 잘해 왔던 점 • 우리 교회가 잘하고 있는 점 • 우리 교회만의 우수한 점	• 교회의 강점을 바탕으로 강화, 활성화해야 할 사역	• 교회의 강점으로 닥치고 있는 위협에 대해 효과적으로 대처해야 하는 사역 및 활동
약점	• 우리 교회의 부끄러운 역사 • 우리 교회가 잘못하고 있는 점 • 우리 교회의 부족한 점	• 교회가 속히 개발해야 할 역량, 그리고 개발된 역량으로 추진해야 할 사역	• 위협 요인을 회피하고 장기적으로 역량을 개발해야 할 사역

우리 교회가 나아가야 할 전략적 방향

SWOT 분석 모형

이제 SWOT 분석에 따른 대응 전략을 하나씩 설명해 보겠다.

첫째, 교회의 외부 환경에서 기회 요인이고 교회에 강점이 있는 경우(기회/강점, OS)의 전략이다. 이 경우 교회가 기회를 이용하여 강점을 적극적으로 발휘해야 하는 전략이 나온다.

예를 들어 교회 인근에 대단위 신축 아파트 단지가 들어서게 되면 한꺼번에 많은 주민이 이사를 오게 되므로 교회가 전도를 할 좋은 기회 요인이다. 마침 전도사역에 특출난 부목사님이 직전에 교회로 부임해 온 상황이다.

교회는 과거 1년 동안 핵심 성도들에게 새로운 전도 폭발 훈련을 시행했다. 이 훈련을 마친 성도들은 열정을 가지고 적극적으로 전도하기 시작했고, 예전보다 훨씬 많은 새 신자들을 등록하고 있는 경우다.

이렇게 기회 요인과 강점을 같이 고려했을 때 이 교회는 인근 신축 아파트 단지에 살고 있는 지역 주민을 대상으로 이번에 새롭게 준비한 전도 프로그램을 적용해 볼 수 있겠다.

둘째, 교회의 외부 환경에서 기회 요인과 교회의 내부 역량에서 약점 요인이 서로 매칭되는 경우(기회/약점, OW)의 전략이다. 교회는 빨리 약점을 보강하여 기회 요인을 이용할 수 있는 전략을 수립해야 한다.

만약 주변의 전도 대상에 많은 기회 요인이 발생했는데, 교회에서 전도에 대한 아무런 훈련이 되어 있지 못하다면 이때는 전도 훈련 전문가를 가능한 빠른 시간 내에 영입하고, 핵심 성도들을 대상으로 한 전도 훈련을 하는 것을 실행 계획으로 수립할 수 있다.

셋째, 환경은 교회에 위협적인데 교회의 강점이 있는 경우(위협/강점,

TS)의 전략이다. 교회의 강점을 활용하여 위협 요인을 막아내는 것이 전략이 된다.

예를 들어 주변에 신천지 등 소위 이단으로 알려진 종교 집단이 상당히 활발하게 전도를 하고 있다면 이는 교회에 위협적인 요인이 될 수 있다. 그런데 교회에 전도 훈련이 잘되어 있다면 이단과 차별화되는 전도 프로그램을 활용하여, 믿지 않는 주민들을 우리 교회로 전도해 오는 전략을 수립할 수 있다.

넷째, 위협 요인이 교회의 약점 요인과 매칭되는 경우(위협/약점, TW)의 전략이다. 예를 들어 이단이 득세하고 교회 인근에 사이비 집단이 포교를 열심히 하는 위협적 요인이 있는 상황에서 교회 내에 전도에 대한 아무런 훈련이나 준비가 되어 있지 않다면, 교회는 한시바삐 전도 폭발 훈련을 마련해서 핵심 성도들을 훈련하고 동시에 인근 주민에게 이러한 사이비 집단에 현혹되지 않도록 어떤 형태로든 소식을 알리는 전략을 도입할 수 있다.

5) 감동적인 비전을 만든다

교회의 내·외부 환경 분석의 결과를 SWOT 분석 모형으로 만들어 교회의 정책 방향이 결론 나면, 이 내용을 성도들에게 설명하고 이끌 수 있는 정리된 문장이 필요하다. 이것이 비전 문구다.

모든 조직이 그렇듯이 교회도 교회에 내재된 문제나 갈등을 어떻게 해결하느냐에 따라 그 교회의 가치가 결정된다. 교회의 미래를 만들어 가는 데는 교회의 개혁과 부흥의 가치에 대한 지적인 확신 이상의 것이 필요하다. 성도들의 감정적인 동조가 반드시 따라야 하는데, 좋은 비전은 성도들에게 교회 사역에 적극적으로 참여하게 하는 동기를 부여한다는 측면에서 큰 역할을 한다.

교회는 비전이라는 도구를 통하여 소명 완수에 한 걸음 더 가까이 다가갈 수 있다. 흔히 비전이라고 부르는 것은 비전 문구, 정책 목표, 실행 계획 등의 묶음인 비전 체계를 일컫는다. 그중에서도 비전 문구가 함축적이면서도 가장 영향력 있다고 할 수 있다.

문제는 이러한 비전을 만든다는 것이 전혀 간단하지 않다는 점이다. 비전은 이해하기 쉽고, 단순하면서도 참신해야 하고, 감동적이어야 한다. 비전 문장이 아름답다고 해서 반드시 감동적인 것도 아니며, 의도적으로 감동을 불러일으키려는 시도는 때로 입발림처럼 여겨진다. 과장된 비전은 환상만 일으켜 사람들을 혼란에 빠뜨릴 위험이 있다.

좋은 비전은 철저한 분석을 통해 현상과 사실에 바탕을 두어야 한다. 당연히 기독교 세계관, 성경에 대한 해박한 지식을 기반으로 해야 한다. 감동을 주는 비전을 도출하는 데 도움이 되는 개념 몇 가지를 소개하고자 한다.

노벨상을 수상한 동물학자인 피터 메더워Peter Medawar는 '단조롭고 시시한 문제는 단조롭고 시시한 결과를 가져온다'라고 했다. 큰 문제에 대한 인식이 항상 큰 발전을 가져오지는 않지만, 작은 문제에 대한 인식만으로는 큰 발전을 가져오기 어렵다. 그래서 우리는 거시적巨視的 관점에서부터 시작하여 미시적微視的 관점으로 생각을 정리하며 참신하고 새로운 발상을 해 볼 필요가 있다.

짐 콜린스Jim Collins와 제리 포라스Jerry Porras는 비전을 수립할 때 BHAG라는 개념을 염두에 두어야 한다고 주장했다. BHAG는 크고big, 위험hairy하며, 대담한audacious, 목표goal 등 단어들의 첫 글자 조합이다. 그들은 모든 기업이 자신들의 비전과 목표를 가지고 있으나 그 내용이 지나치게 안정적이고 근시안이어서 발전이 없다고 지적했다.

그들의 이론은 비전 문구의 대략적 방향일 뿐 모든 조직의 비전 설립에 적합하지는 않을 것이다. 많은 기업의 비전 설립 경험이 있는 필자의 관점에서 교회의 좋은 비전 설정 시 필요한 몇 가지 조건을 제시해 보면 다음과 같다.

(1) 명확하고 간결하며 동시에 설득력 있게 표현되어야 한다.

(2) 기억하기 쉬워야 한다.

(3) 방향성을 제시해야 한다.

(4) 교회의 건강성이 표현되어야 한다.

(5) 교회의 가치가 분명히 나타나야 한다.

(6) 교회의 올바른 모습이 무엇인지 정의되어야 한다.

만일 교회가 비전을 세우는 등으로 새로운 방법을 시도하는 일, 또는 가진 역량보다 더 큰 일을 하는 것에 대해서 걱정이나 두려움이 있다면 다음의 두 가지를 유의하기 바란다.

하나는 큰 문제를 해결하기 위해 항상 큰 위험을 감당할 필요는 없다는 것이다. 일반적으로 혁신은 보통 시행착오를 거치면서 해결책이 나타나는 상호 작용 과정이다. 미국 우주 프로그램 초기, 과학자들은 사람을 로켓에 태우기 전에 10마리 이상의 원숭이를 우주로 보내서 인간을 보내는 방법을 찾아냈다. 이처럼 위험이 적고 가능해 보이는 일부터 시도하면 된다.

또 다른 하나는 교회가 가진 문제가 너무 큰 문제라서 비전을 세우는 일이 엄두가 나지 않을 때 이런 과정을 통해 완전한 해결책을 찾지 못하더라도 진행 과정만으로도 가치가 있을 것이라는 개념이 필요하다. 지금의 혼란스러운 교회의 문제에 대해 손 놓지 않고 해결을 위한 합리적 시도를 할 수 있다는 말이다.

6) 전략 체계도를 구축한다

기업은 이미 꽤 오래전부터 기업의 전략 체계도를 수립하고 활용해 왔다. 그룹의 전략 체계도, 기업의 전략 체계도와 부서의 실행 계획을 수립하여, 매년 실적 및 성과를 점검하고 차기 연도의 전략 체계도를 수립한다.

기업뿐만 아니라 공공 조직이나 비영리 조직에서도 전략 체계도를 수립하고, 이를 기반으로 실행 관리를 잘함으로써 큰 효과를 보고 있다. 대표적인 실행 계획 수립 방법으로는 BSC가 있다. BSC에서는 전략 체계도(전략맵)를 활용해 비전 및 전략의 목표 관리가 이루어진다.

아직 교회에서 전략 체계도를 수립하는 경우는 거의 없는 형편이다. 쉽게 예상하겠지만, 기업의 전략 체계도는 관점과 목표에서 교회와는 많은 차이가 있다. 그러므로 여기서는 해외 공공 조직과 비영리 조직(중견병원)의 사례를 통해 전략 체계도를 살펴보고자 한다.

미국 공공 기관 – A카운티교육청의 정책관리 도입 사례

A카운티교육청CSS, a county school system은 미국 남부 대도시의 남쪽과 북쪽에 위치한 77개 공립학교를 관할하고 있다. 이 구역의 탁월한 계획 수립과 관리는 유명하다. 시작은 1998년 CSS 교육장이었던 말콤 볼드리지Malcolm Baldrige의 교육 기준을 기초로 한 우수한 모델 품질 프로그램이었다.

이 교육 모델 기준은 7가지 범주별 성과에 대해 평점을 부여하는 방식이었는데 리더십, 전략적 계획 수립, 학생·이해관계자·시장 관점, 정보 및 분석, 교직원, 프로세스 관리, 조직 성과 등이다. 지역 내부 역량이 다소 한계가 있다고 판단한 CSS가 외부 전략 계획 책임자를 영입하여 전략 체계를 모색한 것이었다.

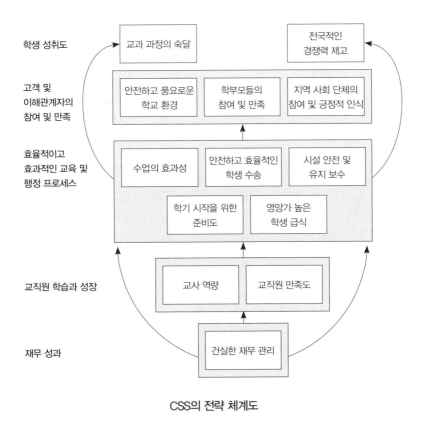

학생 성취도	
고객 및 이해관계자의 참여 및 만족	
효율적이고 효과적인 교육 및 행정 프로세스	
교직원 학습과 성장	
재무 성과	

학생 성취도 — 교과 과정의 숙달 · 전국적인 경쟁력 제고

고객 및 이해관계자의 참여 및 만족 — 안전하고 풍요로운 학교 환경 · 학부모들의 참여 및 만족 · 지역 사회 단체의 참여 및 긍정적 인식

효율적이고 효과적인 교육 및 행정 프로세스 — 수업의 효과성 · 안전하고 효율적인 학생 수송 · 시설 안전 및 유지 보수 · 학기 시작을 위한 준비도 · 영양가 높은 학생 급식

교직원 학습과 성장 — 교사 역량 · 교직원 만족도

재무 성과 — 건실한 재무 관리

CSS의 전략 체계도

CSS는 학업 성취도 평가를 가장 상위에 두었는데, 교과 과정의 숙달 정도를 측정하기 위해 교과 과정에 근거한 테스트, 고등학교 과정 이수 및 졸업률을 이용했다. 그리고 학생의 전국적인 경쟁력을 측정하기 위해 이용한 것은 수학능력시험SAT, 상급학교 배치고사와 같이 표준화된 시험과 졸업 후 대학이나 직장의 최초 2년간의 성과 등이었다.

전략 체계도의 다음 단계에서는 고객 및 이해관계자들의 참여 및 만족도이다. 이는 학생 성취도에 동인動因으로 작용할 전략적 목표들이다. 안전하고 풍요로운 학교 환경은 출석률, 과외 활동 참가율, 학생과 학부모의 안전에 관한 인식도 등으로 측정된다. 이 단계에 CSS 이행 관계자들은 다른 2가지 목표를 포함시키는데, 학부모와 지역 사회 단체의 참여도다.

학부모의 참여 및 만족이라는 목표는 품질, 반응 정도, 커뮤니케이션 등에 대한 학부모 여론 조사에 의해 측정되며, 지역 사회 단체 참여 및 긍정적인 인식은 자원 봉사 기간, 기부금, 기부된 제품과 서비스, CSS에 동참한 지역 사회 단체 및 기업의 수, 품질 · 지역 사회 · 안전에 관한 지역 사회 여론 조사에 이해 측정된다.

학생과 지역 사회에 대한 가치 제공과 관련되는 내부 프로세스 목표에는 수업의 효과성(교사 훈련 및 기술력의 이용), 학생 수송(안전 및 정시 도착), 시설 및 건물(시설 조사 보고서, 지체된 유지 보수 요청), 학기 시작을 위한 준비도(학기 첫날 이용 가능한 교과서 및 교사의 비율, 정확한 등록 · 비용 예측), 학생 영양 상태(학생들의 급식 프로그램 참여도) 등이다.

학생 성취도 성장 목표에 필수적인 교직원 학습과 성장을 위해서는 교사 역량과 교직원 만족도라는 전략적 목표 측정을 했다. 교직원 역량은 최소 7년 이상의 경험, 상급 학위, 국가교육위원회 인증서 등을 갖춘 교사의 수를 이용했다. 교직원 만족도라는 전략적 목표를 측정하기 위해서는 교직원 출근율 및 이직률, 커뮤니케이션, 팀워크, 사기에 대한 평점 등을 이용했다.

CSS는 재무 관점을 전략 체계도의 가장 아래쪽에 두었는데, 이는 공공 부문의 특성이라 하겠다. 재무 목표로는 견실한 재무 관리로 교사 지원 지출, 재원의 균형성, 그리고 예산과 실적의 차이 등으로 측정했다.

이상의 내용으로 전략 체계도를 관리하여, CSS는 다음과 같은 단기 성과를 달성했다. 1년 만에 학생들의 표준화된 수리 능력 테스트 합격률이 22% 증가했다. 고무된 어떤 학교의 교장은 연말의 결과를 기다리는 대신 학기 도중에 학생과 교사의 발전 상황을 추적할 수 있는 도구도 개발했다. 어느 고등학교의 교장은 '우리 학생의 90%가 모든 기준을 통과하기' 같은 비전을 제시하여 학교에 새 바람을 불어 넣었다. 초등학교의 한 교장은 전략 체계도를 통해 학교의 효율적인 운행에 필요한 우선순위를 알게 되었다고 고백했다.

더 구체적인 성과로는 독서 및 수리 능력에 있어 주의 평균을 상회하는 학생의 비율이 약 5% 증가했다. 고등학교 졸업 전에 대학 과정의 학점을 이수하는 학생의 비율이 10%에서 16%로 증가했다. 상급 학교 배치고사에 응시한 학생 중 76%가 평점 3점 이상을 획득했다. SAT 시험에 응시한 학생의 평균 점수는 992점에서 1039점으로 상승했다. 자원봉사 시간은 약 8만7천 시간 이상이나 증가했으며 약 9만8천 명 이상의 자원봉사자들이 CSS 산하 학교들을 돕고 있다. 모든 학교의 학기 첫 날 교과서, 장비, 보급품 등이 완전히 갖추어진 상태에서 시작했다. 이렇게 바뀌는 데 예산과 지출은 그 이전과 비교해 1% 이내의 차이였다.

일본 J병원 – 정책관리 도입 사례

의료법인 J병원은 1969년도 설립되어 주로 소화기과(외과, 내과)를 중심으로 진료하는 40병상 보유 병원이다. 하루 평균 외래 환자 수는 약 240명 정도, 상근 직원 수는 의사 6명, 간호사 33명인 중소병원이다.

이 병원의 관리 상무는 전략 체계도의 중요성을 알고 있었다. 그러나 병원의 예산 문제로 아무리 머리를 쥐어짜도 전략 체계도를 만들기가 어려웠다. 상황이 이럴 때는 전략 체계도의 중요성을 이해한 후 간소화시키는 방법이 있다.

관리 상무는 20여 동안의 대형 상사 직원에서 병원 관리자로 전향한 경우였다. 그는 병원에 근무하면서 병원 경영의 불합리함을 절감하고 이를 개선하기 위해 우선 통합적 품질 관리TQC, total quality circle를 도입했다.

하지만 3년이 지나도 진료 부문과 간호 부문의 협력을 얻지 못해 포기하고 말았다. 당시 병원에서는 능률, 효율이란 경영적 발상을 받아들일 여건이 되지 않았기 때문이다. 그래서 의료의 효율화를 주장하기보다는 '환자 중심 의료'의 이념을 전면에 내세웠고, 이 이념을 토대로 경영 효율화의 프로그램을 운영했다.

전략 체계, BSC 도입을 위해 먼저 일주일에 걸쳐 책임자들이 5년간의 중장기 계획을 수립했다. 이때 BSC에서 사용되는 용어를 병원의 단어로 바꾸고, 고객 관점을 환자 관점, 재무 관점을 경제 효율 관점으로 바꾸는 등 지혜를 활용했다. 학습 성장의 관점은 인재 육성과 상호 발전의 관점으로 바꾸고, 전략이란 용어도 활동 목표로 바꾸었다.

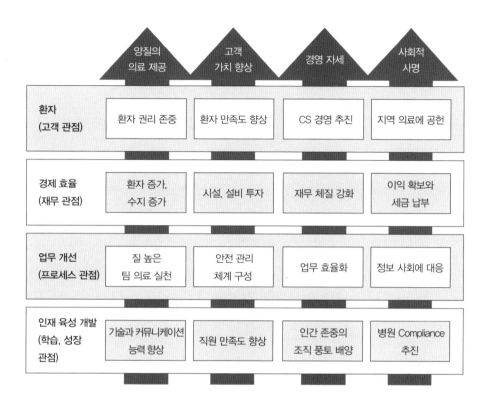

일본 J병원의 전략 체계도

그렇게 전략 체계도를 만들어 BSC를 실행해 가면서, 병원 전체적으로 각 부서의 BSC에 대한 대화가 개인의 행동 지침에도 영향을 주었다. 예를 들면 환자의 관점이란 무엇인가에 대해 얘기하다 보면 같이 일하는 사람을 소중하게 생각하게 되는 등 개인의 내면 변화가 일어났다. 나아가 환자와 직원뿐만 아니라 위탁 회사의 직원까지 소중하게 생각하게 되었는데, 이런 태도가 환자를 대하는 자세에도 영향을 미치는 것은 당연하다.

병원 전체의 이념이 부서를 넘어 얘기가 되고, 구체적인 활동 목표가 수치로 변하여 감으로써 일하는 분위기가 크게 달라졌다. 무엇보다 BSC에 의해 커뮤니케이션의 양과 질이 달라졌다. 지금까지 부서 간의 커뮤니케이션을 방해하던 용어도 BSC에서는 통일되었다.

과거에 사용하던 목표 관리 방법으로는 한 사람, 한 사람의 직원과 각 부서가 다른 방향을 보고 있어서 목표 관리가 원활하지 않았다. 그러나 전략 체계도를 활용한 BSC에 의해 부서의 방침과 병원의 방침이 연계되고 통일되어서 환자 만족도가 무엇을 의미하고 어떻게 달성되어야 하는지에 대해 서로가 충분히 이해할 수 있었다.

개별적으로 실행되는 목표 관리는 개인이나 부서가 전체 그림에서 어떤 역할을 하는지 이해하지 못하기 때문에 실행력이 현저히 떨어졌다. 개인이나 부서에 상처와 불만을 일으키는 경우도 많았다. 결과적으로 병원의 발전에 크게 기여하지 못했다. 설사 기여한다고 해도 어떤 행동이 어떻게 기여되는지를 명확하게 설명하기 어려웠다.

그러나 전략 체계도를 이용하면 조직원의 이해도를 높일 수 있었다. 구체적인 예를 들어보면, 검사과라면 전략 체계도를 통해 병원 중장기 계획을 알게 되고 그에 부응한 전략 계획을 세워 스스로 업무 향상을 이뤄냈다. 전략 체계도를 이용하면 개인과 부서를 조직의 목표에 쉽게 융화되게 만들고 스스로 업무 능력을 향상시키도록 유도한다.

3. 교회 정책의 실행

1) 비전을 공유하고, 부서 실행 계획을 수립한다

교회의 비전이 수립되면 성도 모두가 비전 속에 담긴 의미와 가치를 공유해야만 진정한 힘을 발휘한다. 교회가 추구해야 할 새로운 방향을 성도들에게 이해시키지 않으면 결단코 성도들의 헌신적인 봉사를 얻어낼 수 없다. 일반적으로 많은 교회의 리더들이 이 점을 간과하고 비전과 정책의 서투른 전파로 실패를 맛본다. 아직도 교회가 산업화 시대에나 행했던 계층적 계획·통제 시스템을 유지하고 있다면 사고와 정보 통제의 경직성을 탈피해야 한다.

교회의 리더들이 포함된 비저닝위원회에서 비전을 수립하게 되면, 전 성도들에게 이 내용을 공유해야 한다. 또한 교회 기관의 부서장들은 이에 따라 부서의 계획을 수립하여 실행하고, 당회에서는 관리 통제 시스템을 활용하여 정책 계획에 따라 자원을 배분하고, 각 사역 활동을 모니터링함으로써 함께 만들어 가는 사역이 되어야 한다.

정책 목표는 교회 전체 차원에서 달성해야 하는 목표이다. 이 정책 목표를 토대로 부서의 실행 계획으로 구체화하고, 부서는 이 실행 계획에 따라 본연의 활동을 수행한다. 대표적인 실행 계획 수립 방법으로는 BSC가 있다. BSC는 1992년 하버드대학의 로버트 캐플란Robert Kaplan 과 데이비드 노튼David Norton에 의해 창안되었다. 하버드 비지니스 리뷰에 의하면 "BSC는 과거 75년 동안 경영학 역사상 가장 혁신적인 경영 관리"라고 평가되었다.

BSC는 조직의 비전과 정책 방향을 설정하면서 조직의 현재와 미래, 그리고 계량적인 측면과 비계량적인 측면 등을 균형 있게 고려한다. 또한 비전 및 전략과 연계되어 목표 관리가 이루어지고 목표 관리 과정에서 전략과 목표가 지속적으로 균형적인 관점에서 수정·보완된다. 이처럼 전체 교회의 목표는 목표 달성 방법, 세부 실천 계획 등의 내용이 구체적으로 나타나야 하고, 부서의 목표는 전 교회의 목표를 더욱 세분화한 내용으로 정리되어야 한다.

다음으로 목표 달성 여부를 측정할 수 있는 성과지표를 세워야 한다. 목표 달성 수준을 계량적 지표로 측정할 수 있어야 개선의 정도를 구체적으로 확인할 수 있기 때문이다. 물론 목표의 속성상 계량적인 지표만으로 구성하기 어려운 목표가 있지만, 될 수 있는 대로 절댓값의 지표를 선정하는 것이 목표를 관리하기에 용이하다.

목표는 달성 가능한 수준으로 잡아야 한다. 지나치게 의욕적으로 지표를 설정하여 달성 불가능한 목표를 수립하는 것은 무의미하기 때문이다. 목표를 잡을 때는 달성을 위해서 수행해야 할 활동을 함께 기술하며 부서가 통제할 수 있는 지표를 설정하는데, 교회의 현재 상황을 충분히 고려하여 환경적인 요인의 영향을 받지 않는 목표를 수립해야 한다. 부득이 환경 요인을 고려한다면 현실적으로 달성할 수 있는 목표를 설정해야 한다.

또 달성 기한이 명시된 목표를 설정하여야 한다. 목표 달성에 소요되는 기한, 즉 달성 시기가 중요한 지표가 될 수 있을 뿐만 아니라 기간 내에 측정해야 하기 때문이다. 기간 내 평가가 어려운 성과지표를 선정할 때는 매우 신중해야 한다는 것을 의미한다.

일반적으로 범하기 쉬운 잘못된 목표를 유형별로 분류해 보면 차별화가 거의 없는 사업 목표, 매년 주기적이고도 반복적으로 수행하는 일상 사업 목표, 부서가 직접 통제할 수 없는 목표, 측정 불가능한 목표, 개선 수준이 과거보다 낮은 목표, 달성 불가능한 목표, 교회의 정관이나 통상적인 법률에 어긋나는 목표, 달성 기한이 명확하지 않은 목표 등이 있다.

2) 측정할 수 있는 성과지표를 개발한다

비행기 조종석의 계기판을 본 적이 있는가? 영화나 TV에서 비행기 조종석과 전면의 계기판이 등장할 때 한 번쯤 보았을 것이다. 비행기의 조종 장치와 계기판들은 너무도 복잡하다.

반면 오토바이를 운전하는 경우는 어떤가? 오토바이 운전이 어렵다고 하는 사람도 있겠지만 비행기에 비교할 정도는 아닐 것이다. 오토바이의 계기판은 유량계와 속도계 두 개로 구성되어 있으며, 이 단순한 계기판만으로도 오토바이를 운행하는 데 어려움이 없다.

과거에 조직이 단순할 때는 복잡하지 않고 세부적이지 않은 측정 도구들로도 목표 관리가 가능했다. 그러나 오늘날과 같이 복잡한 상황에서는 목표 관리 제도에 사용되는 측정 도구들도 더욱 정교해져야 할 필요성이 커졌다.

오늘날 한국 교회도 대형화되어 교회를 이루는 성도들도 다양화되고 기능도 복잡해졌다. 교회의 부속 기관들도 수적·양적으로 많아졌다. 그러므로 교회도 목표마다 성과지표가 있어야 한다. 일반적으로 성과지표는 교회 전체 성과지표, 부서의 공유지표 그리고 부서의 고유지표로 구분된다.

전 교회 차원에서 적용할 수 있는 성과지표를 살펴보면 교회 비전 달성도, 초신자 등록 수, 교회 전체 출석 성도의 수, 교회의 재정 수입, 우수한 사역자 영입 여부, 해외 선교사 파송 수 및 파송 목표 달성도, 성도들의 교회 몰입도, 기타 특별사역 목표 달성도 등을 지표로 사용할 수 있다.

이러한 교회 전체 목표들의 성과지표 중에는 개별 부서가 관리해야 할 성과지표, 즉 공유지표가 있다. 부서별 교회 비전 달성도, 부서별 초신자 등록 수, 부서별 출석 성도 수, 부서별 교회 몰입도, 기타 교회 전체 행사에서 부서의 참여율, 지원도 등과 같은 성과지표다.

그리고 부서의 고유 목표에 따른 고유지표가 있다. 주일학교 교사 충원의 계획 대비 확보율, 교재·부교재 확보율, 성가대의 지휘자 영입 여부, 성가곡집 확보율, 기타 부서 고유 목표의 달성도 등을 지표로 할 수 있다.

특정한 목표 달성을 측정하기 위한 구체적인 성과지표를 살펴보기 위해 성과지표들의 성격과 유형들을 좀 더 체계적으로 살펴보자. 목표의 달성 여부를 측정하고자 하는 과업·활동의 프로세스 형태로 구분해 보면 투입지표, 과정지표, 산출지표, 결과지표로 나누어 볼 수 있다.

투입input 지표란 예산, 인력 등 투입물의 양을 나타내는 성과지표로, 예산 집행과 사업 진행 과정상의 문제점을 발견하는 데 도움을 줄 수 있다. 설문 응답률, 예산 집행률, 협의회 개최 실적 등이 투입지표에 해당한다.

과정process 지표는 사업 진행 과정에서 나타나는 산출물의 양을 나타내는 성과지표로, 사업 달성 정도를 표시하며 사업 진도 등 사업 추진 정도를 중간 점검하는 데 도움을 줄 수 있다. 프로젝트 진행률, 작업 공정률(%), 계획 대비 집행 실적(%) 등의 성과지표가 대표적인 과정지표이다.

산출output 지표는 사업 완료 후 나타나는 1차적 결과 또는 산출물을 나타내는 성과지표로, 투입에 비례하여 목표한 산출을 달성했는지 평가하는 데 도움을 준다. 산출지표의 대표적인 성과지표로는 프로젝트 기한 준수, 보급률 등이다.

마지막으로 결과outcome 지표는 일차적 결과물을 통해 나타나는 궁극적인 사업 효과를 나타내는 성과지표로, 사업이 의도한 최종 결과의 달성 정도를 측정하는 데 도움을 줄 수 있다. 결과지표의 대표적인 예로는 성도의 교회에 대한 몰입도, 교인의 예배 출석수의 감소율, 교인 재적수의 증가율 등이 있다.

하나의 목표에 대한 성과지표로서 투입지표, 과정지표, 산출지표, 결과지표 중에서 하나 혹은 최대 네 가지 조합 전부를 성과지표로 선정할 수 있다. 하지만 한 가지 목표를 각 성과지표 유형으로 모두 설정할 수 있다고 할 때, 목표의 달성이 기업의 성과라는 결과로 이어지고자 하는 기본적인 목적에 따라 가급적 결과지표를 활용하는 것이 바람직하다.

또 다른 형태는 성과지표를 선행지표와 후행지표로 구분하는 것이다. 하나의 성과지표가 다른 성과지표에 앞선 결과로 나타나고 앞선 결과로 나타난 성과지표가 자연스럽게 다음 성과지표에 영향을 미치는 경우, 앞선 성과지표를 선행지표라 하고 다음 지표를 후행지표라 한다.

다음으로 선행지표와 후행지표의 선정 과정에 대해 살펴보도록 하자. 먼저 해당 성과지표의 선정 원인을 파악하여 그 내용을 나열한다. 예를 들어 보안 강화라는 목표에 대한 성과지표를 선정하고자 할 때 평소 보안 의식 결여, 사내 정보 유출 우려, 담당자의 의식 수준 저하, 지속적 관리 감독 부족 등의 내용을 나열할 수 있다.

그런 다음 선행지표 중에서 기초 자료가 확인되는 정량지표를 파악하는데, 보안 의식에 대해서는 보안 교육 건수, 담당자 의식 수준에 대해서는 담당자 보안 의식 평가, 지속적인 관리 · 감독을 위해서는 지속적 관리 건수, 마지막으로 정보 유출 우려에 대해서는 사내 정보 유출 건수를 후보 성과지표로 선정할 수 있다. 후보 성과지표가 파악되고 나면 최종적으로 정성지표와의 '인과 관계'를 최우선으로 고려하여 대체 성과지표를 선정한다.

후행지표에 대한 선정 과정에 대해 살펴보자. 먼저 해당 정성지표의 달성 여부에 따라 변하는 후행지표를 나열한다. 예를 들면 보안 의식 강화, 정보 수집 능력 배양, 정보 유출 증가 혹은 감소 등의 내용을 나열한다.

다음으로 정성지표의 결과 내용 중 자료의 원천이 확인되는 정량지표를 파악하는데, 위의 예에서는 보안 의식 확대율, 정보 유출 건수 등이 후보 성과지표가 된다. 후보 성과지표가 도출되면 선행지표의 선정 때와 동일하게 정성지표와의 인과 관계를 최우선으로 고려하여 대체 성과지표를 선정한다.

그런데 이러한 다양한 유형의 지표를 막상 목표와 연계되어 결정하고자 할 때 어떤 성과지표가 좋은 지표냐 하는 문제에 직면하게 된다. 바람직한 성과지표 설정의 기준으로 가장 널리 알려진 원칙이 바로 SMART이다. SMART란 구체적인specific, 측정 가능한measurable, 달성 가능한achievable, 합리적인realistic, 달성 기한 내time-bounded의 첫 글자를 딴 원칙이다.

어떤 성과지표를 설정하느냐가 성과를 좌우한다. 성과지표의 선정이 중요함을 보여주는 사례를 함께 살펴보자.

미국 메이저리그 경기는 국내에서도 인기 있는 스포츠이다. 메이저리 그 구단은 인기 있는 야구팀인 동시에 하나의 기업처럼 운영된다. 각 구 단은 방송 중계권료 수입과 구장 운영 수입 등을 통해 이윤을 창출하기 도 한다. 하지만 그 구단의 가치를 매기는 중요한 요소 중 하나는 구단 의 시즌 성적과 스타 플레이어 보유 정도일 것이다. 가치가 있는 구단일 수록 시즌 성적이 우수하며, 많은 유명 선수를 보유하고 있다.

뉴욕 양키즈와 보스턴 레드삭스 등은 대표적인 메이저리그 구단이다. 이들은 막강한 재정 능력을 바탕으로 스타 플레이어를 모으고 이는 우 수한 성적으로 이어지고 있다. 따라서 스포츠 구단이 경쟁력 있는 구단 을 구축하기 위한 가장 대표적인 방법이 바로 막대한 자금력을 바탕으 로 팀을 재구축하는 것이다.

그런데 오클랜드 애슬레틱스와 탬파베이 레이스의 경우는 이런 일반 적인 생각들을 뛰어넘는 새로운 방향을 제시했다. 먼저 각 구단의 역사 에 대해 간략히 살펴보자. 오클랜드 애슬레틱스는 캘리포니아주 오클랜 드에서 1901년에 창단했는데, 한때 화려한 전력을 보유했었지만 1990년대에 들어서면서 빈약한 재정으로 인해 약체팀으로 전락했다.

탬파베이 레이스의 경우에는 더욱 열악한 환경이었다. 탬파베이 레이 스는 플로리다주 탬파베이에서 1996년 창단하였다. 거의 매년 최하위 성적을 기록하였으며, 창단 이래 10년 동안 'ML 최약체 팀'으로 분류 됐다.

하지만 오클랜드 애슬레틱스는 1997년 빌리 빈Billy Beane 단장이 부임하며 팀 성적은 급변하기 시작했다. 1997년 이후 디비전 시리즈 우승 4회 및 아메리칸리그 챔피언십에 5회 진출했으며, 리그 최저 연봉 수준에도 불구하고 비 유명 선수를 주축으로 2000~2003년 포스트시즌 연속 진출이라는 대성공을 이루었다.

탬파베이 레이스 역시 2007년 앤드류 프리드먼Andrew Friedman을 신임 단장으로 영입한 지 두 시즌 만에 월드시리즈 진출이라는 기적을 연출하였다. 또한 정규리그 97승, 승률 0.599로 전통의 명문 구단 뉴욕 양키스와 보스턴 레드삭스를 제치고 디비전 1위를 차지했다.

두 구단 모두 신임 단장 이후에 많은 변화의 노력이 있었지만, 그중 가장 핵심적인 것이 바로 팀 성향에 맞는 평가 기준의 혁신이었다. 빈 단장은 그동안 절대적인 기준으로 여겨졌던 투수의 평가 기준을 개인의 성과보다는 팀 승리에 기여하는, 한마디로 실질적인 성과에 초점을 맞추는 방식으로 혁신했다.

팀 승리를 위해서는 아웃될 확률을 낮추는 것이 핵심이라고 판단하여 출루율을 타자의 가장 중요한 지표로 선택하였다. 반대로 투수의 경우 출루율을 높이는 사사구 비율과 장타를 줄일 수 있는 땅볼 및 뜬공 비율을 핵심 평가지표로 선정하여 신인 선수들을 선발하고 육성하였다.

프리드먼 단장 역시 '최소 지출로 최대 성과를 노린다'는 원칙을 견지하고, 타자의 경우 타율보다는 점수를 낼 수 있는 기준인 출루율, 장타율, OPSon base plus slugging(출루율＋장타율), 수비 성공률을, 투수의 경우 WHIPwalks plus hits divided by innings pitched(1이닝당 출루 허용 수)를 선수 선발 기준으로 삼았다. 이러한 노력으로 오클랜드와 탬파베이는 한 편의 드라마와 같은 기적을 연출할 수 있었다.

긴 사설을 뒤로하고 이제 우리의 주제인 성과 관리에 대해 얘기해 보자. 빈의 성과지표 개선 내용을 구체적으로 살펴보면 그동안 중요시되어 오던 많은 지표와는 다른 지표를 세웠다. 기존에 타자를 평가하던 핵심지표들이 홈런, 타율, 타점, 도루로 구성되어 있었다면, 빈은 팀 승리를 위해서는 아웃될 확률을 낮추는 것이 핵심이라고 판단하여 출루율, OPS, 사사구 비율, 타석 당 평균 투구 수 등을 핵심지표로 선정하였다.

반대로 투수의 경우 과거에는 승수, 방어율, 직구 구속 등의 지표가 기존의 핵심 평가지표로 사용되었는데, 출루율을 높이는 사사구의 비율과 장타를 줄일 수 있는 땅볼·뜬공의 비율을 핵심지표로 사용하여 선수를 평가하고 선발하였다.

또한 선호 학력과 인성에서도 기존에는 발전 가능성이 크며 직구 구속이 뛰어난 유망주를 선발하는 것이 관행이었다면, 성과를 낼 수 있는 경험이 풍부한 영리한 투수와 평정심, 성실함, 깨끗한 사생활로 긍정적인 팀 분위기를 형성할 수 있는 선수를 선호하였다.

이처럼 오클랜드와 탬파베이는 실질적으로 팀 승리에 이바지할 수 있도록 선수를 평가하는 지표를 수정하고 관리하는 것으로 엄청난 성공을 거둘 수 있었다. 위의 예에서 보듯이 어떤 성과지표를 설정하느냐에 따라 성과의 결과가 크게 달라질 수 있다.

그런데 목표에 대한 성과지표들 중에도 중요도가 높은 지표가 있고 낮은 지표가 있다. 성과지표는 정책의 우선순위에 따라 그 중요성이 다르므로, 가중치를 차등 적용하여 향후 평가에 반영함으로써 상대적으로 중요한 정책의 실행력 및 결과를 관리해야 한다. 가중치를 설정하는 방법으로는 크게 요소평가법, 순위법, 쌍대비교법이 있다.

　요소평가법은 정책적 중요도를 기준으로 각 성과지표의 상대적 중요도를 평가하는 것으로 중요도 합계가 100이 되도록 평가하는 것이다. 성과지표 간 중요도 차이를 반영하기에 용이하지만, 가중치 할당 과정이 엄밀한 만큼 큰 노력이 소모된다는 단점이 있다.

　순위법은 해당 조직의 성과지표에 대해 정책적 중요도의 측면에서 우선순위를 부여하는 방법으로 각 성과지표의 역으로 환산된 우선순위가 전체 성과지표의 우선순위 합계에서 차지하는 비율로 가중치를 결정하는 방법이다.

　순위법은 실시 과정이 매우 단순하고 시간 소요가 적어 실행이 용이하다는 장점이 있지만, 동일한 순위 차이라도 중요도 차이는 다를 수 있음에도 불구하고 이를 반영하기가 어렵다는 단점이 있다.

　마지막으로 쌍대비교법은 해당 조직의 성과지표를 2개씩 번갈아 짝지어 정책적 중요도 측면에서 우열을 판단하여 가중치를 산출하는 방법이다. 모든 성과지표를 비교한 후 각 성과지표별 점수 합계가 총점수 합계에서 차지하는 비율로 가중치를 결정한다.

구분	성과지표1	성과지표2	성과지표3	성과지표4	총계
성과지표1	–	1	1	1	
성과지표2	3*	–	3	3	
성과지표3	3	1	–	2	
성과지표4	3	1	2	–	
점수 합계	9	3	6	6	24
가중치**	37.5%	12.5%	25%	25%	100%

*평가점수: 가로 성과지표가 세로 성과지표에 비해 중요=3, 동일=2, 덜 중요=1
**가중치=(각 가로 성과지표 점수 합계/총계)×100

대각선 아래의 상대비교에 의해 자동적으로 결정되는 부분이므로 별도의 쌍대비교 불필요

쌍대비교법

쌍대비교법은 한 쌍의 성과지표 중에서 1개만 선택하면 되므로 판단 과정이 용이하다는 점에서 편리하지만, 성과지표가 많아지면 쌍대비교의 수가 기하급수적으로 증가하여 사용에 어려움이 있다는 단점이 있다. 예를 들어 성과지표가 4개면 6회, 5개면 10회의 쌍대비교를 실시하면 되지만, 성과지표의 개수가 10개로 증가하면 45회의 쌍대비교를 실시하여야 가중치를 산출할 수 있다.

교회가 달성해야 할 목표의 수가 많으면 동시에 성과지표의 수도 많아지게 된다. 성과지표가 많은 경우는 쌍대비교가 어려워질 수 있으므로, 성과지표의 수가 20개 이상인 경우는 일반적으로 쌍대비교법보다는

요소평가법 등을 많이 사용한다.

3) 계획대로 실행하고 추진 과정을 수시로 점검한다

앞의 설명을 읽고 목표를 수립하는 일이 그리 만만하지 않다고 생각할지 모른다. 교회 전체의 목표를 세울 때도 어렵지만 부서별 실행 계획으로 연계시키고 체계화를 하는 일은 약간 더 힘들다.

그러나 다행스럽게도 교회의 당회원, 리더들의 경우는 자주 바뀌지 않기 때문에 처음에는 생소하고 어색하더라도 한두 번 교회 목표를 세워보면 금방 익숙해져서 목표 수립이 그리 어렵지 않아진다.

문제는 부서 단위의 책임자들이다. 이들은 임기가 통상적으로 1년이어서 매년 새로운 책임자가 이 실행 계획을 세우고 실행해야 한다. 그러나 목표의 실행을 위해서는 교회 지도자들뿐만 아니라 부서 단위의 적극적인 동참을 반드시 끌어내야 한다.

목표를 수립하고 실행 계획을 짜고 과정 관리를 하는 데 있어서 가장 중요한 원리는 중요성과 균형성이다. 중요성이란 수많은 목표 중에 비전 달성에 꼭 필요한 목표들을 선택해야 한다는 뜻이고, 균형성이란 전체적인 목표들 중에 어느 한쪽으로 치우치지 않고 균형 있게 목표를 세워야 한다는 뜻이다.

또 절차적 체계성을 확보하는 것이 중요한데, 그 의미는 바로 과정 관리를 철저하게 진행하는 것이다. 즉 균형성을 확보하는 동시에 성과를 관리하여 그 결과가 향상되도록 하는 것이 정책관리의 핵심이다. 하지만 아쉽게도 교회는 물론이고 기업조차 평가 결과에는 관심이 많지만, 그 과정을 관리하는 일에는 소홀한 경우가 대부분이다.

과정 관리는 통상적으로 활동 내역 및 중간 점검 준비 단계, 중간 점검 면담 단계, 개선 단계로 구분하여 관리해 간다. 이를 교회의 경우에 적용해 구체적으로 설명해 보겠다.

(1) **활동 내역 및 중간 점검 준비 단계:** 교회 비저닝위원회장은 부서별로 중간 점검 일정을 약속하고 수시 활동 내역을 토대로 부서별 목표 수행 현황을 검토한다. 그리고 각 목표에 대한 중간 실적을 집계하여 목표 대비 달성 수준 또는 달성률을 검토한다.

부서는 자신이 해당 기간 동안 수행한 업적에 대해 비저닝위원회에 설명할 자료를 준비하고, 활동 내역을 토대로 진행한 결과 자료와 비저닝위원회장의 지시 사항 이행 여부 자료를 준비한다.

(2) **중간 점검 단계:** 비저닝위원회장은 매 분기 1회 이상 필수 점검 및 면담을 실시하고, 기존 목표 확인 및 진행 상황을 점검하며 개선점을 논의하고, 필요시 목표 상향 또는 하향 수정 방안에 대해 논의한다. 이때 부서는 비저닝위원회에 목표 수행 과정에 대해 보고하고 지원 요청 사항을 협의하며 다음 분기 이후, 목표 수정의 필요 사항을 협의한다.

(3) **개선 단계:** 비저닝위원회장은 중간 점검 과정에서 확인된 요청 사항·지시 사항 등과 면담 내용을 시스템에 입력하거나 문서로 기록하고

중간 점검 과정에서 확인된 주요 이슈(예: 목표 수정 등)에 대한 조치를 이행한다. 부서는 중간 점검 과정에서 지시받은 사항에 대한 개선 방안을 수립한다.

앞서 실행의 핵심이 과정 관리라고 밝혔듯이 정책관리에서 매우 중요한 부분이 과정 관리다. 실행이 안 되는 비전은 뜻만 화려한 문구에 지나지 않은 무용지물이 될 수밖에 없다. 그러므로 과정 관리의 중요성을 이해하고 올바르게 관리해 가는 것은 교회의 비전 실행에 아주 중요한 요소이다.

교회 지도자 중에는 이제까지도 나름대로 과정 관리를 해오고 있다고 자부하는 분들도 있을 것이다. 실제로 성과 진도표를 만들어 관리하는 교회도 있을 것이다. 그러나 과정 관리는 성과의 진행 수준을 체크하는 것만은 아니다. 이제 더 철저하고 실효성 있는 과정 관리에 대해 구체적으로 알아보자.

과정 관리에서는 대체 무슨 일을 하는가? 간단히 말해 목표 설정, 현상 확인, 대안 파악, 실행 의지를 검토하는 것이다. 신규 목표에 대해서는 무엇을 하고자 하는가를 파악하여 목표를 설정하고, 진행되고 있는 목표에 대해서는 현재의 진행 상황이 어떠한지, 진행 중 발생한 이슈는 없는지 등을 확인한다. 또 이슈의 발생을 확인하면 어떠한 대안을 통해 이를 극복할 수 있는지 분석하고 해결 방안을 찾는 노력을 한다. 찾아낸 방안으로 이슈에 관해 대응하여 이슈를 해결하는 것이다.

목표 수립 단계와 마찬가지로 과정 관리에서도 커뮤니케이션이 중요하다. 과정 관리에서는 부서의 책임자가 교회의 전체 목표를 이해하고, 실행 계획을 짜고, 실행한다. 동시에 이들이 자기 부서의 실적을 체크하고 점검을 한 뒤 이를 주기적으로 상부인 비저닝위원회에 보고한다.

비저닝위원회는 그전에도 뭔가 새롭고 개혁적인 일을 하고 싶어 하던 부서의 임원들에게 꿈을 펼칠 수 있는 장을 열어줌으로써 그들이 마음껏 성과를 향상할 수 있는 기회를 제공해야 한다. 그리고 부서의 임원들이 교회에서의 역할을 이해하고 실행할 수 있도록 도와준다.

이 과정 동안에 비저닝위원회는 부서 임원들이 자신의 역할에 대해서 어떻게 평가되는지도 이해할 수 있도록 충분한 설명이 이루어져야 한다. 평가의 합리성을 이해한 부서의 임원들은 일의 방향을 올바르게 설정하게 되고 일에 대한 자부심과 성취감 속에 더욱 헌신적으로 일하게 될 것이다.

그러므로 부서의 임원들에게 이루어지는 이러한 지원 혹은 코칭이 원만하게 잘 이루어지기 위해서는 무엇보다 비저닝위원회가 교회의 비전과 부서의 상황을 잘 파악하고 있어야 한다.

비저닝위원과 부서 임원들이 여러 번 만남을 가지면 서로에 대한 이해를 높일 수 있고, 서로의 경영관리역량도 향상된다. 자주 만나서 애기를 할 때마다 비저닝위원들이 정책관리의 애기만을 계속 반복할 수는 없다. 그러다 보면 자연스럽게 부서 임원들의 애기를 듣게 되는데, 이런 과정에서 부서의 임원들은 창의적 문제 해결 능력이 자라난다.

다음으로 부서 임원은 비저닝위원회와의 관계를 통해서 코칭받고 과정 관리를 해가면서, 비저닝위원회가 과정 관리를 해가는 모범적 기준이 되고 리더의 역할을 학습할 기회가 된다. 이들 부서의 임원들이 향후 잠재적 비저닝위원회의 핵심 멤버가 될 것이므로 교회 입장에서는 건강하고 역량 있는 교회의 리더를 길러내는 기회인 것이다. 그렇게 리더십으로 성숙해진 부서의 임원들은 자기 부서의 평가에 대해 능동적으로 참여한다. 수동적 입장에서 능동적 리더로, 평가의 주체로 나서게 되는 것이다.

4) 정책관리 문화를 구축한다

성과 관리를 해가는 길에는 평가와 피드백이 필요하다. 성과 평가는 평가 준비 단계, 평가 실시 단계, 평가 피드백 단계로 세분화된다.

평가 준비 단계에서 교회의 리더는 성과 평가를 위하여 팀원의 업무 활동 내역, 교회 리더의 중간 점검 사항, 지시 사항 및 점검 의견에 관한 자료를 준비한다. 또한 성공적 평가를 위하여 평가 면담 가이드 라인을 준비한다. 이때 부서는 성과 목표에 대한 활동 내역, 비저닝위원회의 지시 사항 및 점검 의견 관련 자료를 준비한다.

평가 실시 단계에서는 먼저 부서가 준비된 자료에 근거하여 자기 평가를 실시한다. 교회의 리더는 준비된 자료와 부서의 자기 평가 결과를 참고하여 부서로부터 성과 목표에 대한 의견을 청취한다. 부서는 성과 목표 달성 수준, 달성 또는 미달 사유에 대해 평가 면담을 통해 교회의 리더에게 설명한다.

평가 피드백 단계에서 비저닝위원회는 개별 항목에 대한 종합 평가 결과를 부서에게 피드백하며, 부서는 비저닝위원회의 평가 결과를 확인하고 수용 여부를 결정하고, 평가에 대한 이의가 있을 경우에는 이의 신청 프로세스를 진행한다.

공식적이고 정기적인 정책점검회는 교회의 비전 달성에 매우 중요하다. 이제까지 대부분 교회의 정책당회는 긴급 사안의 논의에 초점을 맞추고 주로 비정기적으로 이루어지는 경향이 있는 것 같다. 정책당회는 사역의 성과 관리를 위해서 월별 또는 분기별로 정기적으로 모이고, 아젠다agenda(의제)는 교회의 비전 달성을 위한 목표여야 한다. 그래야 부서 단위의 사역 실행과정을 이끌어 갈 수 있다. 예를 들어 부서 단위의 사역에서 계획 대비 실적에 큰 차이가 있는 사안이 있다면 부서 단위에서 원인과 대책에 대해 논의된 것을 보고받고 함께 논의하고 결정하는 시간이 되어야 한다.

그러면 구체적으로 뭘 어떻게 점검하는지 의문이 생길 수 있다. 이해를 돕기 위해 기업이나 다른 조직에서 일반적으로 행해지는 정책회의의 관리 방법을 알아보자. 조직은 정기점검회의를 통해 최근의 성과가 연간 예산 편성 당시에 설정된 단기적인 실행 계획과 일치하는지 평가한다. 월별 또는 분기별 재무 통계와 구체적인 운영 통계까지 점검한다. 그뿐만 아니라 단기적으로 이용된 전술과 프로세스, 그 결과에 관한 토

의도 이루어진다. 조직의 비전, 정책이 계획한 대로 이행되고 있는지를 점검하는 시간이다.

정책회의가 큰 효과를 거두기 위한 방법도 있다. 시간이나 장소 면에서 정책회의와 운영점검회의를 분리하는 방법이다. 비저닝위원회의 장로는 이 두 가지 회의에 다 참여하고, 운영회의는 비저닝위원회를 중심으로 운영한다. 대체로 운영 점검은 월별회의가 적절하지만 정책 점검은 분기별로 수행하는 것도 바람직하다.

비전의 달성도, 성도의 변동이나 성도들의 교회 헌신도 등은 한 달 사이에 크게 변하는 것이 아니기 때문에 교회 전체 차원의 목표에 대한 점검은 분기별로 하는 것이 적절할 수 있다. 그러나 만약 운영 점검이 없다면 매월 정책 점검이 있어야 한다. 만약 정책회의나 운영회의에서 일정 대비 성과가 지속적으로 미달되는 결과를 발견하면, 외부 환경이나 내부 역량 등에 관한 집중적인 논의가 있어야 한다.

내·외부 환경의 재논의를 통해서 목표의 타당성이 있다고 판명되면, 목표 성과지표들 간에 정량적 관계를 재조정해야 하는 경우도 있다. 또 교회 목표의 점검을 통해 부서의 실행 계획이 더 이상 유효하지 않음을 알아낼 수도 있다. 외부 환경이나 내부 역량에 대한 새로운 정보를 가미해 평가해서 부서의 실행 계획을 수정할 필요가 있다는 것을 확인할 수도 있다.

이와 같이 자료 수집, 숙고, 목표 학습 그리고 적용 등은 목표를 성공적으로 달성하는 데 필수적인 항목이다. 이러한 일련의 과정을 교회가 자연스럽게 적용하고 실천하도록 교회의 건강한 회의 문화로 자리를 잡아야 할 것이다.

정책관리는 어느 한 사람이 잘한다고 해서 효과적으로 운영될 수 없다. 모든 성도가 자신의 역할을 충분히 발휘할 때 더욱 효과적으로 발휘될 수 있는 톱니바퀴의 원리와 같이 작동된다.

비저닝위원회는 부서와의 상담과 협의를 통해 목표를 설정하고, 성과를 관리하여야 하며, 부서의 의견을 잘 청취하여야 한다. 부서에 유익하도록 평가 결과를 전달하여 성과 달성을 위한 동기를 부여해야 하고, 효과적인 정책관리 제도를 구축하여 교회의 리더와 부서들이 정책관리를 올바르게 운영할 수 있도록 맞춤 교육을 실시하거나 적절한 지원을 해야 한다.

한편 부서는 목표 설정과 과정 관리에 있어서 적극적으로 자신의 의견을 표현하여야 하며, 평가와 피드백에 있어서는 방어적이지 않은 긍정적인 자세로 임해야 한다.

정책관리를 통해 교회는 더욱더 역동적이고 체계적으로 사역할 수 있다. 이를 통해 교회의 당회, 리더들이 정책관리에 대한 학습 역량이 향상되고, 서로 다른 부서에 몸 담고 있는 성도들은 조화를 이루며 자신의 역할이 교회 전체의 역할에 어떻게 영향을 미칠지 이해할 수 있다. 나아가 교회 리더와 성도들은 한마음으로 교회의 비전을 바라보며 나아갈 수 있게 되고, 교회 사역의 활성도는 높아지게 될 것이다.

4

교회의 조직관리

우리는 매일 조직 생활을 한다. 가족과 더불어 살고 직장에서 일하며, 학생들은 학교에 가서 공부한다. 때로 은행에도 가고, 아프면 병원에 간다. 주일이면 교회에서 예배드린다. 가정, 직장, 학교, 은행, 병원, 교회, 정부 기관, 경찰서, 소방서, 백화점, 스포츠센터 그 외에 수많은 기관이나 단체들이 모두 조직이다.

조직이란 특정한 목적을 달성하기 위해 협력하는 집단이다. 그런데 사람들이 조직을 구성하는 이유는 개인의 힘으로는 어려운 일들을 여러 사람이 함께 달성하기 위해서다. 그러므로 조직은 목적을 달성하기 위해 많은 자원을 결합하고 효율적으로 활용하려는 특성이 있다.

교회는 성도들로 구성된 조직이다. 지금까지 대부분 교회는 알게 모르게 조직관리를 해 오고 있다. 교회가 설립되면 교회 조직을 구성하고 직분자를 세운다. 그리고 교회는 직분자들을 중심으로 예배, 전도 등의 사역 활동, 봉사와 구역 관리 및 재정·시설 관리 등을 수행한다.

이처럼 교회는 사역 성과라는 목적을 달성하기 위해 주어진 자원과 조직을 활용하려는 노력을 해왔다. 하지만 대부분 교회는 체계적인 조직관리를 수행하지 않고 그냥 예년에 하던 방식을 주로 답습했다. 그러나 필자가 만난 한국 교회를 사랑하는 많은 성도의 공통된 마음은 지금까지 해오던 방식만 답습해서는 더 이상 교회 부흥을 기대하기 어렵다는 비관적인 생각이었다.

이제는 교회도 다른 기업이나 조직들과 마찬가지로 체계적이면서도 교회에 맞는 조직관리를 해야 할 필요가 커지고 있다. 그렇지 않으면 교회는 지금보다 더 쇠퇴하고 어려워질 것이기 때문이다.

그런데 어느 조직이든 그렇지만, 특히 교회의 조직관리는 어렵다. 교회의 리더, 성도, 그리고 인근 주민, 일반 사회가 교회를 바라보는 시각이 모두 다르고, 교회에 기대하는 바가 다르기 때문에 교회의 조직관리를 한 방향으로 일관성 있게 추진하는 일은 결코 간단한 일이 아니다.

교회 리더는 교회의 운영이 하나님께 속한 것이라는 믿음을 가지고 있다. 그래서 교회가 성과를 내고 부흥하면 하나님의 은혜이고, 반면 성과를 내지 못하더라도 이 역시 하나님의 뜻이라 여긴다. 이러한 표현이 일견 믿음이 좋은 것처럼 보이지만 한편에서는 하나님께서 우리에게 허락하신 경영학, 경영관리, 조직관리의 선물을 전혀 고려하지 않은 접근이라 할 수 있다.

성도 중 다수는 교회가 직분을 주면 받고 교회의 프로그램이나 활동에 참여하고 봉사와 사역을 묵묵히 감당하지만, 교회의 조직관리에 대해서는 큰 관심이 없다. 일반 성도가 교회의 리더에게 교회의 조직관리에 대한 얘기하는 일도 별로 없지만, 설령 한다 하더라도 그 답변은 거의 비슷하다. 즉 교회의 관행이 그렇기 때문에 어떻게 할 수가 없다는 식이다.

그렇다면 교회에 출석하지 않는 인근 지역 주민들은 교회에 대해 어떻게 생각을 할까? 한마디로 시끄럽고 귀찮은 존재로 여긴다. 그중 일부 교회에 관심을 보이는 이들은 교회가 사회에 욕먹을 짓을 하지 않고 조용히 있거나, 교회가 사회에 소외된 사람들을 구제하고, 지역 주민에게 따뜻한 손길을 펼쳐주길 기대한다.

이런 상황에서 교회는 사역 활동에 대한 기대와 관심이 서로 다른 이해관계자, 즉 교회의 리더, 일반 성도 그리고 지역 주민 등의 니즈를 반영하고 이견을 조율해야 한다. 교회와 이해관계자들이 상호 발전하도록 지혜롭게 조직관리를 해야 한다.

그래서 교회는 조직관리에 대해서 성도들과 많은 생각을 나누고 연구함으로써 이해의 폭을 넓힐 필요가 있다. 교회가 조직관리에 대한 지식을 체계적으로 적용하고 활용한다면, 교회 이해관계자들의 니즈에도 부응하고 교회 본연의 사역을 성공적으로 달성하는 데 크게 기여할 것이다.

1. 조직관리의 이해

1) 조직 이론의 발전

교회 조직관리를 논하기 전에, 먼저 조직 이론에 대해서 간단히 살펴보자. 조직 이론은 조직 구조의 설계 방식이나 조직 구성원의 행동이 보여주는 일정한 패턴과 규칙에 대해서 설명해 준다.

조직관리에 대한 효율성 중심의 사고는 19세기 말, 프레데릭 테일러 Frederic Winslow Taylor에 의해 시도되었다. 그는 기존의 주먹구구식 조직관리에서 벗어나 과학적인 연구 조사로 밝혀진 방법을 활용해야 한다고 주장했는데, 그의 과학적 관리 기법은 1898년 베들레헴 철강 공장에서 증명되었다.

작업자들에게 올바른 동작, 도구, 작업 배열 방법을 사용하도록 했더니 하루 평균 작업량이 12.5톤에서 47.5톤으로 늘어났다. 그리고 초과 달성분에 대한 인센티브를 일당 1.15달러에서 1.85달러로 상향하자, 베들레헴 철강 회사의 생산성은 순식간에 향상되었다. 즉 표준 작업 방식과 인센티브제 시행으로 조직의 성과를 획기적으로 높일 수 있음을 보여준 것이다.

비슷한 시기에 헨리 페이욜Henry Fayol이 조직관리를 이론적으로 체계화했다. 그의 이론에 따르면 조직에서 직급이 낮은 하위자는 한 명의 상사로부터만 지시를 받아야 하고, 한 조직 내에 유사 활동들은 한 명의 관리자 밑에서 통합 관리되어야 한다.

이런 관리 원칙은 관료 조직의 탄생을 가져왔다. 관료 조직은 잘 정의된 권한과 책임, 공식화된 기록 유지, 표준화된 규정의 예외 없는 적용 등을 강조함으로 조직 운영의 통일성이 유지되고 합리성이 제고되었다.

테일러의 '과학적 관리 기법'이나 페이욜의 '관리원칙론'에 따르면 모든 조직의 운영 모델은 한 가지 형태만 존재하고 조직관리는 단순하고 쉬울 것이다. 그러나 현실 세계는 그렇지 않다. 조직은 사업 형태, 조직 규모, 조직 구성원 특성에 따라 전혀 다르게 돌아가기 때문에 하나의 조직 모델로 조직을 운영한다는 것은 전혀 옳지 않은 주장이다.

조직은 처한 상황과 조직의 특성에 따라 조직 형태나 운영 방식이 달라야 한다. 그래서 조직 이론 연구자들은 산업 심리학과 인간 관계론에 관심을 두게 되었는데, 이때부터 조직 구성원의 동기 부여가 조직관리에 중요한 요소로 대두되었다.

호손 연구Hawthorne research로 알려진 한 시카고 전기 회사에서 이루어진 일련의 실험을 통해, 직원들의 처우 개선이 궁극적으로 조직의 생산성 향상에 엄청난 영향을 끼친다는 것을 알게 되었다. 그 후 조직 이론 연구는 조직을 어떻게 구조화하고 어떻게 체계화할 것인가에 관한 연구와 더불어 조직 구성원에게 동기를 부여할 수 있는 리더십, 업무 책임, 권한 위양, 조직 문화 등의 연구 영역으로 확대되었다.

조직 구조

조직 구조, 조직 체계에 대해서 이해하기 위해서는 헨리 민츠버그 Henry Mintzberg의 조직 이론을 살펴보는 것이 좋겠다. 그는 조직의 유형을 기업가 조직, 관료 조직, 사업부 조직 및 애드호크라시adhocracy 조직으로 구분하고 조직의 환경이나 산업의 형태에 따라 적합한 조직이 따로 있다고 주장했다.

기업가 조직은 소규모 창업 조직에서 잘 나타난다. 일반적으로 이러한 조직은 CEO와 기술 부서가 핵심이다. 기업가 조직의 목표는 생존에 있고, 조직의 공식화나 전문화가 매우 낮은 특징을 가진다. 또한 조직이 갖는 단순성과 유연성으로 인해 역동적인 환경에 적합하다.

관료 조직은 비교적 규모가 크고 조직의 성장이 성숙기에 들어가 있는 조직에 전형적으로 적합한 모델이다. 일반적으로 위계가 높은 구조로 되어있으며 통제력이 잘 발휘된다. 공식화와 전문화가 매우 높고, 조직 구조의 목표는 효율성에 맞추어져 있다. 이 조직은 단순하고 안정적인 환경에 적합하다.

사업부 조직은 매우 규모가 크고 조직이 성숙하여 있으며 제품 및 서비스가 제공되는 지역별 사업부로 분화되어있는 조직에서 많이 나타난다. 리더를 기술적으로 지원하는 전문가는 적은 편이고, 대신 관리 지원 부서는 상당히 큰 편이다. 각종 사업부에서 올라오는 정보들을 처리하고 분석하고 효율적으로 통제하기 위해서이다. 이 조직은 중간 관리자층이 핵심을 이룬다. 개별 사업부들은 각기 독립적으로 사업을 추진하고 있어서 관료 조직의 모습을 가지기도 한다.

애드호크라시 조직은 변화하고 복잡한 환경에 최적화되어 있다. 기술 및 관리 지원이 하나로 합쳐져 있고, 조직은 수직적 계층 구조가 아닌 서로 중복성을 갖는 팀으로 구성된다. 혁신 수행을 위한 전문 인력이 조직의 핵심으로 등장한다. 기술 및 관리 지원은 별도의 독립 부서로 존재하기보다는 다양한 혁신 활동을 수행하는 팀에 녹아 들어가 있는 형태를 띤다.

민츠버그가 제시한 조직 유형은 오늘날 조직에서도 쉽게 찾아볼 수 있다. 그러나 이러한 조직 유형의 분류는 다소 관념적이어서, 실제 현장에서는 이보다 훨씬 다양하고 복잡하게 운영되고 있다.

대부분 기업은 한 조직 내에서 다양한 조직 구조의 유형을 복합적으로 사용하고 있다. 즉 조직의 강점을 영위하고 약점을 보완하기 위해 기능별 구조, 사업별 구조, 매트릭스 구조의 특징을 결합하여 조직화한다.

기능별 구조는 조직의 공통적인 기능을 중심으로 활동이 부서화되는 구조이다. 생산 직원들은 모두 생산 부서에 배치되고, 생산 부서장은 모든 생산 활동에 대한 책임을 진다. 영업·마케팅 부서, 연구 개발 부서, 지원 부서 등도 이와 같은 방식으로 기능별로 부서화되어 있다.

기능별 구조의 강점은 해당 기능 부서에서 규모의 경제 효과를 얻을 수 있다는 것이다. 하나의 공정에서 모든 제품을 생산한다는 것은 최신 설비를 활용할 수 있다는 것을 의미하며, 제품 생산 라인별로 공장 시설을 분리하기보다는 하나의 시설에서 생산 활동이 일어남으로써 중복과 낭비를 제거할 수 있다.

기능별 구조의 약점으로는 환경 변화에 대한 반응이 늦다는 점이다. 또한 의사 결정이 최고 경영진에 집중됨에 따라 신속하게 대응하지 못하고 수직적 계층 때문에 업무 과부화 현상이 발생하곤 한다.

앞에서도 살펴본 사업별 구조는 제품 · 서비스 또는 주요 프로젝트 · 프로그램에 따라서 조직화된다. 사업별 구조의 강점으로는 각 제품 라인이 독자적인 부서로 활동하기 때문에 환경 변화에 신속하게 대응한다. 의사 결정 권한이 하위 계층에 위양委讓되어 있으므로, 작은 규모로도 시장 대응이 빠르고 고객 만족을 높일 수 있다.

사업별 구조의 약점은 규모의 경제 효과를 얻을 수 없다는 점이다. 예를 들어 기능별 구조에서는 50명의 연구원이 공동으로 연구 시설 · 장비를 활용하는 데 반해, 5개의 사업부로 구성된 조직에서는 평균 10명의 연구원이 각 사업부에 배치된다. 이런 경우 깊이 있는 연구가 부족하고, 연구 시설 · 장비도 각 사업부 또는 제품 라인별로 설치되어 있어서 중복 투자가 발생된다. 또한 제품 라인이 독립적으로 분리되어 있기 때문에 제품 라인 간 조정이 어렵다.

매트릭스 구조는 기능별 ·사업별 구조를 결합한 것으로써 수평적인 연결 메커니즘이 잘 작동하지 않을 경우에 그 해결책으로 활용된다. 즉

(1) 사업부 · 제품 라인 간에 희소한 자원을 공유해야 할 경우, (2) 깊이 있는 기술적 지식이 요구되면서 동시에 신제품 개발 등이 빈번히 일어나야 할 경우, (3) 조직을 둘러싸고 있는 사회 · 기술 환경 등이 복잡하고 불확실성이 클 경우 등이다.

매트릭스 구조의 강점으로는 다양한 고객의 요구 사항을 보다 효과적으로 충족시킬 수 있을 뿐만 아니라 인력과 시설 · 장비 등과 같은 자원을 유연하게 공유 및 배분할 수 있다.

매트릭스 구조의 단점은 상사의 이중적 지시 혹은 보고 체계로 인해 종업원과 관리자들 모두가 다소 혼란스러움을 느낄 수 있다는 것이다. 또한 매트릭스 구조에서는 관리자들이 회의에 많은 시간을 소비한다. 만약 관리자들이 정보와 권한을 제대로 충분히 가지지 못할 경우, 조직은 혼란에 빠지고 조직 성과는 보장하기 힘들어진다.

일반적으로 신생 기업일수록 비공식적 및 대면적 의사소통 중심으로 이루어진다. 경영자는 자신의 일상 업무 속에서 구성원들과 직접 접촉하기 때문에 공식화된 통제 시스템에 의존할 필요가 없다. 그러나 조직의 규모가 커지면 경영층과 구성원과의 거리는 자연스럽게 멀어진다. 복잡하고 방대한 양의 정보를 관리하고 목표와 실행 사이의 차이를 관리하기 위해 공식 시스템을 활용해야 할 필요성이 생긴다.

환경 변화와 역동적 조직

오늘날의 환경은 급변하고, 경영자들은 조직 내 · 외부에서 발생하는 변화를 전통적인 조직 구조 방식으로 측정 및 예측하거나 통제하는 데 어려움을 겪고 있다. 그래서 많은 조직은 부서 간 협력이 잘되고 정보 공유가 원활한 조직 형태, 즉 역동적 조직dynamic organization으로 변모하고 있다.

역동적인 조직은 의사 결정의 상당 부분이 상부 조직에서 하위 조직으로 다시 구성원들에게 위임된다. 이로 인해 역동적인 조직의 구성원들은 고객, 공급자 그리고 새로운 기술, 기법에 대한 충분한 정보를 가진다. 또한 구성원들은 권한을 부여받을 뿐만 아니라 전략과 계획 수립에도 참여한다.

때로는 공급자, 고객, 그리고 타 기업과의 파트너십을 통해 전략을 수립하고 조직을 운영하기도 한다. 즉 역동적인 조직은 조직의 역량 강화를 위해 다양한 이해관계자와 파트너십을 구축하고 협력한다.

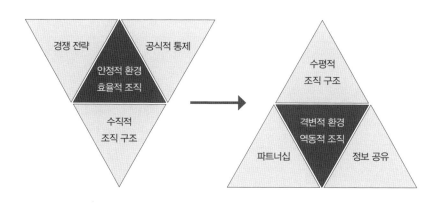

조직의 변화 양태

역동적 조직은 핵심 프로세스나 사업이 원활하게 운영되도록 하는 데 주안점이 있다. 재정, 시설 등 일부 지원 기능을 제외하고는 나머지 사업, 즉 주요 프로세스는 자율적으로 운영되도록 한다. 업무에 필요한 정보는 모든 구성원에게 공유되고 의사소통의 채널은 보다 많은 사람에게 오픈된다.

2) 조직관리의 고려 사항

조직도 동식물과 마찬가지로 생성되고 성장하며 쇠퇴하는 과정을 거친다. 조직의 변화과정, 즉 조직의 수명 주기에 따라 조직 구조와 조직관리 간에도 일정한 규칙과 패턴이 존재한다.

조직 수명 주기와 조직관리

– 설립 초기 조직관리

창업 초기의 조직은 규모가 작고 비관료적이며 최고 경영자에 의하여 모든 경영 활동이 엄격히 통제된다. 교회로 치면 개척 교회 초기를 연상하면 되겠다. 설립 초기 조직은 시장 요구에 부합하는 제품이나 서비스를 생산하여 시장에 진입하는 데 조직의 모든 에너지를 집중한다. 이 시기의 주된 조직 목표는 생존이다.

조직이 성장하면서 구성원의 수가 늘어가게 되는데, 이때부터 구성원들의 업무 분장, 역할 부여 등과 관련된 조직관리적 문제가 나타난다.

이러한 창업 초기의 조직 문제를 극복하기 위해서는 부서 및 개인의 업무 분장을 체계적으로 편제하는 것이 매우 효과적이다.

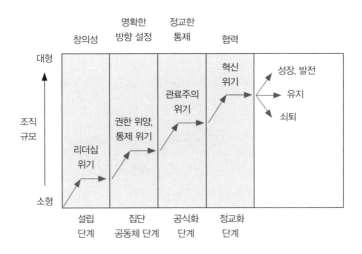

조직의 수명 주기와 조직관리

– 중기의 조직관리

다음 단계인 집단 공동체 단계는 조직의 청년기다. 이 시기는 교회 성도 수가 빠르게 늘어나 일정 규모 이상 교회가 성장한 모습을 생각해 볼수 있다. 이러한 조직의 특징은 목표가 뚜렷하고, 조직 구성원들은 의욕적으로 자신의 역할을 완수한다는 것이다. 조직의 절차와 제도가 일정수준에서 규정화되기도 하지만 대체로 조직 구조는 여전히 비정형화되어 있다.

이 단계의 주된 목표는 지속적인 성장이다. 위기로는 새로운 방식의 경영관리가 나타나고, 중간 관리자들이 자신들의 생각이나 의견이 강력한 경영자의 하향적 리더십에 의해 무시된다고 느낀다. 그러나 강력한 리더십과 비전으로 성공을 거둔 경영자는 자신의 권한을 포기하지 않으려 한다. 그래서 권한 위양에 대한 위기가 발생할 수 있다.

부서와 전문성이 분할되는 동시에 각종 규정 등이 마련되기 때문에 중간 관리자는 자신의 활동에 일정 수준의 자율권을 바라는 한편, 창립자는 여전히 과거의 직접 개입과 통제를 고수하려 한다. 때문에 어느 정도의 긴장 관계가 형성된다. 이 상황에서 바람직한 것은 권한의 일정 부분을 중간 관리자에게 위임하는 것이다.

교회에서 이러한 권한 위임이 제대로 이루어지지 않는 이유는 태동기의 단순 구조에 머무르며 성장하겠다는 태도에서 출발한다. 그렇기에 조직적으로도 적합하지 않으며 교회의 부서장, 핵심 교사를 실망하게 해 결국 교회를 떠나는 원인을 제공하기도 한다.

집단 공동체 단계를 벗어나면서 조직은 공식화 단계로 진입한다. 기업의 경우 공식적 통제 시스템을 갖추고, 경영자가 상당한 권한을 위임하고, 독립적인 연구 개발 부서가 설치되어 혁신을 이루기도 한다. 이때의 위기는 조직이 성장하여 새로운 시스템과 프로그램들이 증폭되면서 중간 관리 계층에 부하가 많이 걸리게 되어 압박을 느낀다는 것이다.

조직은 관료주의로 흐르고 중간 관리 계층은 지원 부서들의 간섭에 힘들어하고, 혁신이 이루어지지 않으며, 조직은 너무 비대해져 공식적인 프로그램을 통해서 관리하기가 힘들어진다.

조직은 중년기에 들어서면서 서서히 관료주의적인 특징이 나타난다. 교회로 치면 설립 후 10여 년 이상이 지나고 성도 수가 수백에서 천 명 대에 이르는 중·대형교회 정도다. 이 시기의 주된 조직 목표는 내부 안정화와 지속적 성장이다.

이런 조직에서는 지원 부분을 강화하고 업무 절차를 표준화, 공식화하는 데 집중한다. 교회에서는 공식화를 이루어가되 이와 같은 문제를 해결하기 위해서 향후 10년의 정책적 방향을 준비하고 이에 대한 새로운 비전을 제시해야 한다.

– 중기 이후의 조직관리

조직 발전의 마지막 단계는 정교화 단계이다. 이 단계에 도달한 조직은 방대한 통제 시스템과 규칙, 절차를 가지고 있는 대규모 관료제 조직이다. 교회로 치면 수천 명 이상의 성도로 성장한 대형교회로 볼 수 있겠다.

이때 리더는 관료화가 더 심해지는 것을 막기 위해서 조직 내에 많은 부서나 팀을 만든다. 조직의 지위와 대외적인 명성이 매우 중요한 부분으로 여겨진다. 이 단계의 위기는 조직의 정교화에 도달한 후에 일시적인 쇠퇴 기간을 맞게 된다. 이때는 관료주의 팽배로 대응 능력이 떨어져 환경 변화에 적절하게 대응하지 못하는 조직으로 전락할 수도 있다.

기업에서는 이런 경우 연구 개발R&D, research and development 부서를 통해서 혁신을 제도화하여 지속적인 성장을 시도한다. 교회라면 어떻게 혁신을 시도할까?

로버트 데일Robert D. Dale은 교회도 하나의 조직체로써 일반적인 조직의 수명 주기를 거치게 되지만 성장의 꼭짓점에서 쇠퇴의 길로 떨어지지 않기 위해서 혁신의 재도약이 필요하다고 지적하고 있다. 그가 주장하는 교회 수명 주기도 정규분포를 그린다. 시작은 미약하지만, 교회가 꿈을 가지고 믿음을 확고히 붙들면서 목표를 향해 점차 성장해 간다.

그러나 교회가 부흥의 기간을 거치는 과정에 또다시 새로운 비전을 제시하지 않거나 혁신이 없으면 그냥 일반적인 조직 수명 주기와 같이 자기도 모르게 쇠퇴의 길에 들어서 있음을 발견한다. 즉 쇠퇴하는 교회는 과거를 그리워하는 향수의 단계를 지나 자기 정체성에 의문을 제기한다. 심한 경우는 성도들 간에 서로 생각이 달라 파벌이 생기고 급기야 교회가 양분되기도 한다. 그다음은 끝없는 나락의 길로 떨어진다.

데일은 교회가 위기에 봉착하기 전에 교회의 비전을 새롭게 하고 혁신을 모색해야 한다고 주장했다. 또한 교회가 성장과 부흥의 가도街道를 잘 가고 있을 때도 미래에 대한 새로운 비전을 꿈꾸고 교회의 혁신을 철저하게 추진하지 않으면 어느새 쇠퇴하게 된다고 지적했다.

이처럼 비전과 혁신을 통하여 교회 본연의 사역을 구체화하고 모든 성도가 참여하는 사역의 활성화를 도모할 수 있다.

조직 구조의 결함과 증상

조직관리란 부서와 개인에게 업무를 분장하고, 이를 부서로 묶고, 다시 부서를 전체 조직으로 통합하는 것이다. 이러한 조직관리는 조직 계층의 수, 부서 관리 감독의 범위, 부서의 업무, 역할 등을 어떻게 정하느냐의 문제이다.

조직의 리더는 조직관리와 관련해서 세 가지 기준을 세울 수 있어야 한다. 첫째, 조직 전체의 목표 달성을 위해 부서별로 어떻게 역할이 나뉘고 서로 어떻게 관련되어 있는지 정해야 한다. 둘째, 누가 무엇을 결정할 것인지, 즉 상부와 하부 조직에서 일의 책임과 권한의 범위를 정해야 한다. 셋째, 조직 및 부서의 책임자를 세워야 한다. 그러므로 리더는 변화하는 환경과 이해관계자의 요구를 고려하여 횡적·종적 조직 구조가 적정하게 작동되는지 주기적으로 점검해야 한다.

일반적으로 조직 구조에 결함이 있을 때 다음과 같은 증상들이 나타난다.

(1) 의사 결정이 지연되거나 의사 결정의 질이 낮아진다: 잘못된 의사 결정은 결정하고 난 뒤에야 잘못된 것이 밝혀진다. 조직의 위계에 따라 의사 결정을 하다 보면 일부 리더에게 너무 많은 권한과 책임이 몰려 있는 경우가 발생한다. 권한 위양이 너무 안 되어 있기 때문에 하위부서에서는 의사 결정을 할 기회도 없고 이런 분위기에서는 조직 역량도 향상되기 어렵다.

또한 하위 부서의 담당자나 실무자들은 의사 결정에 필요한 정보가 무엇인지 정확히 모르기 때문에 리더에게 전달되는 정보가 충분하지 못하다. 이러한 정보의 부족 현상은 리더의 의사 결정의 질을 현저히 떨어뜨리는 결과로 나타난다.

(2) **변화하는 환경에 혁신적으로 대응하지 못한다:** 조직이 환경에 혁신적으로 대응하지 못하는 이유는 부서 실무자들이 늘 하던 방식 그대로만 일을 하고 새로운 방법이나 프로세스에 대한 개선의 의지가 없기 때문이다. 그리고 조직적인 측면에서는 혁신을 주도하는 핵심 구성원이나 전담 부서가 없는 것도 하나의 이유가 된다.

예를 들어 교회 전도 부서에서 파악한 인근 주민의 자세한 정보가 교육 부서에 제대로 전달되지 않아서 교육 부서의 교육 효과가 떨어지는 경우 등이다. 그래서 이러한 문제를 해결하려면 부서 간의 원활한 협력을 위한 조정 메커니즘을 새롭게 개발하거나 중개 조직의 신설을 고려해 볼 수 있다.

(3) **이해관계자 간의 신뢰가 현격히 떨어져 있다:** 조직 구성원 간에 의사소통이 원활하지 않으므로 다른 사람의 업무에 대한 이해도가 낮다. 자신의 업무와 연관이 있는 상대의 업무를 모르니 서로에 대한 신뢰도가 낮을 수밖에 없다.

이런 교회라면 성과는 기대에 못 미치고 교회의 부흥은 요원하다. 심지어 교회의 안과 밖에서 수많은 오해와 갈등이 생긴다. 성도 간, 성도와 교역자 간, 교역자들 간, 교회와 외부 주민들 간에도 신뢰가 떨어지고 교회는 점점 병들게 된다.

2. 교회 조직관리의 혁신

1) 교회 조직의 현실과 이슈

과거 패턴의 답습

가톨릭에서는 오래전부터 전통적 관료제 조직 형태를 유지하고 있다. 가톨릭은 직분을 크게 성직자와 평신도로 나누고, 다시 성직자 그룹은 교황으로부터 시작해 추기경, 대주교, 주교, 사제 등으로 계층화되어 있다. 이 위계적 구조가 지역적 관리 감독 범위의 기준이 된다. 가톨릭의 조직이 효율적인가 아닌가에 대해 문제가 제기되기도 하지만, 이러한 가톨릭의 관료적 조직 체계가 과거 2,000여 년 동안 하나의 조직 패턴으로 자리를 잡아 온 것은 사실이다.

개신교의 조직 구조는 다르다. 먼저 교단, 총회, 노회 등이 존재하지만, 총회와 노회의 개별 교회에 대한 영향력은 가톨릭과 비교했을 때 상당히 느슨하다. 교회는 개별 단위 교회가 하나의 조직체를 형성하고 거의 독자적으로 운영된다.

개별 교회의 조직은 일반적으로 수직적인 의사 결정 기구인 당회, 제직회, 공동의회로 구성되고, 교회의 샤역을 중심으로 예배부, 찬양부, 선교부, 교육부, 지원부 등으로 구성된다.

개별 교회는 당회가 의사 결정 기구의 핵심이다. 물론 공동의회에서 최종 추인을 받지만 현안은 당회에서 결정되고 집행된다. 사역을 추진하는 교회 부서의 책임자도 담임목사 혹은 장로가 맡고 있다. 예를 들어 교육부 전체의 교장은 담임목사, 그리고 유치부, 초등부, 중·고등부, 대학부의 장將은 담당 장로가 맡는다. 친교 및 봉사부의 부장은 담당 장로이고, 각 부서와 기관 내의 일반 성도들이 회원으로 구성된다. 또한 예배부의 담당 장로가 부서의 책임자이고, 예배부 산하에 예배 순서 관리, 헌금 수납 담당 등이 있다. 음악부장은 담당 장로가 맡고 그 밑에 찬양을 인도하는 찬양팀, 성가대 등이 있다. 이같이 한국 교회의 조직 구조에서는 직분에 따른 계층별 구조이며 동시에 사역에 따른 기능별 조직이다.

한국의 개신 교회들은 거의 비슷한 조직 구조, 조직 운영 방식을 가지고 있다. 따라서 교회의 조직관리상에서 나타나는 문제와 고민도 비슷하다. 이제 현재 한국 교회의 조직관리상 이슈를 원인과 함께 들여다보고 해결의 실마리에 대해 생각해 보자.

환경은 급변하는데 한국 교회에서는 부서의 임원이나 책임자만 매년 주기적으로 교체할 뿐 조직관리는 과거에 하던 패턴을 답습하는 경향이 있다. 조직 구조의 변화는 거의 없고, 임시조직이나 위원회 등의 활용도 거의 없다. 즉 교회의 내·외 환경을 분석하고 이에 대해 조직 차원의 전략, 조직 구조, 조직관리를 할 수 있는 대응 체계가 갖춰져 있지 못하다.

유연성 없는 직분 제도

교회에는 목회자, 장로, 권사, 집사 등의 직분 제도가 있다. 교회의 직책, 직분은 일정한 규칙이 있다. 담임목사는 최고 의사 결정 기관의 회장을 맡고, 부서 및 성가대 등의 리더는 장로의 역할이다. 이렇게 신앙의 연륜 또는 직분 중심으로 교회 기관, 부서의 중책을 맡는 것은 교회의 특성상 일견 옳은 방식인 것 같다.

그러나 직분 제도와 교회 기관·부서 직책과의 고착固着은 현실적 상황을 제대로 반영하지 못한 결과다. 교회의 성도 중에는 신앙의 연륜도 많고 조직관리의 경험이 풍부한 성도가 많이 있음에도 불구하고, 이들의 직분이 낮으면 교회의 중책을 맡을 수 없다.

시대가 바뀌고 세대가 바뀌면서 현재의 성도들은 예전의 성도들과 성향이 다르고 지식의 수준도 매우 높다. 예전 성도들보다 사고의 틀이 다양하고 개인주의적인 성향의 사람들이 교회를 이루게 되었다. 이러다 보니 자연스럽게 조직 및 세대 간 갈등도 많이 발생한다. 그래서 이러한 갈등을 해결하는 교회 리더나 중직자의 역할과 전문성이 더 많이 요구된다.

비효율적인 수직적 조직

교회가 커질수록 수직적 계층도 많아지고 교회의 하부 기관이나 모임도 커지고 많아진다. 그래서 의사 결정자는 처리해야 할 문제와 의사 결정 역할에 치여 과부하에 걸리고, 하부기관에서는 권한 위양이 불충분하고 정보 제공이 안 된다고 아우성친다. 또한 의사 결정자에게 하부 기관의 정확한 정보 전달도 되지 못한다. 이런 상황에서는 상부의 의사 결정의 질이 낮아지고 하부에서는 비효율적으로 일이 진행되는 악순환으로 이어진다.

교회의 의사소통을 원활하게 하는 방법으로는 의사 결정 메커니즘의 변화를 고려해 볼 만하다. 즉 교회 본연의 사역 중에서 예배는 위계적 조직으로 운영되는 것이 옳다고 본다. 하지만 복음전도나 성도의 양육, 주일학교 등과 같은 사역 기관에서는 계층적 의사 결정 대신 수평적인 의사 결정이 더 효과적일 수 있다.

부서의 책임자로 몇 달 동안 실제 부서에 한 번도 가보지 않은 당회의 교역자, 장로 등을 임명하고 이들이 부서의 예산이나 주요 프로그램에 대한 의사 결정 권한을 가진다는 것은 비현실적이고 비효율적이다.

2) 교회의 조직관리 방향

통제와 조정의 균형

조직 구조가 적절한지 평가하는 하나의 기준은 조직의 수직적 통제와 수평적 조정이 적절하게 균형을 이루고 있는가를 살펴보는 것이다. 조직의 수직적 통제는 조직의 하부 부서가 효율적으로 목표 달성을 하도록 업무의 일관성과 안정성을 유지하는 것이 매우 중요하다. 조직의 수평적 조정은 구성원 간에 필요한 정보를 공유하고 구성원의 학습을 이끌어 내어 역량이 향상되도록 조직을 구조화하는 것이다.

일반적으로 소형교회에서는 이러한 조직 구조적인 문제는 거의 발생하지 않는다. 반면 교역자의 언행이나 교인들 간의 인간 관계적 이슈가 대부분 소형교회의 문제이다. 그러나 중형 이상의 교회에서는 조직의 수직적 통제와 수평적 조정의 문제가 곳곳에서 발생한다.

중형 이상의 교회에서는 교회 갈등 대부분이 조직 구조의 문제에서 나온다. 조직의 구조가 잘못되어 있으면 왜 이 부서가 저 부서보다 더 좋은 장소를 사용하느냐, 우리 부서의 예산이 상대적으로 더 적은 이유가 무엇이냐, 왜 이 부서에는 교역자가 배치되지 않느냐 등과 같은 문제 제기가 끝도 없이 일어난다.

조직의 구조가 왜곡되어 있으면 성도들이 체계적으로 신앙 교육을 받지 못하고, 사역 활동과 성도 교제도 원활하지 않다. 이렇게 되니 교회 본연의 사역이 제대로 이루어지지 않고 소통이 원활하지 못한 교회의 성도들은 불만과 갈등이 커질 수밖에 없다.

교회 리더의 수가 부족하거나 조직 배치가 적절하지 못한 경우도 흔하다. 장로의 수는 제한적인데 성도의 수, 교구, 사역 부서가 너무 많아 리더가 적절히 배치될 수가 없을 때다. 이럴 때 보통 세울 장로가 부족해서 부서를 더 세분화하지 않고 크게 묶어둔다.

리더의 배치가 제때 제대로 안 되면 구역이나 사역 부서의 예산 배정 등도 적절하게 분배되기 어렵고 다른 지원 사항도 마찬가지다. 부서의 사역 활동 결과가 리더들에게 제대로 보고되기 어렵고, 결국 당회 등 교회의 리더들은 관리가 어려워진다. 그래서 적정한 수의 교역자와 장로

그리고 성도의 수에 대한 적정 비율을 고려해야 한다.

조앤 우드워드Joan Woodward는 생산 기술의 복잡성과 조직 구조 특성과의 관계를 규명하였다. 경영진 계층의 수와 전체 인력 중 관리자의 비율은 기술의 복잡성이 커지면서 증가한다. 이는 복잡한 기술을 다루기 위해 경영의 요구 사항들이 더욱 많아지기 때문이다. 관리자의 계층 수는 소량 단위 생산일 때 3단계, 대량 생산인 경우는 4단계, 연속 공정일 경우는 6단계가 적합하다고 주장했다.

또한 직접 생산에 투입된 인력과 지원하는 간접 인력 간의 비율은 소량 단위 생산일 경우는 9:1, 대량 생산일 경우는 4:1, 그리고 연속 공정일 경우는 1:1의 구조를 발견했다. 관리자 1인이 평균 몇 명의 부하 직원을 두는 것이 적합한지 보는 관리 통제의 폭에서 소량 단위 생산일 경우는 1:2, 대량 생산일 경우는 1:48, 그리고 연속 공정일 경우는 1:15라고 기술한다. 공식화된 절차, 집권화 등의 특성은 대량 생산 기술의 경우 가장 높게 나타나는데, 그 이유는 작업이 표준화되었기 때문이라고 주장하고 있다.

교회 조직의 1:10:200의 법칙

효과적인 교회의 조직관리를 위해 1:10:200의 법칙을 교역자와 장로 그리고 성도의 비율에 적용해 보자. 기본적으로 교회 재적 교인이 200명일 때 장로 1인당 20명의 성도가 배정되어 10명의 장로가 필요하고, 10명의 장로에 대해 1명의 교역자가 배치될 때가 조직 구조상 적정한 관리이다.

일례로 재적 교인 수가 200명 이하인 교회는 교역자 1인, 재적 교인 수 20명당 1인의 장로가 관리 감독한다. 1인의 장로에 재적 교인 수가 20인을 초과할 경우 전체 초과 인원의 10인까지는 장로들에게 차례로 배분하고, 초과 인원이 11인 이상일 때는 평균 20인으로 조정하고 초과 인원에 대해서는 신규 장로 1인에게 배정한다.

1인의 교역자가 재적 교인 300명까지는 목양이 가능하지만 이를 초과할 때는 신규 교역자 1인을 청빙請聘하여 재적 교인 200명의 초과 인원을 담당하는 것으로 하면 된다. 즉 재적 교인 수가 600명을 초과하게 되면 3인 이상의 교역자, 30인 이상의 장로가 세워지게 된다. 이렇게 교인 수가 증가하게 되면 사역 지원 전문 스태프 1인을 전담 인력으로 채용해서 교회 경영관리를 자문하도록 하는 것도 좋은 방법이다.

사역 중심의 조직 구조

교역자와 장로의 수는 기본적으로 성도 수에 따라 결정된다. 그런데 성도의 수와 더불어 성도가 속해 있는 교구 구역의 공간적인 규모도 고려되어야 한다. 구역이 넓게 퍼져 있고, 지리적으로 멀리 떨어져 있는 경우 성도 심방의 절대 횟수를 감안해야 할 것이다.

그리고 교회 사역 활동과 교회 기관·부서에 대한 기능적인 관리 범위를 함께 고려해서 교역자와 장로의 수를 결정해야 한다. 동시에 기능적인 조직의 구조를 어떻게 편성하느냐에 따라 관리자의 수와 폭이 결정된다.

예배부는 주로 예배에 따른 순서, 담당자, 찬양 그리고 지원을 관리한다. 이 부분에서는 담당 장로가 결정되면 그 각각의 순서 담당자를 결정하고 통지하며 당일 준비토록 제반 환경을 관리·점검하는 것이다.

교육 기관은 일반적으로 유아부, 유치부, 유년부, 초등부, 중·고등부, 대학부 그리고 장년·성년부 등으로 구분되는데, 유아부는 유아와 그 부모와 같이 예배를 드림으로 20여 명의 유아에 대해 교사 1인이 필요하고, 유치부 어린이는 5명 내외에 1명의 교사가 필요하다. 또한 유년부 중 초등 3학년 학생 10명 이내에서 담당 교사 1인이 필요하지만, 초등 4학년 이상부터 중·고등부에 이르기까지는 담당 교사보다는 전임 사역자 중심으로 관리가 이루어지는 것이 바람직하다.

전도회 조직은 주로 성도의 교제와 봉사, 전도를 목적으로 하고, 조직 구성은 연령별 또는 지역별로 구성하는 것이 바람직하다. 전도부·회에서 제한된 자원을 효율적으로 사용하기 위해서는 운영 시스템 체계를 세우고 담당 장로가 시스템에 따라 사역 활동 결과를 주기적으로 보고 받도록 한다.

일정 기간 주기적으로 보고를 받아보면, 사역이 활성화된 부서와 지지부진한 부서로 구분된다. 사역 활동이 활성화되지 않고 소통이 원활하지 않은 부서는 조정, 통제에 치밀성을 더 기하고, 사역이 활성화된 부서는 자율성, 유연성을 부여해 자발적인 혁신이 일어나도록 유도한다.

교회의 기관·부서 간 소통이 원활하고 협조가 잘 이루어지기 위해서 부서 간의 연계 고리를 잘 활용하는 것도 좋은 방법이다. 일례로 초등학교를 졸업하는 초등부 학생들을 중등부에서 잘 받도록 관리하거나, 40대 전도회를 그만두게 되는 성도를 50대 전도회의 임원들이 미리 파악하여 50대 전도회에 참가하도록 유도하는 방법 등이다. 또한 부서 간에 서로 사역 내용, 결과를 공유하여 경험적 학습lessons learned을 통해 교회 전체의 역량이 높아지도록 한다.

중직회의 신설과 활용

교회는 당회, 제직회, 공동의회와 같은 수직적 의사 결정 체계와 부서별·구역별 조직과 같은 의사 결정 체계가 수평적으로 운영되고 있다. 부서별·구역별 조직의 의사 결정 체계가 따로 있으면서 운영 측면에서 당회원인 담당 장로가 부서의 감독 관리 역할을 하는 체계인데, 이 과정에서 부서 책임자와 부서 감독 장로 사이에 갈등이 적지 않게 일어난다.

그렇다면 수직적 의사 결정 체계에서 갈등이나 혼선을 해소할 수 있는 방안은 없을까? 교역자와 장로 그리고 각 부서의 임원으로 구성된 중직회가 구성된다면 큰 잡음 없이 이 문제를 해결해 나갈 수 있을 것이다.

소형교회에서는 별도의 중직회 없이도 제직회에서 의논과 의사 결정을 할 수 있겠지만, 중형 이상의 교회라면 제직회는 너무 많고 당회로는 교회 전체의 구성원들을 대표하기 어렵다. 그래서 당회의 멤버와 제직회의 핵심 멤버인 부서의 임원들을 별도의 의사 결정 기구로 가져가는 것이 좋을 듯하다.

중직회의 구체적인 운영은 일반적인 회의 체계를 그대로 따르는 것으로 할 수 있다. 즉 중직회의 구성은 교역자 1인＋장로 2/3 이상＋기관의 대표 각 1인으로 하고, 의사 결정을 위한 회의 요건은 중직회원 2/3 이상의 출석으로 한다. 일반 안건은 출석 인원 과반수의 찬성으로 통과되고, 주요 의사 결정은 출석 인원 2/3 이상의 찬성으로 결정한다. 중직회는 매달 정기 모임을 하거나 중직회원 2/3 이상의 발의로 개회된다.

중직회의 성격이 제직회와 유사하고 중복되기 때문에, 중직회를 두는 경우 제직회는 필요치 않다. 중직회가 활성화되면 당회의 의사 결정이 상당히 줄어들게 되고, 보다 실체적이고 현장 중심의 의사 결정이 이루어질 수 있다. 또한 당회는 정책 당회의 안건과 같이 교회에 큰 영향을 미치거나 전략적인 사안만을 논의하여 결정하면 될 것이다.

전략적 혁신 T/F 조직

기업이나 공공 기관 등의 조직은 소기의 목표 달성이 미흡할 때는 문제 해결을 위해 먼저 사업 계획과 프로세스를 재검토한다. 그 후에도 문제가 해결되지 않으면 조직 구조를 재편하거나 책임자를 교체한다. 예를 들어 영업이 부진하여 판매가 저조할 때, 영업 전략이나 마케팅을 새롭게 짠다. 이후에도 여전히 문제가 해결되지 않으면 새롭게 마케팅 조사팀을 개편하거나 신상품 개발을 위한 관련 부서를 신설하기도 한다.

그런데 이러한 프로세스의 재검토와 조직의 재편 등을 누가 주도하느냐 하면, 바로 전략 T/F 또는 혁신 T/F에서 담당한다. 대부분의 혁신 기업은 사장 직속의 경영혁신팀, 전략경영팀 또는 구조조정팀 등을 운영하고 있다.

교회는 환경 변화에 맞추어 어떻게 전략을 수정하거나, 새로운 조직을 신설하며 기존의 조직을 재조정하는가? 별로 재조정하지 않는 편이다. 교회는 속성상 환경 변화에 매우 느리게 반응한다. 어쩌면 거의 반응하지 않았다. 교회가 왜 변화를 하지 않고, 혁신하지 않았는지는 교회에는 혁신 전담 조직이 없기 때문이라고 말할 수 있다.

이제는 교회도 변화가 필요하다. 환경이 너무 많이 변하고 있고, 교회에도 큰 영향을 끼치고 있다. 교회도 급변하는 환경에 대처하기 위해 적극적으로 조직적인 변화를 시도해야 한다.

교회 혁신 TFT와 전략 관리 TFT를 두고, 이들이 교회 조직의 변화를 리드해야 한다. 소형교회는 전략관리위원 한두 사람으로 충분하지만, 중형 이상의 교회는 교회 혁신팀 혹은 전략 관리 TFT 등의 조직이 신설되어 운영되어야 한다.

사실 최근 몇 년 동안 환경 변화에 적응하려는 교회의 노력이 이곳저곳에서 감지되고는 있다. 과거보다 예배에서 찬양과 경배의 비중이 커지고 방송이나 인터넷 매체의 영향력도 더욱 증가하고 있는 것이 그 예이다. 이에 따라 예배 시간의 찬양, 기도회에서의 찬양 및 각종 모임에서의 찬양에 대한 요구가 점점 더 늘어나고 있으므로 찬양 부서의 조직이나 인원을 늘리는 방안을 모색해야 한다. 또한 온라인예배, 비대면 모임 등이 폭발적으로 확대되고 있기 때문에 교회의 ICT, 네트워크 관리,

지원 조직에 대한 요구도 동시에 커지고 있다.

이러한 요구에 효과적으로 대응하기 위해서 교회 내의 기능, 조직의 변화를 체계적으로 점검하고 분석하고 혁신하는 전략적 혁신 조직을 하루 속히 갖추어야 한다.

3) 교회의 리더십 제고

만약 기업에서 부서장이 실무 담당자의 업무에 매달리고 있거나 임원이 부서장 역할에 주력하고 있다면, 조직의 리더 역할 중 일부에 공백이 생기고 제 역할을 못 하고 있음을 뜻하게 될 것이다.

부서장이 되기 전에는 탁월한 분석력과 문제 해결 능력으로 업무 성과가 좋은 사람들이 부서장으로 승진하지만, 부서장이 되어서는 만족할 만한 성과를 내지 못하는 경우도 많다. 과거에 우수한 성과를 냈던 사람들이 새로운 리더의 자리에서는 실패하곤 하는 이유가 무엇일까?

그것은 새로운 관리 단계에 대한 자신의 역할과 성과 기준이 무엇인지, 자신에게 요구되는 역량이 무엇인지를 인식하지 못한 상태에서 그 자리를 맡았기 때문이다. 새로운 지위의 리더 역할을 맡았다는 것이 문제가 아니라 역할에 맡는 리더의 성과 기준과 역량을 스스로 평가하고 그 요구 수준과 현실의 차이를 메우기 위한 준비를 하지 않은 것이 문제이다.

대형교회는 당회장 그리고 하부 기관의 책임자도 모두 담임목사로 되어있다. 상징적인 면이 있지만, 그 책임의 범위가 너무 넓다. 교회의 규모가 작을 때는 담임목사 한 사람이 여러 하부 기관의 책임자를 맡을 수 있겠지만, 교회의 규모가 커져 하부 기관이 많아지면 현실적으로 한 사람이 여러 기관을 관리한다는 것은 불가능하다.

엄밀히 말해, 교회의 기관별로 책임자에게 요구되는 요건이나 역량이 다르다. 또한 각 기관의 현황을 제대로 파악하지도 못하면서 그 기관의 책임자가 된다는 것도 문제다. 물론 교회 기관은 신앙의 리더인 담임목사가 모든 기관의 책임자가 되어야 한다고 생각할 수도 있다. 그러나 기관의 구체적인 일을 관리하기 위해서 전문성이 필요하다. 교육은 교육 전문가가, 재정은 재정 관리자 혹은 회계 업무 관계자가 맡아야 하고, 교회의 기획 및 조직관리는 경영 전문가 등이 일하도록 하여 총체적인 감독권만 담임목사 혹은 당회에게 주어진 경우도 생각해 볼 수 있겠다.

리더의 역할, 성과 기준, 리더십 개발

리더의 성과 기준이나 리더십 개발의 관점에서는 직책 혹은 역할로 구분한다. 한국 교회의 리더십 단계는 부서의 임원, 부서의 장, 담당장로, 부교역자 그리고 담임목사와 같이 보통 5단계로 되어있다. 리더십이 체계화되어 효과적으로 작동하는 교회는 이 단계가 구분되고 리더의 수준별 역할과 성과 기준이 명확히 정의되어 있을 것이다.

개별 교회의 리더십 구조가 몇 단계로 구분하여 관리하는 것이 적정한지에 대한 검토는 필요하다. 여기서 리더의 단계라는 것은 역할에 따른 책임 수준을 의미한다. 그러므로 성공적인 리더가 되기 위해서는 리더의 단계에 대한 역할 인식이 분명해야 한다.

리더의 관리 단계가 다르면 당연히 리더의 역할도 달라진다. 기관의 총무와 담당장로의 역할과 성과 기준이 다르듯이, 부서의 책임자와 담임목사의 성과 기준이 명확히 달라야 한다. 만약 기관의 총무와 담당장로가 동일한 역할을 수행하게 되면 이 기관의 일반 성도들은 이중 혹은 삼중의 중복된 지시나 관리를 받아야 하고, 이들을 리드하는 담임목사는 동일한 업무에 대해 반복적인 보고를 받게 된다. 이처럼 관리의 단계에 따라 성과 기준이 구분되지 않으면 조직은 혼란스러워지고 효율성이 떨어진다.

리더의 관리 단계별로 성과 기준이 달라야 한다는 논리는 사역의 성과 창출을 위해 효과적인 리더를 양성해야 한다는 의미다. 기업에서는 오래전부터 이런 논리와 방식으로 많은 성과를 창출해 왔다.

리더의 관리 단계에 따라 성과 기준이 달라지면, 리더의 단계가 상승할 때마다 해당 단계의 관리 기준을 갖추도록 육성해야 한다. 즉 조직 단위별 승계 계획이 임직원들의 개발 교육과 연계되어야 한다. 모든 단계의 임직원들은 각 단계에서 요구되는 조건들을 자각하고 수행하며, 다음 단계로 옮겨가기 위해 필요한 조건들을 준비해야 한다는 의미다.

미국의 제너럴 일렉트릭GE, General Electric Company의 사례를 살펴보자. GE는 오랫동안 리더를 키우는 데 큰 노력을 들여왔다. 대표적인 리더십 개발 활동 중의 하나는 경영자 리더십 개발 심포지엄이라고 불리는 임원 양성 과정인데, 임원이 될 인재들이 다음에 올라갈 경력 단계에서 필요한 리더십 기술을 학습할 수 있도록 도와주는 프로그램이다.

참가자들은 일주일 동안 많은 설문 조사 툴을 활용한 피드백을 받으며, 각각 코칭 전문가를 배정받는다. 코치들은 배정된 부서원들을 일대일로 면담하며 그들의 행동을 관찰하고 적절한 피드백을 준다.

원래 GE는 외부 전문가들을 코치로 사용하였으나 코치에 대한 참가자들의 반응이 부정적이어서 다른 방법을 시도해 보기로 했다. 그것은 바로 회사 내 고참 인사 관리자들을 코치로 활용하는 것이다. 예상외로 참가자로부터 매우 긍정적인 피드백을 얻었고, 실제 이루어진 코칭도 참가자들에게 매우 실질적인 도움이 되는 것처럼 보였다. 이 일에 참여한 인사관리자들 역시 코칭하는 것을 매우 좋아했다.

리더의 코칭과 권한 위임

교회의 리더들에게도 내부의 경험 많은 고참 리더들의 코칭을 활용한 단계별 교육을 실시하면 어떨까? 부서의 회장 혹은 총무 등의 임원이 세워지면, 이들을 위한 교육 프로그램을 개발하는 것이다. 부서의 선임 회장이나 총무 등이 부서 운영 매뉴얼을 만드는 것도 좋은 방안이 된다. 또는 교회 내에 관련 전문가를 활용해도 되겠다. 교회의 각 부서의 임원들이 갖추어야 할 역할과 운영 모델, 직분의 모범적 사례 및 구체적인 성과 기준 등을 담고 있으면 된다.

교회 부서에 일을 믿고 맡길 때 조직 전체의 리더십은 더욱 향상된다. 교회의 중간 책임자들이 자신의 일에 책임감을 가질 수 있도록 기회를 주면 리더와 직원 모두 성장하게 되고 조직의 성과도 향상된다.

　그러나 현실적으로 대부분의 교회 리더들은 중간 책임자에게 권한을 부여하거나 중요한 업무를 맡기는 것을 부담스러워하고 심지어 불안해하기까지 한다. 이럴 때 교회의 리더들은 혼자 힘만으로는 큰 것을 이룰 수 없음을 기억해야 한다. 조직의 탁월한 성과 창출은 모든 조직원의 능력과 경험이 합해져 공동 목표를 향해 매진할 때 가능하다. 권한 위임은 앞으로 더 큰 일을 맡아야 하는 교회의 중간 책임자들에게 도전해 볼 기회를 제공하고, 이들을 양육한다는 차원에서 매우 큰 의미가 있다.

　중간 책임자에게 성공적으로 권한을 위임하기 위해서는 몇 가지 중요한 원칙을 지켜야 한다. 먼저 조직의 성과를 향상시킬 수 있는 권한 위임이어야 한다. 조직 구성원이 쉽게 이해하고 실행할 수 있는 내용을 맡김으로써 성과 향상이 결과로 확인될 수 있어야 한다.

　권한 위임자는 권한 위임의 목적 중 하나가 성공뿐만 아니라 실패로부터도 교훈을 얻을 수 있도록 부하 직원들에게 기회를 준다는 데 있다는 걸 인식해야 한다. 여기에서 실패는 앞으로 더 큰 실패를 막아 사역에 성공을 가져올 수 있다는 인식을 말한다.

　그리고 권한을 위임할 리더는 권한 위임을 맡을 구성원의 역량이 갖추어져 있는지 확인해야 하고, 동시에 위임할 의사 결정의 범위도 파악해야 한다. 교회의 중간 책임자를 과대평가하거나 정확히 평가하지 않은 상태에서 의사 결정을 위임한다면 조직에 엄청나게 나쁜 영향을 미칠 수 있다. 그래서 평소 중간 책임자의 역량과 자질, 스킬을 평가하고 이것을 토대로 적절한 권한과 책임의 범위를 결정해야 한다. 또한 권한 위임은 역량이 개발되도록 돕는 형태로 이루어져야 하는데, 중간 책임자의 부족한 역량을 향상하는 방법도 함께 제공해야 한다.

교회 지도자는 부서장 및 부서의 임원에게 모범을 보여 리드해야 한다. 리더가 역할 모델이 된다는 것은 교회의 중간 책임자를 리더로 양성할 수 있는 가장 완전한 훈련 방법이다.

권한 위임의 수행 과정에도 여러 가지 어려움과 맞닥칠 수 있다. 예를 들면 위임권자나 위임받는 사람의 시간과 노력을 너무 많이 빼앗음으로 인해 큰 부담을 줄 수 있다. 그러나 장기적으로 보았을 때, 초기에 시간과 에너지를 투자하는 것이 더 효과적인 것임을 인식하고 중간 책임자의 역량 향상에 노력을 아끼지 않아야 한다. 왜냐하면 어느 조직에서든 사역 실행에 있어서 가장 중요한 역할을 하는 그룹은 중간 관리자들이고 동시에 이들이 가장 일을 잘할 수 있는 자들이기 때문이다.

간혹 리더가 직접 수행하던 업무를 권한 위임하면서 직접 통제하거나 감시할 수 없는 상황에서 발생할 수 있는 실수를 염려하기도 한다. 그러나 과정에서 발생하는 실수는 불가피한 것으로 이해하고 지속적인 훈련과 모니터링을 통해 역량을 높인다는 것이 중요하다.

때로 리더는 교회의 중간 책임자에게 권한을 위임하고서도 수행 중인 업무를 끝까지 지켜보지 못하고 중간에 개입하려 하기도 한다. 또한 교회의 중간 책임자가 권한을 부여받아 리더의 역할을 잘 해낼 때, 리더는 교회 중간 책임자의 성과에 대해 만족하면서도 다른 한편으로는 도전받는 것처럼 느낄 수 있다. 리더는 여러 가지 방해 요인을 이겨내고 교회의 중간 책임자와의 지속적인 의견 교환과 협의를 통해 적절한 위임과 관리를 해 나가야 한다.

의사 결정 관리

교회의 비전을 성공적으로 달성하기 위해서는 교회 지도자들의 탁월한 리더십과 성도의 적극적인 참여가 필수적이다. 그러나 비전 실행 과정의 다른 한편에는 수많은 회의와 의사 결정이 있고 동시에 적지 않은 갈등과 어려움이 동반된다.

조직에서 의사 결정이 이루어지는 과정에는 여러 부서, 여러 사람의 다양한 견해가 나타나게 마련이다. 때로 외부의 조직이나 이해관계자들의 입장이나 주장이 주요한 의사 결정에 반영되어야 하는 경우도 많다. 이렇듯 조직의 의사 결정에 영향을 미치는 요인은 생각보다 더 다양한데, 조직 내부의 구조 및 외부 환경의 변동성이나 불확실성의 수준 등도 영향 요인에 포함된다.

조직의 의사 결정에 관한 연구로 경영과학모형, 카네기모형 그리고 점진적 의사결정과정모형 등이 있다.

– 조직 의사 결정의 모형들

경영과학모형은 제2차 세계대전 중에 등장했다. 긴급한 군사 작전에서 수학과 통계 기법을 활용해 포탄의 탄도, 대 잠수함 대응 전략, 항공

기의 폭격 전략 등을 개발했다. 멀리 떨어진 적함과 전투 중 전함이 함포 조준을 할 때 거리, 풍속, 탄두, 두 전함의 이동 속도와 방향, 발포하는 전함의 앞뒤 그리고 좌우 흔들림 등을 수학적으로 계산해 시행하면 직관을 사용할 때보다 획기적으로 정확도과 성공률을 높일 수 있었다.

이런 과학적 도구를 이용한 의사결정모형은 기업 경영에도 활용되었다. 직원들의 근무 일정 계획이나 생산 자재 및 판매 상품의 물류 관리, 광고에서의 소비자의 반응률이나 투자 수익률 계산, 병원 의사들의 수술 환자 수나 예약을 취소하는 환자의 수 등을 고려한 예약 접수 등 다양한 영역에서 컴퓨터의 기술을 활용하여 문제의 해결 방안을 찾는다.

경영 과학적 접근 방법의 문제점도 있다. 계량적 데이터가 충분하지 않은 경우나 정형화되지 않은 지식을 다뤄야 할 때는 적용이 어렵다. 그래서 경영 과학의 계량적 분석 결과는 경영자의 의사 결정에 절대적인 지표는 아니다. 그러나 경영자의 비공식적 견해와 판단을 검토하고 판별하는 데 유용하게 활용될 수 있다.

카네기모형은 카네기멜론대학교Carnegie Mellon University의 리처드 사이어트Richard Cyert, 제임스 마치James March, 허버트 사이몬Herbert Simon의 연구에 기초한다. 이전까지는 기업의 모든 관련 정보는 최고 경영자에게 집중되는 것으로 생각했지만 이들의 연구에서 전혀 다른 결과를 보여주고 있다.

이들은 기업의 주요한 의사 결정에는 많은 관리자가 관여하고 최종 결정 과정에서도 핵심 관리자들의 합의 과정이 있다는 것을 발견했다.

의사 결정에서 관리자들이 합의하는 이유는 목표가 애매하고 일관성이 부족한 상황에서 문제의 심각성이 주는 우선순위를 판단하기 어렵고, 개인의 판단에 따른 인식의 한계와 다양한 제약 요인이 합리적인 의사 결정을 어렵게 만든다고 주장했다.

기업의 관리자들은 상황 판단이 명확하지 않을 때 완벽한 해결 방안을 찾기보다는 합의에 따른 최선책을 강구하는 것이 합리적이라고 믿었다. 이 방법은 의사 결정에 관한 새로운 통찰을 제공하는 한편, 개인 의사 결정에 제한된 합리적 접근 방법을 설정하게 하는 데 도움이 되었다.

카네기모형은 특히 문제 확인 단계에서 효과적이다. 전반적인 조직 혁신과 같은 주요한 의사 결정 사항을 무리 없이 진행해 나가는 데도 도움을 준다. 핵심 부서 관리자들을 합의 집단에 끌어들여 지지하는 세력을 형성할 수 있기 때문이다.

의사결정과정모형은 민츠버그와 그의 동료들이 주장하였다. 이들의 연구 사례로는 항공사에서 구매할 항공기 기종의 선택 문제, 항구에 새로운 컨테이너 터미널 설치 문제, 방향제의 새로운 시장 개발 문제, 스타 라디오 아나운서의 해고 문제 등이었다. 사례에서 제시된 문제들은 비정형화된 의사 결정 문제이며 개별 맞춤식의 해결안이 필요한 것들이었다. 의사 결정 기간도 1년 이상이 걸렸고, 이 중 1/3 정도는 2년 이상이 걸렸다.

사실 수많은 조직의 의사 결정은 단 한 번으로 끝나는 결정이라기보다 조그마한 판단의 연속이다. 조직은 여러 개의 의사 결정을 통과하면서 여러 장애물에 부딪히게 된다. 의사 결정이 방해되면 이전의 의사 결정 과정으로 되돌아가서 뭔가 또다시 새로운 시도를 해야만 하는 상황도 처하게 된다. 이런 어려운 상황에서 결과가 좋은 의사 결정을 내리기 위해 민츠버그 등은 세 단계의 의사결정과정모형을 제시했다.

먼저 확인 단계로써 문제를 인식하는 단계이다. 외부 환경이 변하거나 내부 성과가 목표치에 도달하지 못했을 때는 문제가 생긴다. 경영자는 이러한 정황들을 해석하여 문제로 다루어야 할지 검토한다. 그리고 문제의 진단이 이루어지는데, 문제의 심각성과 신속성의 필요 여부에 따라 즉각적 대응과 체계적 진단으로 나누어진다.

두 번째는 해결 방안의 모색 단계이다. 문제의 해결안을 탐색하는 방법에는 두 가지가 있는데, 조직 내의 기존의 방법 중에서 모색하는 방법과 개별적인 해결안을 새로 찾아내는 방법이다. 후자의 경우 해결 방법이 매우 모호해지기도 한다. 그리하여 시행착오 과정을 거치면서 점차 문제에 적합한 해결 방안을 찾아가게 된다.

세 번째는 해결책의 선택 단계이다. 여러 해결안 중 하나를 택해야 할 때는 세 가지 방법이 있다. 최종 의사 결정자의 경험에 의한 판단에 따라 결정하거나, 경영 과학 기법과 같이 체계적인 근거에 의해 선택하거나, 의사 결정자들의 집단 합의에 따라 선택하는 방법이다.

- 상황적 의사 결정 분석 체계

의사 결정 방법을 선택할 때는 크게 두 가지 기준을 고려해야 한다.

그중 한 가지는 경영자들 간에 문제에 대한 인식의 수준이 어느 정도 합의가 이루어져 있는지 고려하는 것이고, 다른 하나는 조직이 문제를 해결할 구체적인 수단을 가지고 있는지 고려하는 것이다.

문제에 대한 합의 수준이란 문제의 본질, 즉 추구할 목표와 그 결과에 대해 경영자들 간의 의견 일치성을 말한다. 합의 수준은 '모든 참여자가 하나의 의견으로 통일되는 완전한 일치'에서 '모두의 생각이 다른 철저한 불일치'까지 구분될 수 있다. 일반적으로 조직이 분화되어 여러 조직으로 나누어질수록 문제에 대한 합의가 어려울 가능성은 더욱 커진다.

외부 환경이 급격히 변하면서 불확실성이 커지면 조직은 환경에 대응하기 위하여 조직을 전문화하거나 새로운 환경 대응 조직을 만든다. 이럴 때는 부서 간의 목표나 가치관이 달라지고 의견의 합의는 어려워진다. 부서 간 의견 차이는 조직 목표와 문제의 우선순위에 대해 서로 다른 의견을 표출하게 만들어 더 큰 갈등의 원인을 제공한다.

문제를 해결하려는 대안에 대한 합의를 이루려면 문제 확인 단계에서 정확한 문제의 본질을 파악하는 것이 특히 중요하다. 왜냐하면 문제가 명확해지면 문제 해결에 대한 성과 목표와 기준이 명확하게 설정될 수 있기 때문이다. 그러므로 초기 단계 문제 인식에 대한 합의가 제대로 이루어지지 않으면 해결 방안을 찾기가 더욱 어려워진다. 따라서 경영자는 초기에 목표 및 우선순위 설정에 대한 의견이 일치될 수 있도록 노력을 기울여야 한다.

문제 해결을 위한 기술적인 지식이란 조직의 문제를 해결하고 목표를 달성하는 방법에 대한 이해, 그리고 이에 대한 의견 일치를 말한다. 기술 지식이 높은 경우 의견이 일치되고, 기술 지식이 낮은 경우 일치하지 않는다. 일반적으로는 완전하게 일치하는 경우와 완전하게 불일치하는 경우의 두 극단 사이에 놓이게 된다.

조직의 리더가 합의 수준과 문제 해결을 위한 수단을 잘 이해하고 의사 결정을 한다면, 적절한 대안을 도출할 수 있고 문제 해결 가능성도 높일 수 있다. 반대의 경우라면 당연히 적절한 대안 설정이 어렵고 문제 해결 가능성은 불확실하게 된다.

이제 문제 합의와 해결 방안에 대한 기술적 지식, 이 두 가지 차원을 이용하여 의사 결정의 상황적 적합성을 분석하고 적정 모델에 대해 설명해 보자.

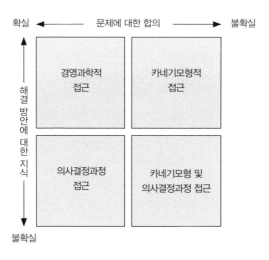

의사 결정 모형의 활용

왼쪽 상단의 경영과학적 접근 영역은 문제에 대한 합의가 이루어지고 문제 해결 방안에 대한 인과 관계를 충분히 이해하고 있는 경우이다. 이 경우는 불확실성이 최소화되어 있으므로 합리적인 의사 결정 절차를 따르면 된다. 대안 설정 및 최적의 해법이 분석과 계산에 의해 도출될 수 있다. 경영과학적 접근으로 문제가 해결된다.

오른쪽 상단의 카네기모형적 접근 영역은 확실한 문제 해결 방안은 있지만 합의가 불확실한 경우다. 이 경우는 우선순위 설정에서 불확실성이 높아 합의에 이르기 위해 교섭과 타협을 해야 하는 경우이다. 토의와 논쟁 및 연합 등이 이루어져야 한다. 이런 상황에서는 조직 리더가 합의를 도출하기 위해 가능한 많은 사람과 접촉해야 하며 카네기식 접근 방법으로 적용한다.

왼쪽 하단의 의사결정과정 접근 영역은 문제와 성과 기준이 확실하여 합의가 이루어지지만, 대안으로 제시할 기술적인 지식이 애매하며 불확실한 경우이다. 이러한 상황에 직면한 조직 리더는 자신의 직관에 의존할 수밖에 없다. 대안을 명확하게 설정하고 계산할 수 없으므로 합리적인 분석 방법은 효과적이지 않다. 이때는 점진적인 의사 결정 과정을 거치면서 시행착오를 각오한 결정을 하는 수밖에 없다.

오른쪽 하단의 카네기모형 및 의사결정과정 접근 영역은 문제 확인과 해결 방안 설정이 모두 불확실하여 의사 결정이 매우 어려운 경우이다. 목표와 우선순위 설정을 위한 연합을 형성해야 하고, 직관적 판단과 시행착오를 거치는 방향을 시도하는 것이 유일한 방법이다. 영감과 모방과 같은 방법도 사용되어야 한다.

— 구조적 체계가 없는 상황에서 문제 해결하기

문제 해결을 위한 논리 추론 방법으로는 흔히 알려져 있듯이 연역법演繹法과 귀납법歸納法이 있다. 이 두 가지 방법의 논리 전개 방식은 다르지만 논리 체계를 찾아가는 형태에서는 유사하다. 그런데 오늘날 사회나 교회의 문제는 어떤 특정한 구조적 체계가 없고 너무 복잡한 경우가 많다.

이러한 경우에 사용되는 추론 방식이 바로 가추법이다. 가추법 abduction(가설적 추론법)은 찰스 샌더스 퍼스Charles Sanders Peirce가 처음으로 만든 개념이다. 그는 자신이 발견한 추론 방식이 연역법이나 귀납법과 비슷한 면이 있다는 점을 강조하기 위해 가설적 추론법이라 명명했다.

퍼스는 어떤 논리적 접근이든지 세 가지 구성 요소, 즉 규칙-세상의 사물이 만들어진 방식에 대한 믿음, 사례-세상에 존재하는 관찰된 사실, 그리고 결과-규칙과 사례를 적용할 경우에 예상되는 현상 등이 존재한다고 주장했다. 이 구성 요소가 어디에서 시작하는가에 따라 다음과 같이 추론 형식이 달라진다.

연역법: ① 규칙 → ② 사례 → ③ 결과로 전개된다.
귀납법: ① 사례 → ② 결과 → ③ 규칙이다.

가추법: ① 결과 → ② 규칙 → ③ 사례로 진행된다.

추론 과정에 대한 사례를 들어 보자.

연역법

규칙: 출산율이 낮아지면 교인이 줄어들 것이다.

사례: 출산율이 낮아졌다.

결과: 그래서 교인이 줄어들 것이다.

귀납법

사례: 출산율이 낮아졌다.

결과: 교인이 줄었다.

규칙: 교인이 줄어든 이유는 아마 출산율이 낮아졌기 때문이다.

가추법

결과: 교인이 줄었다.

규칙: 교인이 줄어든 이유 중 하나는 출산율이 낮아졌기 때문이다.

사례: 실제로 출산율이 낮은지 점검해 보자.

가추법의 분석적 문제 해결은 원하지 않은 결과를 파악하고(결과), 상황의 구조와 결과의 원인을 찾아내어(규칙), 그것이 맞는지 점검하는(사례) 논리로 구성되어 있다. 가추법은 연역법이나 귀납법과 다르지만, 이 세 가지 추론법은 밀접하게 관련되어 있다. 따라서 문제 해결 상황에서는 이 세 가지 추론법을 상황에 맞게 사용할 수 있다.

– 피라미드 구조의 논리적 기술

세계적 경영 컨설팅 회사인 맥킨지 앤드 컴퍼니McKinsey & Company 최초의 여성 컨설턴트였던 바바라 민토Barbara Minto는 피라미드 구조의 논리적 기술을 주장했다. 사고하고, 기억하고, 문제 해결을 하는 등의 모든 지적인 프로세스는 대상의 그룹핑grouping과 요약 프로세스를 수반하기 때문에 머릿속에 있는 정보는 관련성을 가진 여러 개의 피라미드로 구성된 거대한 복합체라고 주장했다.

예를 들어 이해하기 쉬운 글을 쓰려면 생각을 글로 표현하는 순서를 정하는 것이 가장 중요하다. 먼저 전체를 요약한 생각을 서술한 다음에 개별적인 생각을 하나씩 설명해야 한다는 것이다.

생각의 전달 순서를 정하는 것은 매우 중요하다. 사람은 저마다 자라 온 배경과 이해력의 정도가 다르기 때문에 전체 윤곽을 잡아 주고 순서대로 전달해야 잘 이해하기 때문이다. 실제로 사람들은 여러 가지 생각을 섞어 놓으면 다양한 생각들 사이에 어떤 관계가 있는지 전혀 이해하지 못하는 때도 있다. 그래서 핵심을 먼저 말한 후에 부수적인 사항을 설명하는 형태, 즉 위에서 아래로top down 서술되는 피라미드 방식으로 논리를 전개하는 것이 가장 효과적일 수 있다. 실제 기업에서는 이러한 방식을 많이 사용한다.

화자가 전달하고자 하는 메시지를 피라미드 방식으로 구성하기 위해서는 다음의 세 가지 규칙을 염두에 두어야 한다.

먼저 어떤 계층에 있는 메시지이든 하위 그룹의 메시지를 요약해야 한다. 생각을 말로 표현하거나 글로 쓸 때 가장 중요한 것은 하위 그룹의 메시지에서 새로운 메시지를 도출하는 일이다.

그다음은 메시지를 그룹핑하여 한 단계 상위 계층의 생각을 도출해내는 과정인데, 이때 그룹 내의 메시지는 논리적으로 동일한 종류여야한다. 예를 들면 원숭이와 사슴은 그보다 한 단계 상위 계층인 '동물'이라는 단어로 묶어도 논리적으로 어색하지 않으며, 탁자와 의자는 '가구'라고 인식할 수 있다.

끝으로 그룹 내의 메시지는 항상 논리적 순서로 배열되어야 한다. 어떤 순서에 따라 배열하는가는 어떤 분석 프로세스를 통해 그룹핑했는가에 따라 결정된다. 연역적 추론에 따른 메시지는 삼단 논법三段論法, 즉 대전제, 소전제, 결론으로 전개되어야 한다. 인과 관계에 따라 그룹핑했다면 시간적 흐름으로 전개하고, 유형별로 그룹핑했다면 비교적인 순서, 즉 제일 중요한 점, 두 번째 중요한 점, 세 번째 중요한 점 등으로 전개해야 한다.

효율적인 프로세스 관리

우리가 익히 알고 있는 바와 같이 경영학의 이론적 발전은 주로 서구에서 이루어졌다. 기업의 발전도 마찬가지이다. 지금은 우리나라에도 초일류 기업으로 얘기되는 기업들도 있지만, 아직도 중견 기업들조차 업무 프로세스의 중요성을 잘 모르고 있다. 교회 등 종교단체에서는 업무 프로세스의 효율성의 개념이 없는 것을 당연하게 여긴다.

업무 프로세스를 정의하고 업무 매뉴얼을 가지고 일을 하면, 개인의 감정이나 기분에 얽매이지 않고 일정하고 객관적인 결과가 나오도록 일할 수 있다. 업무 매뉴얼이 기획, 예산 수립 관리, 구매 관리, 자금 관리, 영업 관리, 인사 관리 등 영역별로 세분되어 있으면 일에는 훨씬 더 효과적이다.

일을 잘한다는 것은 시행착오를 줄이면서 적시에, 정확하게 그리고 보다 좋은 결과를 창출하는 것이다. 그래서 업무 매뉴얼, 업무 프로세스를 체계적으로 관리하고, 지속적으로 개선해 가는 것이 조직의 경쟁력이며 성과 달성의 핵심이다.

햄버거 가게나 커피 전문 매장에서는 음식의 조리뿐만 아니라 주문 대응, 손님 관리, 청소 등에 이르기까지 거의 모든 업무가 매뉴얼을 갖추고 있다. 선진화된 병원에는 의료 기관 표준 업무 프로세스가 정의되어 있다. 안전 관리 활동으로 환자 안전, 직원 안전, 환경 안전으로 구분하고, 환자 안전 관리는 다시 의료진 간 정확한 의사소통, 낙상 예방 활동, 손 위생 수행 등으로 더 자세하게 나누어져 있다.

또한 지속적인 의료의 질 향상을 위해 환자 안정 활동 및 의료 서비스 만족도 관리를 한다. 진료 전달 체계와 평가 체계가 있고, 환자 진료, 중

증 환자 진료 체계, 약물 관리 등도 있다. 진료 지원 체계에는 경영 및 조직 운영, 인적 자원 관리, 감염 관리, 안전한 시설 및 환경 관리 및 의료 정보 관리 등의 세부적인 방침과 프로세스가 마련되어 있다.

업무 매뉴얼, 업무 수행 프로세스는 어느 시점에 한 번 만들어졌다 해서 그것으로 끝이 아니다. 주기적으로 갱신하지 않으면 어떤 조직이든지 답보하거나 도태된다. 환경이 바뀌고 기술이 바뀌면서 업무 수행 방식이 바뀌게 되는 것은 당연하고, 이렇게 바뀐 내용을 문서화하여 실무 담당자나 관리자에게 공유해야 한다.

일류 기업들은 업무 프로세스 효율화를 위해 경영 정보 시스템MIS, management information system, 인공지능AI, artificial intelligence 등을 활용해 왔다. 이러한 응용 프로그램, 시스템을 교회가 다 구축할 필요는 없다. 그러나 교회에도 기관의 역할, 기능 프로세서, 보고와 결재, 예산과 결산 등에 대한 업무 가이드 라인 혹은 매뉴얼이 필요하다.

매뉴얼이 있으면 매년 조직의 관리자가 바뀌어도 우왕좌왕하지 않고 쉽게 적응할 수 있다. 그러므로 교회의 기본법, 규정이 있는 것처럼 운영 프로세스, 의사 결정의 범위 등을 정하고, 부서와 기관마다 업무 매뉴얼을 만들어 이에 따라 각 기관에서 연간 계획을 수립하고, 예산을 잡고, 사업을 운영해야 한다.

물론 교회는 기업과 달리 개별 성도의 역할까지 상세하게 정의할 필요는 없다. 기업들은 모든 직원의 업무에 대해 업무 기술서, 업무 명세서, 업무 매뉴얼, 업무 지침 등을 다양하게 정리해서 가지고 있지만, 교회는 비교적 단순하게 어느 부서의 임원이 언제, 무엇을 어떻게 한다는 것만 정의해도 된다.

일반적으로 업무 매뉴얼에 들어가야 하는 항목으로는 단위 부서, 단위 업무의 개요(언제, 대상, 주요 핵심 내용), 업무의 프로세스(자료 검토 → 계획안 작성 → 관리자와 협의 → 재검토 및 확정 → 실행)에 대한 기술, 중점 유의 사항, 관련 서류 리스트, 담당 혹은 책임자 연락처 등을 정리한다.

업무 매뉴얼은 업무를 수행했던 사람들이 매년 말 업무를 마칠 때, 수정·보완하는 것도 중요하다. 업무를 하면서 매뉴얼 상에서의 문제나 변화된 사항을 고려하여 내용을 보완하는 것이다. 그리고 업무를 하면서 조사되었던 정보나 계획서, 보고서 등은 따로 파일로 보관해 두면 다음 해 새롭게 부서를 맡은 책임자에게 도움이 된다.

최근 기업들은 업무 프로세스 관련 베스트 프랙티스(모범 사례), 탁월한 노하우, 정보 기술 등을 공유하여 조직 전체의 성과 향상을 꾀하고 있다. 소위 지식 경영을 기업의 경쟁 우위 전략으로 사용한다. 이를 위해 지식 경영을 전담하는 조직을 만들고, 지식 유형에 따른 관련 업무 담당자들의 지식 공유 모임community of practice을 만들어 업무 노하우의 형식지로 만들어 간다. 그리고 기업은 수많은 지식을 체계적으로 분류하고 조직의 업무 관련 지식을 기업의 데이터베이스로 담는다. 기업의 지식을 필요에 따라 직원들이 활용해서 성과를 높이는 데 활용하고 있다.

교회도 사역을 수행하면서 수많은 시행착오를 거친다. 또한 사역을 보다 효과적으로 수행하는 노하우나 스킬도 경험하게 된다. 이러한 체계적인 사역 프로세스, 성공의 노하우, 효과적인 관리 스킬 등을 매뉴얼과 함께 체계적으로 정리하게 되면, 다음에 새로운 부서 책임자나 직무 담당자가 이 일을 맡았을 때 시행착오를 줄일 수 있다.

4) 효과적인 인적 자원 관리

인적 자원 관리란 교회로부터 급여, 사례를 받고 상근 또는 비상근으로 사역과 일을 하는 목회자 및 직원 그리고 일부 직분자들에 대한 관리를 말한다. 이들 인적 자원의 획득, 개발, 동기 부여 및 지속화 과정 등을 통하여 교회의 사명과 목표를 보다 효과적으로 달성해 가는 일련의 활동이다.

목회자 관리

– 목회자의 청빙 방식과 절차

일반적으로 부교역자의 청빙은 거의 매년 있는 일이지만, 담임목사의 청빙은 자주 있는 일이 아니다. 그래서 담임목사가 사임을 하게 되면 대부분 교회는 우왕좌왕한다. 일반적으로는 과거로부터 해 온 방식을 따르는 교회가 많다. 청빙위원회를 구성하고 지인들에게 추천을 의뢰하거나 교단 신문에 청빙 광고를 낸다. 그런데 청빙위원들도 대부분 인사 관리에 비전문가라서 교단의 지침을 개략적槪略的으로 이해하고 교단 내 다른 교회가 하는 방식을 따라 하는 정도다.

지인의 후보 추천은 매우 제한적이다. 과거에 담임목사 청빙과 관련해서 누구의 입김이 작용했다는 등 좋지 않은 후문들이 너무 많았기 때문에 모두가 추천을 꺼린다. 또한 교단 신문에 낸 청빙 공고를 본 후보자들이 응모를 하긴 하지만, 교회의 요구 조건에 맞는 적격자를 찾지 못하는 경우가 더 많다. 중형교회에서는 적격자를 찾지 못해 1년 혹은 2, 3년 동안 담임목사가 공석인 경우도 있다.

후보자들의 응모 서류를 접수한 뒤, 일반적으로 3배 혹은 5배의 인원을 추려 상세 심사에 들어간다. 서류 심사를 통과한 후보자들의 시무교회를 청빙위원들이 찾아가서 후보자들의 설교를 듣거나 그곳 성도들의 의견을 청취한다. 그런데 한두 번의 설교만으로 목회자로서 자질을 판단하기는 어렵고, 그 교회 성도들의 의견도 객관적이지 못하다. 성도 전체에게 물어본다면 모를까, 서너 명의 성도가 하는 얘기를 듣고서 일반적인 평가라고 하기에는 무리가 있다.

이런 어려움의 해결 방법을 생각해 보자. 목회자 청빙과 관련해서 우선 목표와 전략을 명확히 해야 한다. '훌륭한 목회자의 청빙'이라는 표현은 다소 모호하다. 훌륭함의 기준이 무엇인가? 훌륭함이란 기준에 대해 '설교를 잘하고 인품이 뛰어나다'는 막연한 개념을 가질 수 있다. 하지만 이보다는 좀 더 구체적인 기준이 설정되어야 한다. 성도들의 연령 분포, 교회의 규모, 교회의 환경, 이전 담임목사의 설교 스타일 등을 고려하여 현실성 있는 목회자의 선정 조건을 설정하는 것이 좋다.

또 청빙 방식에 있어 만약 당회원 또는 청빙위원들의 의견이 서로 다를 때에 교회 내에서 정치적인 힘을 가지고 있는 평가자의 의도에 따라 채용 결과가 결정될 수가 있다. 이런 폐단을 막으려면 성도, 청빙위원, 청빙위원장 각자의 평가에 가중치 및 비율을 합리적으로 정해서 결정하는 방법도 있다.

– 목회자의 청빙은 역량 중심으로 이루어져야 한다

사람을 채용할 때 흔히 우수한 능력을 보고 채용한다고들 하는데, 우수함이라는 것은 실제로 알아내기 대단히 어렵다. 역량 중심 채용이란 단순히 특정한 능력을 갖추고 있는지 여부보다는 그 역량이 성과로 연결되는 것에 초점을 맞추어 인재를 채용하는 것이다.

성과로 연결되는 우수한 능력자를 찾기 위해서는 능력의 행동화를 평가해야 한다. 행동에 영향을 미치는 네 가지 요인은 지식, 경험, 사고력 그리고 동기이다. 이 요인들을 고려하면서 역량에 입각해서 목회자를 찾는다면 훌륭한 목회자를 청빙할 가능성이 커진다.

다음은 목회자 청빙 상황을 예로 들어 교회가 필요로 하는 좋은 인재를 선별하는 인터뷰 스킬에 대해 설명하고자 한다. 목회자 청빙에 한 젊은 목사가 지원했는데 지원자가 건강한 리더십을 가졌는지 알고 싶어서 인터뷰한다고 가정해 보자.

청빙위원: 자신에게 리더십이 있다고 생각하십니까?

지원자: 네, 저는 그동안 여러 교회에서 전도사나 부목사로 사역
하는 동안 주위의 성도들을 잘 이끌어가는 능력이 있었
다고 자부합니다.

청빙위원: 아, 네….

대화는 더 이어졌겠지만 이런 식의 내용만이라면 지원자가 가진 리더
십 여부를 평가하기 힘들다. 청빙위원은 지원자의 자신에 찬 태도나 강
해 보이는 얼굴, 아니면 선입견으로 결론을 내릴 수는 있어도 제대로 된
평가의 결과를 얻기 어렵다. 그래서 좀 더 합리적인 청빙위원이라면, 두
번째 질문을 다음과 같이 할 것이다.

청빙위원: 그렇다면 전도사로 시무했던 교회에서 리더십을 발휘
한 구체적인 경험을 말씀해 주시겠습니까? 가급적
5W1H로 설명을 부탁드립니다.

이처럼 역량 중심 면접이란 과거의 행동이나 사실을 개별상황 또는
에피소드를 통해 확인하는 방법이다. 이른바 언제when, 어떠한 장면에
서where, 누가who, 어떤 의도 및 이유로why, 어떤 아이디어를 내어
what, 어떻게 행동을 했는가how에 따라 질문을 하고 그 답변을 통해 행
동 유형을 파악하는 것이다.

역량 중심 면접은 전체 프로세스 안에서 어떤 개별 장면이 있고, 그 상황에서 어떤 의도로 어떤 행동을 했고, 어떤 결과로 이어나갔다는 일련의 작업 과정을 점차 확장해 가며 묻는 것이다. 성과 또는 행동 구체화 과정을 명확히 하면서 개인이 가진 역량을 측정하는 것이 역량 중심 면접의 목적이다.

실제로 이런 단계까지 파고들어 면접을 진행하다 보면 다음과 같은 흥미로운 현상이 발생한다. 만약 지원자가 청빙위원의 일차 질문에 가식적으로 답변을 했다면 자신의 답변을 뒷받침할 만한 에피소드나 개별 상황에서의 구체적인 행동 사례가 없기에 말문이 막히게 된다. 항상 열심히 했다거나 최선을 다했다는 식의 추상적인 답변만을 반복하면서 질문을 회피하려 할 것이다.

사실 면접을 통해 장황하게 과거에 어떠한 행동을 했었는지 묻는다고 해도, 역량 평가에서 궁극적으로 활용할 수 있는 구체적인 수준의 행동 사례까지 파악해 내는 것은 매우 어려운 일이다. 그러므로 면접 전체를 구조화하여 체계적으로 질문함으로써 지원자가 과거에 실제로 어떠한 행동을 했었는지를 적절하게 유도해 내는 기술이 필요하다.

그러므로 다음과 같이 청빙위원은 항상 역량 중심 면접의 전체적인 이미지를 그리며 면접을 진행해야 한다.

(1) 1단계: 과거, 이전 시무교회에서의 대표적인 설교 혹은 사역 활동을 확인한다. 1~2년 전에 수행했던 설교나 사역 활동 중에서 지원자가

가장 주력했던 핵심 주제를 파악하여 면접 전체의 큰 틀을 주제로 압축하여 질문을 한다.

(2) 2단계: 제1단계 프로세스의 확인이다. 1단계에서 확인한 주제 수행 시 가장 먼저 시행했던 프로세스에 대하여 질문한다. 대부분은 목적 달성을 위한 프로세스로서 어떠한 것을 했다는 대답을 기대할 수 있다.

(3) 3단계: '제1상황'으로 유도한다. 2단계에서 확인했던 프로세스도 행동의 실제 예로 볼 수는 있다. 또한 그 프로세스 자체가 매우 추상적이고 포괄적으로 표현된 수준이므로 프로세스에 관한 확인만으로 직접 역량을 측정하는 것은 무리가 있다. 그러므로 청빙위원은 지원자가 프로세스에 포함되는 구체적인 행동 사례를 언급하도록 유도해야 한다.

(4) 4단계: '제1상황'에서의 구체적인 행동 사례를 기술 및 확인한다. 3단계에서 유도해 낸 과거의 특정한 상황 속에서 지원자가 구체적으로 어떤 행동을 했으며 그 결과는 어떠했는가를 시간 순서에 따라서 확인한다. 지원자가 항상 계획-행동-점검-수정의 사이클에 따라서 행동했는지를 확인하는 데 중점을 두어야 한다.

(5) 5단계: '제1상황'에서의 행동 사례를 대략 파악했다면, 최종적으로 종합적인 확인 차원에서 새로 고안해 냈던 아이디어나 어려움 극복의 사례 등에 대해 질문한다. 새로운 아이디어를 창출해야 할 상황, 혹은 어려움이나 난관에 봉착했을 때 역량이 잘 발휘되는 경우가 많기 때문이다.

(6) 6단계: '제2상황'으로 유도한다. 위의 5단계를 통해 제1상황에 대

한 확인이 끝났다면, 제1단계 프로세스의 제2상황으로 화제를 전환하여 다시 4단계와 5단계를 통해 구체적인 행동 사례를 확인한다. 계속해서 제3, 4상황 등으로 확대하여 시행한다.

제1단계 프로세스에 해당하는 모든 상황에 관한 행동 사례가 파악되었다면, 계속해서 제2단계 프로세스를 파악하여 구체적인 행동 사례 확인 작업을 반복하여 실시한다.

– 목회자를 위한 체계적인 재교육이 필요하다

의사는 사람의 건강을 다루는 일을 한다. 소위 전문직으로서 학업 기간이 길다. 의과대학 혹은 의학전문대학원을 마치면 일부는 개업하고, 일부는 레지던트를 밟으며 전공의, 펠로우를 거쳐서 대학 교수로 임용된다. 대학 교수가 되면 타전공과 마찬가지로 조교수, 부교수, 그리고 교수의 단계로 승진을 하는데, 그 과정에 일정한 논문, 저술, 임상 등의 연구 결과가 요구된다. 개업 의사가 되더라도 매년 일정 시간의 보수 교육을 받아야 한다.

기업에서는 직원이 입사를 하면 오리엔테이션과 신입 직원 교육을 실시하고, 직원이 승진을 하면 해당 직위에 맞는 직급 교육을 이수하도록 한다. 그리고 관리자 또는 임원이 되었을 경우는 직책에 맞는 교육을 받게 된다.

이와 같이 목회자에게도 재교육이 필요하지 않을까? 우리나라의 목회자 양성 과정은 좀 독특하다. 신학생 시절에 신학 공부에만 전념하지 못하고 교회의 전도사로 사역한다. 교회의 주일학교나 청년부 등의 교역자로 많은 시간을 할애하기 때문에 신학 공부에 충실하기 어렵다. 신학대학원을 졸업하고, 목회 현장에 부임하고 난 뒤에는 더 정신없이 교회를 섬긴다.

그런데 목회자로 부임하고 난 뒤 보수 교육이나 재교육을 받을 기회가 없고, 기회를 만들기도 쉽지 않다. 일부 대형교회에서 목회자에게 안식년을 제공하기도 하지만 대부분은 그렇지 못하다.

개별 교회 형태로 운영되는 개신교의 특성상, 담임 목회자의 신앙관이 잘못되면 그 설교를 계속 들어야 하는 성도들에게는 치명적이다. 이는 개신교에 이단이 많이 생기고 때로 교회 목회자의 명확한 잘못을 옹호하는 비합리적인 교인들을 자주 보게 되는 이유이기도 하다.

그러므로 목회자에게도 재교육이 필요하다. 신학교에 목회자 재교육 과정을 두어 매년 일정 시간 이수를 하게 하든지, 교단별로 재교육 이수 시간을 운영할 수도 있겠다. 합리적 목회의 길을 유도하는 과정이 필요하며, 목회자에게도 타성에서 벗어나 재충전할 기회가 주어져야 한다.

– 목회자의 퇴임 관리

가톨릭 성직자들은 노후의 경제적인 걱정을 하지 않는다. 가톨릭에서 제도적으로 은퇴 후 성직자에 대한 노후 플랜이 마련되어 있기 때문이다. 대형 개신 교회도 교단의 은급금뿐만 아니라 개별 교회 차원에서 담임목사의 은퇴금과 은퇴 후 거처할 주택을 마련해 주고 있기 때문에 노후에 대한 걱정이 없다. 그러나 대다수의 중소교회는 그렇지 못하다. 교회에서 노후에 대한 대책을 세울 여력이 없어서 목회자의 노후를 생각하면 불안하기만 하다.

특히 교역자 중에서도 부목사와 같은 경우는 한 교회에서 정년까지 사역하는 경우가 거의 없다. 대부분 도중에 교회를 떠나서 개척을 하지만, 개척 후 교회가 성장 부흥할 확률은 점차 낮아지고 있다. 부목사로 몇 년씩 제한적인 사역을 하면서 이 교회, 저 교회를 전전하는 것도 여의치 않고, 목회자가 아닌 세상의 일반 사업이나 장사를 하는 경우도 적지 않다.

교회에서 매년 일정 금액의 목회자 은급금을 납입하지만 대부분 목회자가 은퇴 후 수령하는 수준으로 노후 주택 마련이나 노후 생활비로는 턱없이 부족하다. 이마저도 매년 꼬박꼬박 잘 불입하는 교회라면 다행이다. 많은 경우 작은 교회들은 이러한 은급금조차 제대로 못내는 경우가 많다.

이를 제도적으로 보완하기 위해 교단 차원에서 은퇴 목회자들을 돌보는 시스템을 마련해야 한다. 한 교회에서 20년을 채워야만 원로목회자로 추대가 되고 은퇴금을 지급한다는 개념보다는, 기업과 같이 사역지가 달라지더라도 지속적으로 퇴직금이 쌓여가는 개인별 연금 저축같은 제도적인 장치가 필요하다.

또 한 가지의 방법으로는 교단 내 모든 교회가 동일한 액수의 은급금을 납입하기보다는 교회의 재정 상태에 따라 차등화하는 것도 방법이다. 즉 대형교회는 좀 많은 금액을 납입하고 작은 교회는 적은 금액을 납입하여, 나중에 수령할 금액은 모두가 비슷하게 하는 이른바 목회자의 균형적 사회 보장 보험 형태의 연금 시스템을 운영하는 것도 검토해보아야 한다.

직원 및 직무자 관리

목회자 이외에 교회가 정기적, 비정기적으로 사례, 급여를 지급하는 직원, 직무자(성가 지휘자, 반주자 등)들이 있는 경우, 이들에 대한 체계적인 인사 관리, 즉 인적 자원 수급 계획, 유지 관리, 급여 관리 등을 제대로 하는 교회는 흔하지 않다.

먼저 교회의 직원 및 직무자들에 대한 직무 기술서를 작성해야 한다. 직무 종류에 따라 직무 분류, 직무 수행의 방법, 책임의 내용, 급여, 보고와 통제 등에 대한 정리가 매년 체계적으로 유지 관리되어야 한다.

– 인력 계획과 채용 관리

인력 계획은 매년 말 교회의 직원, 직무자에 대한 익년의 수요를 예측하고, 이에 맞는 인력 공급 및 관리 계획을 수립하는 것이다. 이때 내부의 기존 인력을 전환 배치해야 하는지에 대한 검토도 같이 고려되어야 한다.

인력의 모집, 채용이 필요할 때는 모집 공고의 형식과 절차를 마련해서 공개적으로 공지하고 원서 접수, 서류 검토, 채용 인터뷰 등을 거친 뒤 선발한다. 이 과정에 앞서 인사(채용·선발·이동)위원회 등을 구성하고, 위원들에게 선발 기준, 인터뷰 방식 등에 대한 교육을 실시한다. 채용·선발에 대한 기법이나 기준 등은 앞에서 기술한 본 목회자 청빙·선발의 방법을 참고하면 될 것이다.

직원을 채용·선발하고 난 뒤 직무에 배치하기 전에 선발자에 대한 오리엔테이션, 직무 교육을 실시해야 한다. 일반 기업에서는 직무 교육에 많은 시간을 투자하는데, 기업마다 교육 기간, 교육 내용이 다르다. 대기업의 경우는 연수원에서 1~2주, 그리고 현장 배치 후 2~3개월의 기간 동안 현장 직무 교육OJT, on the job training을 실시한다.

– 동기 부여 및 사기 앙양

사기와 동기 부여는 상호 의존적인 관계가 있다. 사기가 높을 경우 동기 부여는 잘 될 수 있으나, 사기가 낮을 경우 반대의 현상이 나타난다. 사기는 유형적인 것이 아니므로 측정이 다소 어렵다는 문제가 있다. 하지만 개인의 업무 태도나 실적, 개인의 출·퇴근·이직률 등과 같은 태도·행위로 알아볼 수도 있고, 구체적인 면접이나 조사표를 통해 수행할 수도 있다. 어떤 방식을 사용하던지 주기적으로 면밀히 조사하는 것이 매우 중요하다.

고충이란 스스로 통제할 수 없는 근무 조건, 인사 관리, 신상 문제에 대해 조직 구성원이 표시하는 불만이며, 고충 처리란 교회의 리더가 고충을 검토하고 그 해결책을 강구하는 제도이다. 고충은 언제나, 누구에게나 있을 수 있는 것이라는 기본 시각이 매우 중요하다.

고충 처리를 하는 방법은 다음과 같다. 먼저 책임 있는 직위에 있는 사람에게 쉽게 전달할 수 있는 통로를 마련해 둔다. 고충이 표시되는 경우 감독자 혹은 리더들은 그것을 직원이 공식적으로 제기하기 전에 조속히 기술적, 비공식적으로 당사자 간에 해결되도록 하는 것이 좋다. 위와 같은 방법으로 해결되지 않을 경우 공식적 방법을 채택하게 되는데, 고충을 표현하는 교회의 리더십 단계에 따라 과정이 진행된다.

고충 처리가 성공적으로 잘 처리되기 위해서는 다음의 4가지 요인을 고려해야 한다. 첫째, 제도 운영에 일관성이 있어야 한다. 둘째, 처리 절차는 신속하고 심사는 신중하게 진행되어야 한다. 셋째, 고충 심사를 청구하는 직원이 보복이나 위협을 받지 않도록 보호해야 한다. 넷째, 처리 절차는 관계자들이 승복할 수 있는 공정성을 지녀야 한다.

- 급여 및 처우 관리

교회에 상근하는 직원이 있으면 국가 4대 보험과 퇴직연금제도에 가입해야 한다. 또한 교회 직원들의 급여 수준은 다른 유사한 규모의 교회나 사회의 비영리단체 관련 직원의 급여와 비교해서 비슷한 연차 직원의 평균 급여 수준을 지급하도록 한다. 또는 공무원의 급여 수준 대비 85~90% 정도로 맞추는 것도 한 방법인데, 공무원 급여표는 매년 초 인사혁신처에서 발표된다.

교회의 급여 수준 비교는 개별 교회들 간에 직접적인 정보를 주고받을 수도 있지만, 정보의 오류 또는 외부 유출을 방지하기 위해서 가급적이면 교단(총회·노회) 차원에서 교회의 급여 정보를 입수하고 이를 분석하여 의미 있는 가이드 라인을 제시하는 것이 좋다.

참여 교회의 직원 연차별 급여 값을 모두 받아 전체 교회의 평균값, 연차별 직원의 평균값, 하위 20%, 40%, 상위 70%, 90% 수준의 값을 산출하여 참여한 교회들에게 개별적으로 알려준다. 당연히 개별 교회의 실제 값은 공개하지 않는 것으로 한다.

이 방법은 미국, 유럽 등 해외 기업들이 가장 일반적으로 사용하는 보편적 방법으로써 개별 조직의 직원 급여 값을 직접 노출하지 않고 정보의 객관성을 확보할 수 있다는 장점이 있다.

마찬가지로 교단에서도 비영리 단체들과 급여 평균값 정보를 서로 교환하고 이 정보를 개별 교회에 전해 주면 직원들의 급여 수준을 정할 때 많은 도움이 된다. 한편 교회가 유급 인턴이나 아르바이트에게 일을 시킬 때도 정부의 최저 시급 기준, 근로 조건 등의 관련법을 준수하도록 유의해야 한다.

5
교회의 관계관리

한국 교회에서는 성도들을 어떻게 관리해 가고 있을까? 성도와 소통하려면 당연히 성도의 인적 사항이 정리된 명단이 필요할 것이다. 그래서 30여 년 전에는 교회마다 성도의 인적 사항을 기록한 두툼한 명단 노트를 가지고 있었다. 이른바 교적부인데, 주로 교인들의 이름, 생년월일, 가족관계, 주소, 연락처, 신급, 봉사 부서 등을 기록했다.

요즈음은 대부분 교회가 컴퓨터를 사용한다. 교회에서 컴퓨터에 저장된 데이터를 이용해 성도의 연락처를 찾아 연락을 하며 성도 관리를 한다. 연말이면 컴퓨터에 저장된 정보를 이용해 교회 수첩도 제작한다.

또한 컴퓨터에 성도의 헌금 상황까지 저장되어 있다. 헌금 상황도 십일조, 감사 헌금, 부활절, 크리스마스 특별 헌금 등으로 세세하게 내역이 기록되어 있고, 교회의 수입과 지출 내역도 요목要目별로 처리하며 관리한다. 그 정보를 이용해 교회는 연말에 성도들의 세금 정산에 필요한 연말정산 서류를 발급해 준다. 이처럼 교회에서도 정보 시스템을 이용하여 성도를 관리하는 것이 일반화되어 있다.

그런데 교회가 정보 시스템을 이용하는 수준을 기업과 비교해 보면 현격한 차이가 있다. 기업들은 사용하고 있는 애플리케이션, S/W, 데이터베이스, 인트라넷, 개인별 노트북, 메인 컴퓨터, 네트워크, 외부 데이터 센터 등 정보 시스템에 투자한 예산이 엄청나다. 그 덕분에 기업의 사업 관리, 유통 관리, 조직관리와 고객 관계관리는 매우 효율적이며 효과적이다.

제5부 교회의 관계관리에서는 이처럼 기존에 사용해 오던 컴퓨터 기

반 업무 처리를 좀 더 활성화시켜 훨씬 체계적으로 성도 관리를 하는 방법에 대해 설명해 보고자 한다.

그렇다면 관계관리란 과연 무엇일까? 관계관리란 이해관계자들과의 관계가 원활하도록 관리하는 행위를 말한다. 기업에서는 소비자를 자신의 고객으로 만들고 이를 장기간 좋은 관계를 유지하기 위해 엄청난 노력을 하고 있다. 이러한 모든 활동을 전체적으로 아우르는 말이 관계관리이다.

기업의 이해관계자는 고객, 주주, 자재 공급 업자, 유통업자 등을 생각할 수 있다. 이해관계자 중에서 특히 고객과의 관계관리를 어떻게 하느냐에 따라 기업의 수익 창출과 생존이 결정된다.

교회의 관계관리라고 하면 교회 이해관계자와의 관계를 원활하도록 관리하는 행위를 말한다. 그러면 교회의 이해관계자는 누구인가? 당연히 성도들이 떠오를 것이다. 성도 이외에 목회자, 교회 직원, 인근 주민, 이웃 교회, 노회, 총회 등이 이해관계자에 포함된다.

그런데 관계관리라는 용어가 주로 기업의 마케팅 분야에서 많이 사용되다 보니 결국 관계관리는 기업이 기존 고객을 유지시키고 새로운 고객을 창출하는 방법에 초점이 맞춰져 있다. 그러므로 교회 관계관리도 기존 성도 유지와 새로운 성도 영입을 위한 전도에 초점을 맞추어 활용하면 유용할 것이다. 기존 성도를 성숙시키고, 전도를 통한 새로운 성도의 확보는 교회 부흥을 위한 필수사항이면서 교회의 근원적 사역 활동이다.

여기서는 기업에서 사용하고 있는 고객 관계관리 기법을 알아보고, 이를 교회 부흥을 위해 활용하는 방법들에 대해 생각해 보고자 한다.

1. 고객 관계관리의 이해

1) 고객 관계관리의 발전

마케팅의 발전

앞서 설명했듯이 관계관리는 경영학의 한 분야인 마케팅에서 발전했다. 따라서 관계관리를 이해하려면 사회의 변화에 따른 마케팅의 발전 역사를 이해할 필요가 있다. 마케팅의 기본 관점은 제품 마케팅에서 직접 마케팅으로, 다시 목표 마케팅으로 발전했고, 또다시 관계 마케팅으로 변화되어 왔다.

기업이 제품을 만들면 자사 제품을 소비자에게 알려야 한다. 이처럼 제품을 알리는 위주의 광고 전략이 제품 마케팅이다. 이때는 제품을 알리는 데 주력하여 자사 제품의 시장 점유율의 극대화가 최대의 과제였다. 당시는 주로 판매 채널이 영업 사원의 개별 판매였기 때문에 마케팅은 개인 판매를 올리기 위한 부수적인 지원 역할에 한정되었다. 이를 위해 대중 매체를 통해 제품을 홍보하는 방법을 택했다.

교회로 생각하면 성도가 복음을 들고 전도하러 나가는 것을 마케팅으로 볼 수 있겠다. 전도지를 든 노방 전도, 방문 전도 등도 제품 마케팅 형태와 매우 흡사하다고 할 수 있다. 일부 교회에서 대중 매체를 통해 설교와 예배 장면을 보여주는 것도 여기에 포함된다고 하겠다.

일정 기간이 지난 후, 제품 마케팅 시대가 저물고 직접 마케팅 시대가 도래했다. 직접 마케팅 시대는 각종 홍보 우편물이나 잡지 등의 간행물을 통해 기업의 제품을 광고하고, 고객은 이에 대한 반응으로써 원하는 상품을 우편 배송 시스템 방식으로 주문하고 배송받았다. 기업은 직접 마케팅으로 일반적인 메시지의 전달이 아니라 다수의 고객과 의사소통을 하게 되었다는 점에서 중요한 의미를 갖는다. 교회에서도 규모가 있는 교회들은 간행물을 만들거나 홍보 우편물을 활용하는 직접 마케팅 방법을 활용하여 나름대로 성도 관리를 하고 있다.

그후 기업의 마케팅은 목표 마케팅으로 발전하였다. 기업 간에 경쟁이 심화되고 다양화된 마케팅 방식에 의해 소비자의 제품 구매에 대한 데이터가 축적되면서, 기업은 제품에 대해 최적의 고객을 찾아내게 되었다. 목표 마케팅은 기업이 최적의 고객을 찾아내어 선별된 목표 고객군들에 대해서만 마케팅을 수행하는 방식이다.

목표 마케팅을 하려면 해당 제품이나 서비스에 대한 니즈를 가진 고객을 선별하기 위해 고객에 대한 인구 통계적 분류를 기반으로 세분화 작업을 진행해야 했다. 이런 이유로 이 시기부터 데이터베이스 마케팅 기술이 적용되기 시작했다.

이 방법은 제품 마케팅이나 직접 마케팅처럼 불특정 다수를 향해 마케팅하던 방법과는 다르다. 구매 가능성을 가진 소비자에게 집중적으로 마케팅을 하는 방법이므로 마케팅 비용의 낭비 없이 효과적인 광고를 하는 장점이 있었다.

지금은 관계 마케팅 시대로 진화했다. 기존에는 고객을 제품 판매 대상의 거래 지향적 개념에서 바라보았다. 그러나 관계 마케팅에서는 고객을 기업과의 장기적인 관계를 형성해 나가는 대상으로 인식하는 데서 출발한다. 관계 마케팅은 모든 마케팅 활동의 기본적인 방향을 고객과의 관계 형성 및 유지를 위한 전략으로 재편해 나가는 것을 의미한다. 개별적 거래의 이익 극대화보다는, 고객과의 호혜互惠 관계를 극대화하여 우호 관계를 구축하고 충성 고객을 만들어 놓으면 기업의 이익은 저절로 따라온다는 관점이다.

위의 마케팅 개념의 변화에서 보면 현재 한국 교회는 기업으로 치면 아직 대부분 제품 마케팅 수준이고 일부 앞선 교회라 해도 직접 마케팅 수준에 머물러 있다고 하겠다. 지금 한국의 컴퓨터 보급률과 정보 기술을 활용하는 능력은 상당하다. 문제는 시도할 의지와 용기가 필요한 것뿐이므로, 마음만 먹으면 교회도 관계관리의 체계와 정보 기술을 활용해서 이러한 관계 지향적 마케팅을 적극적으로 도입할 수 있다.

데이터를 중심으로 성도의 니즈를 정확히 분석하고 필요한 서비스를 정확히 제공함으로써 교회와 성도, 이해관계자들 모두가 윈윈win-win하는 건강한 관계를 만들 수 있다. 예비 신자들에 대한 정확한 정보와 니즈를 분석하여 그들과의 접촉점을 내실 있게 가져갈 수도 있다. 정확한 정보와 니즈를 가지고 새 신자 관리와 전도를 한다면 안착률이나 전도의 성공률도 높아질 수밖에 없을 것이다.

CRM의 등장

지난 10여 년간 CRMcustomer relationship management은 경영학 분야에서 가장 관심받아 온 분야 중 하나다. CRM은 기업이 고객과 관련된 자료를 분석하고 통합해 고객 중심 자원을 극대화하고, 이를 토대로 고객 특성에 맞게 마케팅 활동을 계획·지원·평가하는 프로세스이다.

김영수·김영걸은 'CRM이란 기업의 다양한 자원과 역량을 활용하여 고객과의 관계 획득, 관계 유지, 그리고 관계 강화 등 전체 고객 생애 주기에 걸쳐 고객과 기업 상호 간의 이익 극대화를 추구하기 위한 기업의 모든 경영 활동의 기반이 되는 경영 전략 또는 패러다임'이라고 정의했다.

교회의 성도는 한번 구원받은 성도의 반열에 들어가면 평생 믿음으로 살아가는 신앙인이다. 그러므로 기업에서 마케팅 기술을 활용하여 제품 구매 동기를 유발하는 평생 고객과는 차원이 다르다. 그럼에도 필자가 교회에 CRM을 소개하는 이유는 CRM을 이용하면 관계관리가 훨씬 체계적으로 형성되어 성도와의 관계가 견고해지고, 성도는 활력 있고 즐거운 신앙 생활이 가능하기 때문이다. 교회는 CRM을 통해 기존 성도 관리, 새 신자 관리, 예비 신자 관리 모두를 정확하게 긴밀하게 접촉하며 관리해 갈 수 있을 것이다.

CRM은 프로세스 관리지만 한편으로는 정보 시스템으로 고객을 관리하는 방법이다. 개별 교회별 정보 시스템 개발도 가능하지만 모든 교회가 범용으로 사용할 수 있는 프로그램 개발도 가능하다. 요컨대 성도의 정보를 취합해서 데이터를 구축하고, 그 데이터베이스를 기초로 성도를 세부적으로 분류하여 효과적이고 효율적으로 소통하는 관리 체계다.

일각에서는 CRM을 정보 기술의 애플리케이션으로 한정하는 경우도 있지만, 실제로 기업들이 CRM 전략을 수행하기 위해 활용하는 기업의 자원은 정보 기술에 한정되지 않는다. 기업의 자원과 역량에는 정보 기술을 포함하여 다양한 인적 자원, 기업의 보유 기술, 탁월한 조직 문화, 고객 지향적 조직 체계, 효율적인 업무 프로세스 등을 모두 포함한다.

그뿐만 아니라 과거 기업들의 주요 경영 목표가 제품이나 서비스의 판매 자체에 목적을 두었다면, CRM에서는 판매 자체가 핵심 목표가 아니라 고객과의 관계를 확보하고 이를 유지 및 강화시켜 나가는 것이 주요 목적이다.

혹자는 교회가 물건을 파는 것도 아니고, 생명 구원이라는 거룩한 소명을 향해 가면서 세속적인 마케팅 기술인 CRM 같은 것을 활용하자는 의견에 당혹감을 느낄 수 있다. 지극히 당연한 반응이다.

그러나 조금 생각의 방향을 바꾸어 CRM 자체의 기능을 생각해 보자. CRM 도입은 단순히 성도 수를 늘리기 위해서만 사용되는 것은 아니다. 기업이 고객과의 관계를 확보하고 이를 유지 및 강화시켜 나가기 위해 CRM을 활용한다는 목적을 교회에도 활용할 수 있다는 의미다. 교회와 성도의 착실한 관계 강화가 가능하여 성도들의 성숙을 이끌어 갈 수도 있다.

많은 기업이 CRM을 도입한 이유는 대부분의 산업이 성장기를 지나 성숙기 혹은 쇠퇴기에 접어들면서, 시장 규모는 더 이상 성장하지 않고 경쟁만 더욱 치열해지고 있기 때문이다. 이는 지금 한국 교회가 처한 상황과 아주 유사하다고 하겠다. 젊은이들은 교회를 외면하고, 가톨릭이나 타 종교에 비해 종교에 대한 신뢰도도 떨어지고 있는 상황이다. 그렇다면 이미 익숙해진 정보 기술의 기반 위에 타 종교보다 먼저 CRM을 활용하는 것이 지혜로운 해결책이 될 수도 있다.

앞에서도 잠깐 언급했지만, 이제 CRM이 등장하게 된 현대의 경영 환경과 사회 환경의 변화를 좀 더 자세히 살펴보자. 지금 한국 교회가 처한 사회적 환경도 고려하며 살펴보면 좋겠다.

첫째, CRM의 등장은 시장의 변화 때문이다. 생산 기술이 발달하고 기업의 생산 관련 지식에 대한 공유가 용이해지면서 경쟁자 혹은 신규 진입자들도 쉽게 특정 제품을 모방하게 되어 제품과 서비스의 차별화가 희석되었다. 전통적 시장의 지역적인 제한이 무너짐으로써 고객 확보 경쟁이 더욱 증가하고, 시장은 더욱 세분화되었다.

둘째, 시장의 변화와 더불어 고객의 변화가 두드러졌기 때문이다. 성별, 나이, 학력, 지역 등 사회 활동 대상의 범위가 확대되고, 이에 따른 신규 직종의 증가, 고령화 진행, 전통적인 가족 체제의 붕괴 등 기본적인 사회의 변화를 통해 고객들의 니즈가 급격히 증가했다.

셋째, 정보 기술을 기반으로 한 CRM의 핵심 역량 중 하나는 고객에 관련된 정보, 고객의 거래 데이터, 고객을 위한 엄청난 양의 정보를 효율적으로 저장하고 신속하게 처리 가공할 수 있게 되었다는 것이다.

수많은 데이터 속에서 일정한 패턴을 포착하여 새로운 지식을 찾아내고자 하는 데이터마이닝기법과 다양한 관점의 데이터 분석을 효과적으로 제시해 주는 OLAPon-line analytical processing와 같은 분석 도구들이 등장했다. 이러한 분석 도구들은 기업으로 하여금 막연한 기대와 직감으로 전략을 세우던 과거의 방법에서 탈피하여 과학적 분석에 근거한 비즈니스 대안 도출을 도와주었다.

넷째, 정보 기술의 발달과 시장 및 고객의 근본적인 변화는 기업의 마케팅 변화를 촉진하는 역할을 했다. 전통적으로 기업은 특정 브랜드를 대중 매체에 광고하고, 많은 고객은 광고의 영향을 받아 그 브랜드를 구매하였다. 그런데 기존의 대중 마케팅 접근 방식의 비효율성이 제기되면서 기업은 자사의 마케팅 전략이 시장, 고객, 그리고 정보 기술의 변화에 따라 재정립되어야 한다는 것을 인식하게 되었다. 제품 중심 사고 방식에서 고객 중심 사고방식으로 전환하게 된 것이다.

산업화, 도시화, 정보화에 따라 사람들의 생활 방식에는 큰 변화가 생겼다. 매우 바쁘고 긴장된 시간 관념 속에서 생활하면서 물리적 생활 공간의 범위는 점점 더 확대되는 것이다. 그러므로 기업은 그런 바쁜 사람들의 패턴에 맞춘 마케팅이 필요하게 되었다. 다행히 인터넷, 유튜브, 넷플릭스 등 다양한 멀티미디어 채널의 등장으로 기업들은 자사의 제품 및 서비스에 대한 정보를 쉽게 알릴 수 있게 되었다.

반면 이러한 현상은 고객을 더욱 지식화, 정보화시키기 때문에 고객들은 더 이상 제품의 품질만으로 자신의 만족 여부를 결정하지 않게 된다. 또한 고객의 기대 수준은 갈수록 상승하여 제품 만족도는 점점 더 낮아지고 더욱 많은 선택권을 부여받게 되었다. 이런 상황에 기업 간 경쟁마저 더욱 심해져 간다.

위에 언급한 사회 환경 변화 속에서 우리는 살아가고 있다. 이런 사회적 환경에 속해 있는 이상 기독교인이든 타 종교인이든 혹은 무종교인이라 해도 비슷한 사회적 행동 양식을 가지게 된다.

그러므로 교회도 이런 환경에 처한 사람들을 대하는 진화된 기술이 필요할 수밖에 없다. 기업보다 교회가 앞서갈 필요까지는 없다 해도, 적어도 후발 주자로라도 따라가야 이 시대를 살아가는 사람들로부터 외면받지 않을 것이라는 결론이 나온다.

기업이 이제 고객 지향성, 관계 지향성, 일대일 지향성, 고객 점유율 지향성, 그리고 다중 채널 지향성 등으로 바뀌게 되었듯이 우리 사회의 전체적인 분위기도 그렇게 바뀌어 가고 있다. 이에 걸맞게 교회도 성도와의 관계 지향성을 높이는 방안을 어떻게든 고려해야 한다. 교회가 성도와의 관계를 어떻게 할 것인지에 대한 전략과 실행 프로세스를 재설정하고, 정보 기술을 활용한 애플리케이션과 프로그램을 적극적으로 도입해야 한다.

2) CRM 기능, 사례, 운영

CRM 기능 – 관계 획득, 관계 유지 그리고 관계 강화

CRM이 기업 경영에 도움을 주는 가장 근본적인 역할은 신규 고객과의 관계를 확보하고, 이들과 좋은 관계를 유지하고, 나아가 더욱더 좋은 관계로 강화하고자 하는 고객 관계관리 프로세스를 효과적으로 지원한다는 것이다. 그런 점에서 교회의 새 신도 발굴, 교회와의 관계 유지 및 강화에 CRM이 구원 투수로서의 역할을 할 수도 있다는 희망이 있다.

CRM은 기업의 해당 비즈니스 영역에 적합한 고객들의 특성을 파악하여 잠재 고객을 추출할 수 있는 역할을 제공한다. 그리고 추출된 잠재 고객들을 대상으로 구매를 유도하여 실질적인 관계 형성의 기능을 제공한다.

그러므로 CRM을 통한 신규 고객 확보가 가져다 주는 중요한 이점 중 하나는 고객 확보 비용을 절감할 수 있다는 것도 해당된다. 교회로 치면 더 적은 비용으로 더 효과적인 전도가 가능하게 만든다.

CRM은 이탈 고객을 재획득할 기회도 제공한다. 즉 기존 성도 관계 유지를 위한 CRM의 역할도 클 것이다. 기업에서 고객의 니즈 분석은 현존하는 고객들의 만족을 충족함으로써 관계 유지를 위한 기반이 될 뿐만 아니라 기업의 다양한 부서 및 기능에 고객 통찰력을 제공함으로써 신제품 개발이나 사후 서비스의 개선에도 활용될 수 있다.

CRM은 조직 내부에 축적된 고객 정보를 바탕으로 고객의 실질적인 수익성을 평가하여 계층화하거나 다양한 변수에 의한 세분화 작업을 수행함으로써 각 고객군에 대한 차별화된 대응 전략을 수립할 수 있다. 그리고 각 고객에 대한 제품, 콘텐츠, 채널 등에 대한 개인화, 맞춤화를 제공하고 나아가 고객 관계의 유지, 곧 고객의 이탈을 방지한다.

CRM은 기업의 고객 관계 강화에도 중요한 역할을 수행한다. 어느 기업이나 핵심 고객은 존재하기 마련이지만, 자사의 핵심 고객을 어떻게 정의할 것이며 어떻게 발견할 수 있는지에 대한 방법론은 부족한 실정이다.

CRM 관점에서 핵심 고객은 단순히 기업에 대한 재무적 기여도가 높은 고객만이 아니다. 입소문이나 타인에 대한 추천 등 긍정적인 영향력을 행사할 수 있는 고객도 포함된다. CRM의 운용은 고객 관계의 깊이와 폭을 확대할 수 있게 해준다.

K사의 CRM 구축 사례

국내 이동통신사 빅3 중의 하나인 K사는 경쟁력 강화를 위해 CRM을 도입했다. K사는 CRM 도입 초기에 CRM이 무엇이고 어떤 가치가 있는가를 다음과 같이 정의했다.

'CRM은 고객을 체계적으로 파악하여 이들이 자사의 서비스에 관심을 가지도록 유인하고, 고객에게 최적화된 서비스를 안정적으로 제공함으로써 가치 지향적 고객 관계를 구축·관리하는 것이다.'

K사의 CRM 목표는 '개별 고객 관계 가치의 최적화'였고, 이러한 목표를 달성하기 위해서는 모든 고객과의 접점에서 개인 맞춤식 마케팅, 영업, 서비스를 제공하는 것으로 방향을 설정했다. CRM 구축은 첫째, CRM 역량에 대한 평가와, 둘째, CRM의 To-Be 아키텍처를 정의하는 것으로 추진하였다.

- CRM 역량에 대한 평가

국내 통신 시장의 환경을 보았을 때 이동 통신업이 성숙 시장에 진입했고, 통신 관련 서비스에 대한 고객의 선택권이 넓어지고 기대 수준은 높아져 있었다. 또한 통신업에 대한 정부의 각종 규제가 많고, 고객의 니즈에 대응하기 위한 관련 파트너 회사와의 제휴 확대가 중요한 과제로 대두되었다. 이러한 환경에서 K사의 CRM 역량을 평가하기 위한 CRM역량 분석 프레임웍을 개발했다.

(1) **고객 통찰력**customer insight : 고객과의 모든 접점에서 발생하는 정보를 수집하고 이를 활용하여 고객의 니즈를 파악할 수 있는 역량이다. 여기에는 구체적으로 데이터 수집(고객 데이터 전략, 내·외부 데이터 수집 및 고객 데이터 보안), 데이터 관리(데이터 웨어 하우스 관리, 고객 분석을 위한 데이터 아키텍처 그리고 고객 데이터의 통합 관리), 고객 관리에 대한 통찰력 획득(분석 도구와 방법론, 고객 데이터 질의·보고, 고객 인지·평가, 고객 세분화, 고객 행동 예측 모형, 마케팅 믹스 최적화), 고객 통찰력의

적용(마케팅 도구·방법론, 마케팅 전략 개발, 마케팅 프로그램 개발·실행·측정, 고객 개인화) 등이다.

(2) **고객과의 상호 작용**customer interaction: 언제 어디서 어떻게 고객이 기업의 서비스에 접근하더라도 동일한 수준의 서비스를 경험하도록 하는 역량으로써 여기에는 채널 운영 전략(채널 동기화 및 다채널 라우팅), 응대 관리(채널 고객 정렬, 셀프 서비스, 고객 정보 가용성, 개인화된 영업 서비스), 고객 응대 관리(품질 관리, 프로세스 관리) 등이 포함된다.

(3) **고객 서비스 제공**customer offer: 경쟁자보다 더 좋은 서비스를 고객 니즈에 맞게 제공할 수 있는 역량이다. 여기에는 상품 서비스 관리(상품 구성의 유연성, 서비스 품질 관리, 신상품 서비스 개발), 브랜드 커뮤니케이션 관리(브랜드 광고의 정렬, 브랜드 가치 관리)에 대해서 평가한다.

(4) **탁월한 성과 문화**high performing organization: 기업 전반에 걸쳐 고객을 유인하고 유지할 수 있는 조직, 문화 영업·서비스 스킬 개발, 직원 동기 부여 및 보상, 조정 및 통제 관리 수준 등으로 세분화된다.

(5) **전사적 통합 관리**enterprise integration: 조직 내·외부에 걸쳐 고객의 요구를 충족시키기 위해 제휴 업체들의 고객 관련 기능을 조율할 수 있는 역량으로써 재무 관리, 제휴 효과성 분석, 파트너 회사들과의 협력, 시장 변화 민감도 등을 평가한다.

K사의 CRM 역량에 대한 분석 결과를 보면, 데이터 웨어 하우스를 활용한 다양한 고객 분석과 고객 유지를 향상시키기 위한 타깃 캠페인을

수행하고 있었으며, 고객 인사이트 습득과 적용 역량을 향상시키기 위한 노력을 경주해 왔다.

그러나 이러한 분석의 기반이 되는 데이터에 대한 접점에서의 체계적 수집·관리 활동이 미약하며, 고객 분석 결과를 고객 접점에서 활용할 수 있도록 지원하는 부분이 제한적이었다.

그동안 K사는 고객 센터의 CTIcomputer telephony integration 기능 활용, 사이버 고객 센터의 24×7 셀프 서비스 제공 등의 채널별로 우수한 응대 역량을 가지고 있으나, 대리점에서의 고객 관리 활동이 미약하며 체계적인 응대 프로세스 관리가 이루어지지 않고 있었다.

그리고 고객의 다양한 니즈를 충족시킬 수 있는 상품과 요금제를 갖추고 있으나 고객의 니즈를 파악하고 그에 맞는 상품, 요금제를 추천, 설명할 수 있는 접점에서의 역량이 부족하였다. 특히 여러 부분에서 전략적 제휴, 파트너 협력을 통한 비핵심 역량의 수행이 활발하게 이루어지고 있으나, 제휴 업체의 수익성 분석 및 관리가 체계적으로 수행되지 않고 있다고 평가되었다.

– CRM 지향 체계(아키텍쳐) 정의

이러한 CRM 분석 결과를 바탕으로 향후 개별 고객에 대한 지식을 보다 체계적으로 획득하고 동시에 고객의 니즈, 성향, 가치 등을 고려한 통찰력을 확보하는 데 주력한다.

(1) **데이터 수집 및 관리**: 필요한 고객 데이터를 정의하고 수집 프로세스 관리, 데이터 정제 방안 등을 협의하고 적용함으로써 적시에 정확한 고객 데이터를 수집하고 분석한다.

(2) **고객 세분화**: 고객을 인구 통계학적, 서비스 패턴, 제휴 업체로부터의 정보 등을 기반으로 세분화하여 고객 특성을 파악하고 이에 맞는 응대와 서비스 제공을 수행한다.

(3) **고객의 가치 증대**: 고객과 기업과의 관계에서 발생하는 미래의 가치를 포함한 개별 고객의 가치를 측정하고 차별적인 관리를 함으로써 고객의 가치를 극대화한다.

고객에 대한 성향과 니즈에 대한 통찰력을 기반으로 개개인에게 맞춤식 서비스를 제공한다.

(1) **개인화**: 획득한 고객 통찰력을 이용하여 고객별로 상품, 서비스 등의 개인화된 내용을 제공하며, 고객이 인터넷, 고객 센터 등의 채널 접촉 시 개인화된 내용, 메시지, 채널 등을 제공할 수 있는 역량을 구축한다.

(2) **캠페인 관리**: 고객 통찰력을 이용하여 고객의 니즈를 파악하고 그에 맞는 캠페인 활동을 전개한다.

(3) **오퍼의 개발**: 고객 가치가 예상되는 니즈, 채널 요구 사항을 정의하고, 동시에 회사의 역량으로 가능한 서비스를 개발하여 제공한다.

고객에 대한 통합적인 이해를 바탕으로 고객이 접촉하는 채널에 관계 없이 일관된 고객 응대를 함으로써 우수한 고객 경험을 창출한다.

(1) **다채널 간 라우팅**: 고객의 가치, 상호 관련 이력, 니즈, 응대 직원의 스킬에 따라 고객을 적절한 채널이나 자원으로 유도하여 관리되도록 한다.

(2) **채널 통합**: 모든 채널을 통해 발생했던 고객과의 상호 관계를 이해하고 어떤 채널을 통하여 고객이 접촉하는 경우에도 동일한 이해를 바탕으로 일관된 메시지 및 내용을 전달한다.

(3) **통합 CS 프로세스 관리**: 고객 접점에서의 고객 응대 프로세스, 고객 관리 프로세스 그리고 고객 불만 사항 처리 등의 통합적인 프로세스를 정의하고 관리한다.

CRM의 실질적인 운영

기업에서 CRM의 기능과 역할이 구체적으로 어떻게 운영되는지를 알아보자. CRM이 주로 적용되고 운영되는 분야는 마케팅, 영업, 그리고 고객 서비스 분야라고 할 수 있다.

CRM에 입각하여 전개되는 마케팅은 시장 분석과 세분화, 고객의 수익성 평가, 고객 군별 최적화된 마케팅 활동을 기획하는 캠페인 관리, 고객 로열티의 강화를 목표로 추진되는 교차, 상승 판매 기회 분석, 고객 유지를 위한 로열티 프로그램의 운영, 고객들의 행동 예측, 채널 최적화 전략 수립 그리고 오퍼링 최적화 등의 활동이다.

또한 영업 분야에서는 영업 프로세스, 영업 지역 관리, 접촉 관리 등을 자동화시킴으로써 효율적인 영업을 유도하고 직원들의 성과를 투명하고 정확하게 측정 및 반영할 수 있다. 물리적 점포를 보유하는 유통업체의 경우에는 지역적인 고객 데이터의 특성 분류를 기반으로 최적의 점포 위치와 형태를 결정할 수 있다.

마케팅과 영업 분야에 못지않게 CRM이 중요한 역할을 하는 분야는 고객 서비스 분야이다. 단순히 고객 문의나 불만에 대한 대응을 담당하던 콜센터의 기능에서 벗어나 고객 접점에서 발생할 수 있는 다양한 상황을 총괄 지원하고 필요에 따라 조직의 모든 내부 영역에 적절히 연계시킬 수 있는 고객 지원 센터의 운영을 들 수 있다.

CRM 기반의 고객 서비스는 고객이 외부에서 기업으로 전화를 걸어 제품·서비스에 대한 안내를 받는 인바운드 서비스나 기업의 콜센터를 통해 고객에게 연락이 되어 제품·서비스를 안내하는 아웃바운드의 효율적 관리 외에도 CTI 시스템과 CRM 데이터베이스를 연계함으로써 고객 니즈를 정확히 파악하고 동시에 차별화된 대응과 영업 기회를 창출할 수 있다.

마케팅, 영업, 그리고 고객 서비스 분야 외에도 CRM을 통한 고객 정보의 활용은 기업의 지식 경영knowledge management, 연구 개발 영역에도 미친다. 이렇게 고객 지식이 적용된 제품 또는 기술 혁신 방식을 고객 기반의 혁신 기법이라고 하는데, 조달·획득 분야에서도 고객 지식 기반의 경영 체계가 적극적으로 활용되고 있다.

　CRM은 내부적인 관리 운영에 있어서도 중요한 역할을 한다. 현재 고객 지향적 조직에서는 모든 비즈니스 프로세스를 고객 중심적으로 재편하고 있다. 내부 업무의 효율성이라는 차원에서의 정보 시스템 통합 문제는 자원 관리 시스템ERP, enterprise resource planning의 구축으로 많은 부분이 해결되었다. 그러나 고객에 대한 완전한 이해를 바탕으로 한 전략적 접근을 위해서 고객 중심적으로 재정렬하려면 그 외의 노력이 더 필요하다. 특히 코로나 시대인 요즈음은 비대면 고객 접촉 채널로서의 효과적인 역할을 수행할 수 있도록 고객 지향적인 레이아웃, 메뉴, 인터페이스 등의 시스템 설계가 절실하다.

　그 외에 기업의 인사 및 조직관리 영역에서도 CRM이 도입되어 활용된다. 기업의 직원들 역시 내부 고객으로 간주함으로써 CRM에서 진행하는 고객 세분화에 따른 차별화 대응 전략과 비슷한 접근 방식으로 관리한다는 의미이다. 핵심 고객이 중요한 것처럼 핵심 직원 역시 중요한 관리 대상이기 때문이다.

　특히 보험중개인, 펀드매니저, 자동차 딜러와 같은 핵심 영업 사원들이 조직에서 이탈하게 되면 그 직원들이 관리하고 있던 핵심 고객마저 이탈하게 되는 경우가 많다. 그러므로 내부 직원 관계관리 역시 소중한 것이다. 교회로서는 이 내부 직원을 교회의 임직원뿐만 아니라 헌신된 성도 정도로 볼 수 있겠다.

　이제 교회의 CRM 응용에 대해 구체적으로 알아보자. 이 책에서는 기업에서 쓰는 CRM이란 용어 대신 교회의 성도 관계관리ChRM, Christian relationship management란 용어로 설명해 보겠다.

2. 교회 관계관리의 혁신

1) 교회 관계관리의 체계

교회 관계관리의 의의

교회가 ChRM을 운영하는 궁극적인 이유는 보다 많은 잠재 신자를 교회로 인도하고, 성숙된 그리스도인으로 양육하여 구원에 이르게 하고, 교회와 사회에 선한 영향력을 끼치도록 관리하는 것에 있을 것이다.

그러므로 ChRM은 전도와 성도들의 온전한 신앙 생활을 위하여 교회의 사역 프로그램을 체계적으로 편성하고, 이것이 제대로 작동하도록 교회의 인적 자원, 프로세스, 정보 시스템, 조직 체계 그리고 조직 문화와 같은 인프라를 재정비하는 것을 의미한다.

ChRM은 교회의 사역 목표와 일치해야 한다. ChRM을 통해 단순히 성도들의 만족도 증가에 그치는 게 아니라 잠재 신자 획득, 이탈 신자의 최소화, 성도 관계 유지와 강화 같은 교회의 사역 성과에 강한 영향을 미치는 전략적 도구로써 활용할 수 있어야 한다.

따라서 ChRM은 교회의 다양한 사역 활동, 성도의 양육, 교제, 봉사,

선교와 같은 성도와의 관계 지향적 프로세스를 혁신하는 것에 초점을 맞춘다.

ChRM 프로세스가 효과적이려면 성도들의 니즈와 가치는 서로 다르다는 인식에서 출발해야 한다. 그래서 다양한 전략적 시각을 통해 성도의 니즈와 가치를 세분화시킨 후 이에 따른 차별화된 사역 활동으로 추진한다. 또한 ChRM 활동에 대해 성도들의 생각과 반응을 교회가 지속적으로 모니터링하고 수정 보완하는 피드백 기능을 ChRM 프로세스에 포함해야 한다.

성도가 교회의 모든 활동의 핵심이라는 믿음은 ChRM 활동의 기반이다. ChRM은 성도와 관련이 있는 수많은 데이터를 입력, 정제, 분석한 뒤에 이를 바탕으로 교회가 어떻게 혁신하고 사역 프로그램을 설계할지에 대한 통찰력을 제공하기 때문이다.

ChRM은 데이터, 애플리케이션 그리고 정보 시스템을 빼놓고는 얘기하기 어렵다. 그러므로 ChRM 과정에서 성도와 관련된 데이터를 안전하게 그리고 체계적으로 처리하고 관리하는 것이 무엇보다 중요하다. 모든 교회의 부서들이 성도 관계 획득과 유지를 위해 일관된 시각으로 협업할 수 있는 문화를 갖추어야만 정확한 정보의 입수와 분석이 가능할 것이다.

ChRM의 구성 체계는 인프라, 프로세스 그리고 성과로 설명된다.

(1) 조직 체계: 교회 내에 ChRM 추진 위원회가 구성되어야 하고, 교

회 각 부서, 구역의 선임자 1, 2인이 ChRM 추진 위원으로 참여해야 한다.

(2) 정보 시스템: 성도의 확보, 유지, 강화 프로세스가 정의되고, 신자·성도에 대한 분류 체계가 이루어지면 이를 구동할 수 있는 정보 시스템을 개발 구축한다. 또는 기업에서 사용되고 있는 범용적인 애플리케이션 중에서 교회의 ChRM에 가장 적합한 것으로 도입하여 교회에 맞도록 재구축한다.

(3) 조직 문화: ChRM의 목적, 프로세스, 성과 등을 체계적으로 정리해서 전 교인들에게 단계적으로 소통하여 협조적인 분위기를 만들어 가야 한다.

ChRM 프로세스는 관계 획득, 관계 유지, 관계 강화다. 이는 다음에 자세하게 설명하겠다. ChRM 성과는 성도의 만족도, 성도의 성숙도, 교회의 이미지·영향력 등의 향상이다. 이를 구체적인 수치로 성과를 평가한다.

성도의 분류

ChRM 운영은 교회의 성도를 체계적인 방법으로 정의하고 분류하는 것부터 시작한다. 성도가 누구이고, 어떤 유형으로 분류할 수 있는지, 그리고 그룹 간에 어떤 연관성이 있는지 밝히는 작업이다.

성도의 분류 기준은 교회와의 관계 형태에 따른 분류를 생각해 볼 수 있다. 즉 향후 교회의 성도가 될 가능성이 있는 잠재 신자, 교회에 등록하여 안정적인 신앙생활을 영위하는 성도 그리고 기존에 교회를 다니다가 더 이상 출석하지 않는 이탈 신자로 구분할 수 있다. 여기서 잠재 신자는 다시 성도의 가능성 수준에 따라 긍정적 잠재 신자, 부정적 잠재 신자로 구분할 수 있다.

성도는 다시 세 가지 유형으로 분류할 수 있다. 신앙생활을 시작한 초신자, 교회 활동에 적극적으로 참여하는 성장 신자, 교회 참여와 성경 묵상 그리고 기도 생활 등이 몸에 완전히 배어 있는 성숙 신자로 구분된다.

이탈 신자의 경우도 이사나 이민 등으로 인해 타 교회로 이탈한 신자, 교회에 대한 불만으로 타 종교로 전향하거나 교회를 떠난 이탈 신자, 다시 교회에 회귀 가능한 이탈 신자 등으로 구분한다.

신자 및 성도의 분류를 위한 기준 모델이 개발된 이후에는 다양한 관계자 정보 항목을 이용하여 실질적으로 측정 및 평가할 수 있는 신자 평가 체계를 개발하고, 이 수리적 모형이 운영될 수 있도록 성도 데이터베이스에 대한 정보 요건을 도출한다.

이 성도 데이터베이스 분석 결과를 기반으로 교회의 성도관계 대응 전략을 정의해야 한다. 예를 들어 잠재 신자의 경우에는 여러 캠페인, 전도 프로그램이 고려될 것이나 잠재 신자의 세부 유형 또는 특성에 따라 다양한 활동과 접근이 가능하다.

이탈 신자에 대한 교회에서의 활동, 프로그램도 적극적으로 개발되어야 할 것이다. 기존 성도 중에서도 초신자, 성장 신자, 성숙 신자에 따라 양육 프로그램이나 대내외 봉사 활동, 전도 등의 프로그램이 다르게 설계 운영되어야 한다.

2) 프로세스 관점의 ChRM 운영

ChRM 프로세스는 교회의 성도 관계관리 원칙을 구현하기 위한 교회의 가치, 교회의 활동, 프로그램들의 집합이라고 정의할 수 있는데, 실질적으로 어떤 성도들을 대상으로 어떤 프로그램이나 활동을 어떻게 전개할 것인가에 대한 구체적인 내용을 담고 있다.

한 예로, 과거에는 교회가 개척을 하거나 새 예배당을 증축하게 되면 대부분 성도가 스스로 찾아오는 형태였다. 그리고 교회에서 주일예배, 특별사경회, 수련회, 특별새벽기도회 등의 프로그램을 연간 일정이나 절기에 맞추어 공지하면, 성도들이 자진해서 참여했다.

그러나 최근에는 교회가 일방적으로 프로그램을 공지하는 방식을 고수하면서 큰 효과를 기대하기 어렵게 되었다. 이때 성도 분류별 통계가 있어 활용한다면 좀 더 효과적인 방법을 강구해 볼 수 있을 것이다.

즉 ChRM 프로세스에서는 성도, 잠재 신자 혹은 이탈 신자들의 니즈나 의사를 고려하여 접근 방식을 달리 할 수 있다. 교회와 성도 간에 접촉면이 긴밀해지도록 상황에 대한 인지, 탐색, 사역 프로그램을 운영하여 밀접하게 접근 관리하는 것이다.

성도의 관계 획득

성도의 관계 획득, 즉 새 신자의 창출 활동은 매우 중요하다. ChRM에서는 새로운 신자를 확보하기 위해 불특정 다수에게 무차별로 아무 때나 접근하는 것보다는 잠재 신자와 관련된 데이터를 분석하여 선별적으로 접근하는 것이 바람직하다고 본다.

예를 들어 교회의 전도 메시지에 반응을 보일 확률이 높은 잠재 신자를 찾아 접근하는 것이 더 효과적일 것이다. 물론 성경 딤후4:2에는 '때를 얻든지 못 얻든지 항상 전도하기에 힘쓰라'라고 되어 있다. 이 말씀은 우리가 더욱 열심히 전도해야 함을 강조하고 있지, 그 방법을 한정한다고 여겨지지 않는다. 잠재 신자들이 전도될 수 있는 확률이 높은 여건을 찾는 것은 지혜로운 종의 행동이라고 본다.

선정된 잠재 신자들을 대상으로 직접적인 관계 획득 활동을 전개한다. 그 방법으로는 복음의 핵심 내용, 위로의 메시지, 교회의 주요 활동 등을 특정 매체를 활용하거나 직접 방문하여 전달할 수 있겠다.

교회와 처음 관계를 맺는 초신자뿐만 아니라 교회와 우호적인 관계를 형성했지만 최근 이탈한 신자들과 관계를 재형성하는 것도 관계 획득 활동에 포함된다. 이탈 신자를 떠난 적이 있는 교회로 다시 돌아오도록 하는 것은 일반적으로 신규 신자를 획득하기보다 까다로운데, 이는 이탈 신자들의 이탈 원인을 파악하여 이를 적극적으로 해결해 줘야 하기 때문이다. 하지만 이탈 신자의 이탈 원인이 해결되어 다시 자기 교회의 성도로 돌아온 경우에는 일반적인 신규 신자들보다 더욱 안정적인 관계

형성이 가능하다.

성도의 관계 유지

성도의 관계 유지 활동은 ChRM의 가장 핵심적인 프로세스이다. 기업의 경우를 살펴보자. 기업은 일반적으로 기존 고객을 관리하여 재구매하도록 유인하는 것보다 신규 고객 한 명을 새롭게 유치하는 것이 10배 이상 많은 비용이 들고, 현재보다 고객 이탈률을 5%만 개선해도 수익률이 거의 100% 가까이 증가한다는 것이 많은 사례를 통해 밝혀졌다.

기업 세계의 현상과 논리를 언제나 교회에도 똑같이 적용해 해석하는 것은 다소 무리가 있지만, 새 신자를 확보하는 것이 확실히 기존 성도들의 만족도나 안정적인 정착보다 어렵다는 것은 사실이다.

ChRM에서는 새 신자가 교회에 처음 발을 들여놓을 때, 가급적 초기에 성도의 기초 정보를 확보하여 체계적으로 잘 정리하고, 이후에도 지속적으로 정보를 업데이트 및 유지 관리하는 것이 중요하다.

성도의 기초적인 신상 정보, 신앙 이력, 영적 성숙 수준, 교회에서의 봉사, 전도 활동 그리고 사회에서의 직업과 신앙 생활 간의 관계 등에 대한 정보가 정확하고 자세하게 기록되어야 한다.

성도가 교회에서 신앙생활을 할 때, 교회는 주기적인 커뮤니케이션을 통해 성도의 신상 정보와 더불어 그들의 취미, 특징, 관심 영역, 고민, 자녀 양육, 부모·가족과의 관계 등을 파악함으로써 성도의 영적 니즈를 직·간접적으로 유추할 수 있는 다양한 정보를 입수, 분석해야 한다.

이제 성도의 유형에 따라 교회의 사역 활동이 어떻게 바뀔 수 있는지를 살펴보자. 성도의 영적 수준, 신앙의 단계에 따라 예배, 특히 설교의 메시지를 차별화한다. 예를 들어 초신자들이 많이 참석하는 예배에서는 주로 예화가 많이 들어간 설교가 이해도를 높여 줄 것이다. 반면 신앙의 연륜이 쌓인 성도들에게는 강해설교, 선교사적 소명을 불러일으키는 설교가 더욱 적합할 것이다.

요사이 중형교회들은 주일예배를 1, 2부 혹은 3부 등으로 나누어서 드리는데, 1부는 주로 고령층의 성도들이 많고, 3부는 비교적 젊은층의 성도들이 많이 참석하는 경향이 있다. 이러한 상황에서 성도의 특성에 따라 설교의 메시지를 달리 가져가거나 연령에 맞는 설교자를 세우는 것도 좋은 방법이다.

규모가 작은 교회의 경우 주일예배가 한 번이고 설교자 역시 단 한 사람일 가능성이 크다. 이때는 격주로 다른 타깃별 설교를 준비하는 것도 대안이 될 수 있겠다. 예배와 설교 이외에도 교회의 양육 프로그램이나 사경회, 봉사·전도 활동 등도 성도의 특성에 따라 차별화하는 것이 바람직하다.

성도와 좋은 관계를 유지한다는 건 다른 표현으로는 성도들의 이탈을 예방하는 것이라고 볼 수 있다. 물론 교회가 본연의 사역 활동을 잘 수행하고 교회의 리더와 성도들 관계를 신앙적으로 온전하게 잘 유지한다면 이탈이 훨씬 줄어들겠지만, 현실적으로는 이탈 신자가 항상 발생할 수밖에 없다.

따라서 ChRM에서는 적절한 이탈예측모형을 통해 이탈할 가능성이 크다고 평가된 성도의 경우는 별도의 이탈 방지 활동을 전개할 수 있다. 보다 정제되고 수준 높은 설교를 기대하는 성도들을 위해서는 주기적으로 외부의 신앙 서적 베스트셀러 작가나 외부의 유명한 설교가를 초빙하여 부흥회 혹은 세미나를 개최하는 것도 하나의 대안이 될 수 있겠다.

잠재 이탈 신자들에게는 개별적인 접촉을 통해 개인적인 상담을 해주거나, 함께 문제를 해결하거나, 특별한 양육 활동이나 교제 프로그램을 제공하여 이탈 이유를 해소하는 것이 바람직하겠다.

성도의 관계 강화

ChRM에서 성도 관계 강화 활동은 성도가 교회에서 안정적인 상태를 유지하면서 교회의 예배 등 주요 모임에 적극적으로 참여하고, 나아가 사역 활동의 주체 및 동역자로서 활동하는 수준이 되도록 하는 일련의 활동들을 포함한다. 교사에서 부장 교사로, 성가대원에서 파트장 혹은 성가대장으로 활동의 폭이 넓어지도록 하는 식이다.

성숙된 성도는 교회에 대한 만족도도 높고 교회 활동에 참여도 역시 매우 높다. 또한 강단의 메시지, 교회의 활동 프로그램을 지인들에게 입소문을 내고 추천하기도 한다.

3) 교회 관계 전략과 실행

CRM 중심의 접근

기업의 전통적인 매스 마케팅은 제품·서비스별 판매량이나 매출액 자체를 가장 중요한 성과지표로 삼았다. 제품별 시장 점유율의 증대를 최고의 목표로 삼고 대부분 가격 중심의 프로모션에 몰두했다. 체계적으로 마케팅을 하는 기업에서는 제품·서비스 중심의 마케팅 전략, 즉 4P(product: 제품, price: 가격, place: 장소, promotion: 광고)를 기반으로 수립했다.

CRM의 개념이 도입되면서 기업은 더 효율적인 마케팅 방법을 알게 되었다. 따라서 이른바 4P 전략의 활용은 점차 약화되고, 4R(right customer: 적합한 고객, right product:적정 제품, right time: 적시에, right channel: 적절한 유통)의 접근이 주류를 이루고 있다.

교회도 마찬가지이다. 과거에는 신규 신자의 등록 수에 관심이 높았고, 교회 전체적으로나 각 부서별로나 매달, 매년 몇 명의 신규 신자가 등록되었나에 초점을 맞추었다. 부서의 각종 예산도 재적 수에 맞추어 편성했다. ChRM이 교회에 도입되면 교회도 더 효율적인 성도 관리 방법을 알게 되리라 기대한다. 전체 성도들에 대한 면밀한 데이터 분석을 통해 교회 성도의 질적인 변화, 가나안 성도(교회에 출석하지 않는 신자)가 아닌 진성 성도의 수까지 파악이 가능해진다.

ChRM은 긍정적인 잠재 신자의 파악도 가능하여, 개인 맞춤식의 양육·봉사·전도 프로그램의 적용, 적절한 접촉 채널과 적기까지 파악하

여 관리하는 방안을 제시해 줄 수 있다. 소수의 지도자 몇 사람이 주먹
구구식 분석으로 낸 아이디어로 성도 관리를 해 오던 것을 ChRM을 도
입함으로써 과학적이고 전략적인 접근이 가능해진다는 얘기다.

　교회의 특성상 담임목사와 당회에서 주도적으로 성도 관계관리를 추
진한다 하더라도 잠재 신자 · 기존 성도에 대한 정보 프로파일을 바탕으
로 충분한 분석과 검토를 거치면 양육, 전도, 봉사, 교제 등의 교회 활동
에 훨씬 효율적 활성을 가할 수 있다.

전도 활동 관리

　교회의 ChRM 중심 접근은 전도 활동에서 가장 효과적으로 작동될 것
이다. 기존의 전도 활동은 교회 안내 자료를 가지고 불특정 다수를 대상
으로 한 노방 전도 중심이었는데, ChRM 중심에서는 목표 고객별로 특
정한 목적을 가지고 활동이 일어나는 것이 특징이다. 명확한 집행 기간
이 있고, 정확한 투입 요소와 산출 요소가 정의된 상태로 진행되고, 사
후 관리가 된다.

－ 전도 활동 프로세스

　어떤 형태의 활동이든 그것이 소기의 목적을 달성하기 위해서는 이를
효과적으로 운영 · 관리하는 체계적인 프로세스가 먼저 정의되어 있어
야 한다. 전도 활동 프로세스는 기획, 실행, 학습 그리고 피드백에 이르
는 CRM 기능적 순환 고리 사이클의 절차를 그대로 따르면 된다.

ChRM 운영에서는 전도 활동이 다른 사역 활동과 동떨어진 별도의 활동이 아니라 교회 전체의 관계관리 전략과 연관되는 방향으로 활동이 이루어진다. 만약 일관적인 전략적 체계가 없다면 사역들 간에 조화가 제대로 작동되지 않아 교회의 다른 사역과 상충되고 전도 활동도 둔화할 가능성이 있다.

– 데이터 분석 및 기본 전략

전도 활동 프로세스의 출발은 전도 활동의 요구 사항을 찾아내는 것이다. 전도 활동을 통해 달성하고자 하는 소기의 목적, 즉 전도 인원수를 확보하는 것인데 주로 잠재 신자 데이터의 분석을 통해 이루어진다.

ChRM을 통해 최근 성도의 이탈률이 증가하는지, 신규 신자들의 안정적 정착 때까지 얼마나 시간이 걸리는지, 성도의 전체적인 교회 애착심이 떨어지고 있는지에 대한 성도의 성향 데이터에 대한 분석이 기본이다. 또한 한국 전체 · 교단별의 기독 신도 수의 변화 추이, 인근 지역별 · 교회별 신도의 변화 추이, 그리고 주변 비기독인 주민들의 특성과 요구 사항 등도 의미 있는 기초 자료가 될 수 있다.

전도 활동의 전략은 목표 대상, 즉 잠재 신자를 선정하고, 이들에게 무엇을 제공할 것인지 고민해야 한다. 교회의 예배 · 설교, 양육, 봉사 프로그램 등을 정확히 전달할 수 있는 방안을 찾아 구성해야 한다.

같은 메시지라 해도 전달되는 채널에 따라 그 효과는 달라진다. 따라서 목표 잠재 성도에 대한 적절한 메시지를 정했다면, 그것을 어디에서 어떻게 공략할 것인지도 고려해야 한다.

– 전도 활동평가지표의 개발

전도 활동을 평가하는 지표는 4가지로 구분할 수 있다.

(1) **전도 활동의 실행률**: 처음 의도했던 전도 대상(잠재 신자) 중에서 얼마나 많은 사람에게 전도 활동을 전개했는지 평가하는 것이다. (전도 실행 신자 수/전도 대상 신자 수)×100

(2) **잠재 신자 접촉률**: 전도 활동을 전개했던 실행 신자 중에서 얼마나 많은 잠재 신자들에게 실질적으로 접촉했는지 측정하는 것으로, 잠재 신자 접촉 정보에 대한 정확도와 잠재 신자 접촉 방식의 효과성으로 측정한다. (전도 활동의 접촉 잠재 신자 수/전도 활동의 실행 잠재 신자 수)×100

(3) **잠재 신자 긍정률**: 접촉한 전체 잠재 신자 중에서 얼마나 많은 신자가 긍정적인 반응을 보였는지 측정하는 것으로, 목표 잠재 고객 추출의 정확도와 제공하는 전도 활동 메시지의 잠재 신자 적합도로 평가된다. (전도 활동에 대한 긍정 반응 잠재 신자 수/전도 활동 접촉 잠재 신자 수)×100

(4) **전도 활동의 성공률**: 전도 활동의 잠재 신자의 접촉에 대해 긍정 반응을 보인 예비 신자들 중에 얼마나 많은 이들이 실제 교회에 등록하였는지를 측정하는 것이다. 이 지표는 전도 활동에 대한 총체적인 목적

부합성을 평가하는 것이다. (교회의 신규 등록 신자 수/전도 활동 긍정 반응 잠재 신자 수)×100

- 전도 활동 후 평가와 학습

전도 활동을 기획하고 실행하고 난 뒤 이 활동에 대한 성과와 문제점, 이에 대한 개선 사항을 도출하여 향후 전도 활동에 이용한다. 즉 전도 활동이 완전히 마무리된 후에는 전도 활동 과정에서 도출된 다양한 개선 사항 외에도 전도 활동 결과와 향후 혁신 가능한 전도 활동 변수들 사이의 상관관계를 분석하는 것이 필요하다. 현재 전도 활동의 성공과 실패에 대한 요인들을 과학적으로 파악함으로써 미래의 전도 활동을 위한 정확한 발전 방향을 모색하는 데 의미가 있다.

초기 한국 교회는 노방 전도, 쪽지 전도, 가가호호 전도, 병원 전도, 교도소 전도, 학원 전도 등 다양한 형태의 전도 활동을 통해 많은 성도를 직접 발굴해 냈다. 그러나 언제부터인가 교회는 이러한 전도 활동의 효과가 떨어졌음을 깨닫게 되었고 자연스럽게 활력을 잃었다.

교회의 전도 활동을 바라보는 주변의 시각도 많이 변했고, 정부의 방침도 전도 활동을 더욱 어렵게 만들고 있다. 그렇다고 이 상황을 타개할 특별한 전도 방식이 나오지도 않아서 교회의 목회자, 장로, 그리고 일반 성도들 모두 거의 손을 놓고 있다. '때를 얻든지 못 얻든지 전도에 힘쓰라'는 지상 명령을 아는 기독교인으로서는 고민에 빠질 수밖에 없다. 교회와 기독교인들은 전도 활동에 활력을 불어넣을 새로운 길을 모색해야

만 할 시점에 와 있다. 그 방법 중 하나가 ChRM의 활용이다.

프로파일을 기반으로 한 양육 · 교제 활동 관리

– 성도의 기초 정보 프로파일

구분	자기 자신 관련			가족 관련	
	반복 일정	라이프 이벤트	신상, 주변 환경	자녀1, 2	부모/형제
기본 정보	생일 결혼기념일 설날 추석 부활절 추수감사절 크리스마스	졸업 주요 시험 취업 이직 결혼 출산 퇴직 환갑, 진갑	학력, 전공 주거 형태 경제 상황 직업 건강 부부 관계 친구 관계 사별	생일 건강 학업, 유학 입대 결혼 취업 자녀 출산 사망	생일 건강 기념 사망

ChRM 운용 시 성도의 교제 관리는 성도의 중요한 신상 변화와 라이프 이벤트에 대한 기록을 기반으로 하면 된다. 사전에 정의된 이벤트 대응 규칙에 따라 성도가 필요한 시점에 적절한 활동을 수행하는 것이다.

예를 들어 각종 금융 기관이나 카드 회사 또는 SNS에서 생일 알림을 알려주는 것과 마찬가지로 성도의 생일, 기념일, 명절, 부활절, 추수감사절 및 크리스마스 때 교회가 성도에게 축하 혹은 기념 메시지를 보내는 것이다. 어느 신학대학교 총장은 교회의 주요 절기, 즉 부활절, 크리스마스 때 지인들에게 기념 카드와 기념 조각품을 선물한다고 한다. 이 선물을 받는 이들에게 기념일이 더 의미 있게 느껴질 것은 당연하다. 시간이 지난 후에도 그 카드와 조각품을 볼 때마다 총장의 사랑과 관심을 떠올리며 감사한 마음을 가지게 된다는 얘기를 들은 적이 있다.

결혼, 주요한 절기, 성도 당사자나 자녀가 학교를 졸업하거나 석·박사 학위를 받았을 때, 그리고 주요한 시험을 앞두고 있거나 시험 결과가 발표되었을 때, 취업·이직을 하게 되거나 결혼, 자녀 출산 때와 같이 인생에서 의미 있는 날에 교회에서 보내온 축하 메시지를 받는다면 어떤 기분일까? 성도로서는 교회에 대한 애착이 커질 수밖에 없다.

ChRM 운용으로 새로 등록한 성도가 어떤 신앙의 이력을 가지고 있는지 파악하고 이를 분석해 보면, 그 성도에게 향후 적합한 양육 프로그램과 봉사 활동 부서 등을 제공하는 데 도움이 될 것이다.

예를 들어 초신자라면 교회의 기초 신앙 세우기 프로그램 등을 추천하면 도움이 될 것이다. 그런데 이미 다른 교회에서 신앙 생활을 수십 년간 잘하던 성도가 이사, 이직 등의 이유로 새로운 교회에 출석했다면, 기초 신앙 세우기 프로그램보다는 새 교회가 소속된 교단의 특성, 목회자의 설교양태, 교회 전도회의 성격, 양육, 교제, 봉사 프로그램에 대한 안내 등 오리엔테이션을 잘해주는 것이 적응을 쉽게 만들 것이다.

– 성도의 과거 신앙 이력

구분	신앙 정보	양육	직분 · 봉사	기독 관련 단체 활동 단체명1
출석 교회1 (교회명, 기간)	신앙 생활 시작 연도 신앙 갖게 된 동기 인도자 학습 일자 세례 일자 교회 헌신도	주일학교 (유치부, 초등부, 중 · 고등부, 대학부) 참여 기간 청년부 활동 기간 성경 공부 주일 대예배 신앙 서적	장로 집사 교사 성가대 전도회 중 · 고등부 임원 대학 · 청년부 임원 예배 안내, 수금 교회 행사 차량 · 주차 식당 · 청소	기간 역할, 책임 모임 횟수 모임의 목적과 내용 모임 멤버 구성
신앙 생활		성경 공부 성경 묵상 기독 관련 서적	사회봉사	기타

교회는 예배, 봉사, 전도, 교제 등을 기본 활동으로 하고 있다. 코로나 시대처럼 비대면 예배를 드릴지라도 예배는 있어야 하고, 양육, 전도, 교제, 봉사 활동이 지속적이지 않다면 교회의 의미가 흔들릴 것이다. 그러므로 이런 비대면 상황이 지속될수록 ChRM의 쌓인 데이터가 있다면 해결 방향을 찾기에 유리할 것이다. 성도 프로파일을 근거로 교회의 사

역 방향을 정하는 것이다.

예를 들어 어느 성도의 자녀가 학업에 어려움을 겪거나 방황하고 있을 때, 같은 구역의 성도 중에 먼저 그런 경험을 한 학부모 성도나 교육 전문가가 있다면 서로 연결하여 교회는 성도들 간 도움의 채널을 생성할 수도 있을 것이다. 이처럼 ChRM의 활용법은 무궁무진하다.

– 성도의 사역 활동 및 교회평가

구분	성도 기본 정보	예배, 양육	봉사 · 교제	전도	교회 총평
현재 출석 교회	출석 기간 집사 장로 권사	1~3부 예배 금요, 새벽 기도회 참석 교회 프로그램 참석	교사 찬양, 성가대 예배 위원 차량 주차	전도회 참석 전도 활동 참여	긍정적인 말, 교회 잔류, 헌신적 활동

ChRM을 이용해 교회에 대한 성도의 종합적인 인식 혹은 교회 애착심에 대한 평가도 할 수 있다. 성도들을 대상으로 무기명으로 행해지는 몇 가지 질문으로 교회의 지도자들은 성도들의 마음을 알아내고 사역 방향을 정하는 데에 요긴하게 활용할 수 있다.

(1) 성도의 자교회에 대한 인식 평가: 이러한 질문은 교회에 대한 성도의 진정한 평가를 잘 반영하는 것으로, 성도의 80% 이상이 이에 대해

긍정적인 답변을 했다면 교회는 지속적으로 성장 발전할 가능성이 매우 크다.

좋은 교회인가? 성도가 출석하고 있는 교회에 대해서 좋은 교회라고 생각하는지, 또는 가족이나 주변 사람들에게 출석하는 교회를 추천할 만큼 좋은 교회라고 인식하는지에 관한 질문이다.

출석하는 교회에 앞으로도 꾸준히 출석할 것인지? 때로 그리 멀지 않은 지역으로 이사 가거나 주변에 다른 영향력 있는 교회가 있다는 얘기를 들었을 때도 변함없이 지금 교회에 그냥 그대로 출석할 것인지에 관한 질문이다.

교회에 어떤 형태로든 교회의 사역이나 봉사, 전도 등에 적극적으로 참여하고 헌신할 것인지 등에 관한 질문이다.

(2) 예배에 대한 평가

신령과 진정으로 교회의 예배가 드려지는가? 아니라면 무슨 이유 때문인가? 무엇이 바뀌어야 하는가?(찬양 인도, 설교, 대표 기도, 성가대 등)

설교가 은혜로운가? 아니면 그 이유는 무엇인가? 어떻게 바뀌어야 하는가? 만약 외부의 전문 설교자를 간헐적으로 초빙하고자 할 때 어떤 설교자이면 좋겠는가?

성가대의 찬양이 성도들에게 은혜가 되고, 하나님께 영광이 된다고 생각하는가? 아니라면 그 이유는 무엇이고, 어떻게 바뀌어야 한다고 생각하는가?(지휘자, 반주자, 음향시설, 전문 성가 대원 확보 등)

교회의 대표 기도에서는 무엇이 바뀌어야 하는가?(장로 이외에 권사,

집사들에게 기회 부여 등)

(3) 전도에 대한 평가

교회가 전도를 제대로 하고 있는가? 아니면 그 이유는 무엇이며 향후 전도가 어떻게 바뀌어야 하는가?

새 신자가 교회에 출석하거나 등록했을 때 교회의 새 신자 정착 프로그램에서 무엇이 바뀌어야 하는가?

교회의 전도회가 비활성화되어 있는데 그 이유는 무엇이고, 현실적으로 어떻게 바뀌어야 하는가?

교회의 선교 활동의 목표는 적합하고 제대로 실행되고 있는가? 안 된다면 그 이유는 무엇이고 어떻게 바뀌어야 하는가?

(4) 양육 프로그램 평가

교회의 양육 프로그램에서 가장 큰 문제는 무엇인가? 이러한 장애 요인을 극복할 방법은 없는가? 현실적인 대안은 무엇인가?

유아부, 초 · 중 · 고등부 주일학교, 대학부, 청년부는 무엇이 어떻게 바뀌어야 하는가? 혹시 주일학교가 활성화된 교회를 아는 곳이 있는가? 왜 그 교회는 잘하고 있고, 우리는 어떻게 적용할 수 있는가?

(5) 봉사, 교제에 대한 평가

교회의 봉사(식당, 카페, 주차 차량 운전, 교회 청소, 교사, 성가대 등)에서는 어떤 이슈가 있는가? 현실적으로 어떻게 변화 가능한가?

교회의 성도 간 교제가 매우 제한적으로 이루어지고 있다면, 교제를 어렵게 만드는 장애 요인은 무엇인가? 더욱 바람직한 교제 방안은 없는 것인가?

(6) 교회의 제도, 체계에 대한 평가

교회의 제도(십일조 등 헌금, 목회 · 장로 · 권사 · 안수집사 · 집사 등 직분 선출 · 청빙)는 성경적인 기준으로 적절하게 운영되고 있다고 생각하는가? 아니면 무엇이 어떻게 바뀌어야 하는가?

교회의 직분자 임명과 선출에서 변화가 필요한 부분은 무엇인가?

(7) 교회의 시설, 장비 등에 관한 평가

교회의 예배당 구조에서 불편하거나 공익적 차원에서 부적절한 것은 없는가? 현실적으로 어떻게 바뀌어야 하는가?

교회의 시설, 장비 등은 어떻게 개선되어야 하는가?

3. 성도의 헌신 관리

1) 조직 몰입과 성도 헌신

CRM 관점에서 보았을 때 기업의 존재 이유는 '고객에게 가치 전달'이라고 요약된다. 기업이 제품·서비스를 통해 고객을 만족시키는 것이 그만큼 중요하다는 얘기다. 그러나 조직 만족도보다는 조직 몰입도가 효과적인 개념이다.

앞에서 고객은 '반복적으로 구매 행위를 하는 주체'라고 언급했는데, 이런 고객뿐만 아니라 또 다른 고객이 있다. 바로 내부 임직원들이다. 이들을 효과적으로 관리하는 것이 더 중요할 수 있다. ChRM 운용에서도 내부 임직원 관리와 항존직 교회 리더에 대한 프로그램이 포함되어야 한다.

기업의 내부 임직원들은 근무하는 동안 회사의 정책, 지침, 제도를 지키고, 업무 매뉴얼에 따라 일을 처리한다. 특히 상사에게 지시를 받고 추진 과정과 성과를 보고하며 동료들과는 긴밀히 협업해 나가야 한다. 또한 회사의 보상·복지 제도를 누리며 직장을 통해서 삶의 가치를 높인다. 이런 일련의 임직원 활동이 효율적이고도 효과적으로 이루어지기 위해서는 임직원들의 조직에 관한 생각이 크게 영향을 미친다.

기업에서 직원들의 마음을 들여다보는 일반적인 방법은 '직장 만족도'와 같은 직원 의견 조사이다. 이 조사는 직원들의 감정적인 만족도를 측정하는 것을 목적으로 하는 점에서 고객 만족도 조사와 크게 다르지 않다.

직원을 대상으로 하는 질문에서 고객의 재구매 의사에 해당하는 질문의 항목은 바로 '성과 향상을 위해 얼마나 노력하고 있는가'이다. 그런데 실제 기업 현장의 조사에서는 성과 향상을 위한 몰입도를 측정하는 설문지에 직장 만족도를 추가해서 물어보면, 직장 만족도의 결과 값이 성과 몰입도보다 보통 20% 정도 높게 나왔다. 이는 직장에는 만족하나 성과 향상을 위해 주도적으로 일하지 않는 직원이 많다는 것을 방증한다.

조직 구성원들의 만족도는 높지만 성과가 낮은 조직은 우리 사회에 얼마든지 존재한다. 예를 들어 공기업의 직원은 고용의 안정성도 높고 근무 시간 등 업무의 강도도 그리 높지 않은 것으로 알려져 있다. 그래서 업무 스트레스는 적은 반면, 상대적으로 복지 제도와 급여 등은 상당히 매력적이다.

공기업의 직원들은 직업 또는 직장의 만족도가 높은 편이라고 볼 수 있다. 그렇다고 이들이 민간 기업의 직원들에 비해 우수한 성과를 낸다고는 말하지 않는다. 그것은 직원의 만족도가 높다고 해서 항상 조직 성과가 높은 것은 아니기 때문이다.

반면 조직에 대한 애착심이 낮은 직원은 성과도 낮다. 그러니까 자신이 하고 있는 일에 대해서 보람을 느끼고, 일을 잘하려는 의지를 가지고 있는 임직원이 실제 성과가 높게 나온다는 연구 결과가 많다.

이를 교회에 적용시켜 보자. 교회가 만족스럽다고 생각하며 다니는 성도도 믿지 않는 지인에게 자신의 교회로 출석하도록 권고 또는 추천까지는 잘 하지 않는다. 그것은 성도의 교회에 대한 만족도가 전도로 이어지지 않는다는 것을 의미한다. 교회의 만족도로는 이런 사역 활동을 적극적으로 이끌지 않는다.

그렇다면 교회는 성도들의 교회 헌신도 향상을 위해 어떤 노력을 해야 할까? 교회 목회자 혹은 지도자들은 교회 성도들의 속마음을 어떻게 헤아릴 수 있을까?

이에 대한 해결책을 찾기 위해 기업에서 사용하는 경영관리 방안을 알아보자. '직원 의견 조사, 직원 만족도 조사'는 기초 건강 검진에 해당한다. 몸의 어디에 문제가 있는지 파악하고 대책을 마련하기 위해 실시하는 혈액 검사, X-ray 촬영에 해당하는 것이다.

이때 기초 건강 검진의 결과가 나오면, 우리는 무조건 수치가 낮은 부분에 대한 치료를 시작하지 않는다. 치료를 시작하기 전에 가장 위급한 부분, 개선 효과가 가장 큰 부분이 어디인지 찾고 현재 가지고 있는 조건이나 제약 안에서 우선순위를 정해 무엇부터 해야 할지를 결정할 것이다. 때로는 상황이 다소 안 좋더라도 개선이 어려운 부분에 대해서는 현상 유지할 정도로만 노력하면서 전반적인 체질 개선에 투자하는 것이 현명한 선택이 될 수도 있을 것이다.

그래서 현명한 경영자라면 한 걸음 더 나아가서 이러한 질문을 해야 한다. 과연 직원들의 만족도가 높아지면 조직의 성과가 향상될 것인가? 그리고 어떤 제도나 조건에 변화를 주어야만 성과가 더 향상될 것인가? 조직의 자원이 제한적인데 어떤 부분을 우선 변화시키고 어떤 부분을 현상 유지할 것인가? 이러한 질문에 대한 답변은 직원들의 만족도 조사 이후에 조직의 발전을 위한 유용한 답을 찾도록 도와줄 것이다.

조직 구성원이 한 조직에 만족하고 있다는 것은 하는 일, 근무 조건 그리고 처우에 큰 불만이 없다는 뜻이다. 이런 상태에 있는 직원들이 조직 성과에 몰입하고 헌신할 가능성이 큰 것은 사실이다. 그러나 반드시 그렇지는 않다. 그러므로 교회는 교인들의 교회 만족도가 사역의 성과와 비례하여 나아가도록 관리할 필요가 있다.

조직 몰입도, 성도 헌신 관리를 해야 한다. 조직 몰입은 조직 구성원들의 조직에 대한 만족뿐만 아니라 조직의 성과 향상에 적극적으로 참여하는 행동까지 아우르는 표현이다. 그러므로 성도들의 교회에 대한 만족도와 사역 성과를 향상시키려면 교회의 리더들은 성도들의 교회에 대한 헌신도를 어떻게 끌어올릴 것인지를 고민해야 한다.

조직의 몰입도, 애착심 그리고 헌신도는 다른 표현이지만 같은 경영적 의미의 단어이다. 조직의 몰입도 향상이 경영 성과 향상을 이끈다는 연구 결과는 너무나 많다. 미국의 한 유명 백화점을 대상으로 조사한 결과에 따르면 직원의 성과 몰입도의 변화는 경영 성과를 26%나 향상시킨다고도 한다.

미국과 유럽에서 해마다 선정하는 '일하기 좋은 회사들best companies to work for'로 선정된 회사들과 다른 일반 회사를 비교해 보면 그 차이가 확연히 드러난다. 1997년까지 10년간의 주가 수익률을 비교해 볼 때 일하기 좋은 회사들 100개의 평균 주가 수익률은 23.4%로, 같은 기간 동안 14.8%의 수익률을 보인 S&P 500 회사보다 8.6%가 높으며, 5년 동안의 결과만 비교하면 그 차이는 10.2%로 늘어난다. 이는 최근 들어 인적 자원에 대한 의존도가 높아지면서 직원의 조직 몰입이 경영 성과에 미치는 영향은 더욱 커진다고 해석될 수 있다.

몰입과 성과 향상과의 연관성에 대한 미하이 칙센트미하이Mihaly Csikszentmihalyi의 연구는 우리에게 많은 시사점을 던진다. 그의 주장에 의하면, 먼저 어떤 활동에든 깊이 몰입하기 위해서는 매 순간 자신이 무엇을 해야 하는지 정확히 알고 있어야 한다. 한 예로, 등산가가 정상에 오르겠다는 최종 목표에 집중하면 미끄러지거나 위험한 곳으로 떨어지지 않고 안전하게 다음 단계로 조금씩 전진해 나가는 데 집중한다.

또한 몰입한 사람은 피드백이 즉각적이다. 무슨 일을 할 때 자신이 얼마나 잘하고 있는지 적절한 시점에 정보를 얻지 못한다면, 그 활동에 계속해서 몰입하기 어렵다. 완전한 몰입의 상당 부분은 자신이 하는 일이 중요한 것이며 그에 따른 결과가 어떠할 것이라는 사실을 아는 데에서 온다.

피드백은 자신이 하는 일의 성과에 대해 동료나 상사의 평가로부터 오기도 한다. 이러한 피드백을 지속적으로 받고 자신의 성과 향상에 적절히 반응하는 몰입된 사람은 성과가 좋게 나올 가능성이 크다.

조직에 몰입한 사람은 기회와 능력 사이의 균형을 유지한다. 어떤 과제가 주어졌을 때 실행 가능한 일이라는 확신이 있다면 그 일에 완전히 몰입하기가 훨씬 수월해진다. 그런데 만약 그 일이 자신의 능력 범위를 벗어난 것이라 판단되면 심리적인 불안에 휩싸인다. 반면 과제가 너무 쉬운 경우에는 쉽게 지루함을 느낀다. 즉 과제와 실력이 모두 높으면서도 서로 대등한 수준일 때 몰입이 나타난다는 것이다.

몰입하면 집중력이 강화된다. 명확한 목표와 업무 처리 후 즉각적인 피드백이 이루어진다면 일에 몰입될 가능성이 커진다. 또한 몰입하면 통제가 어렵지 않다. 몰입 활동이라는 분명히 제한된 세계에서는 주어진 과제를 과감히 존중하고 이를 해결할 만한 능력을 갖추고 있는 한, 상황을 웬만큼 자신의 의지에 따라 통제할 수 있는 가능성이 커진다.

조직에 몰입하면 시간에 대한 의식이 달라진다. 몰입 경험의 전형적인 특징 중 한 가지는 시간에 대한 감각이 평소와는 달라진다는 것이다. 이 경우에 흔히 시간이 빠른 속도로 지나간다고 인식한다. 반면 시간을 정확하게 파악하는 것이 몰입에 방해가 되지 않고 오히려 몰입을 위한 조건이 되기도 한다.

성도 헌신도의 측정 기법

교회의 헌신도는 성도들이 교회의 사역 활동과 교회의 운영에 만족하면서 교회에 대한 강한 애착심이 있는 경우를 말한다. 이런 성도는 자신이 참여하는 교회의 모든 사역 활동에 더욱 적극적으로 참여할 뿐만 아니라 헌신을 다한다. 기업과 마찬가지로 성도의 헌신도가 높은 교회는 성장하고 부흥한다.

그렇다면 성도의 교회 헌신도 수준은 어떻게 알 수 있을까? 기업에서와 마찬가지로 설문 조사를 통해 성도들의 생각을 알아볼 수 있을 것이다. 조직 몰입도 조사를 위한 설문은 일반적으로 아래 세 가지 질문을 기본으로 한다.

(1) 지인에게 자신의 회사에 대해서 좋게 얘기를 하는가? (say)

(2) 다른 기업에서 더 좋은 조건으로 스카웃 제의를 하더라도 쉽게 회사를 떠나려 하지 않는가? (stay)

(3) 회사를 위해 열심히 최선을 다해 일하려고 하는가? (strive)

이를 교회에 적용하면 다음과 같이 질문 내용을 변경할 수 있다.

(1) 평소 교회에 대해 자긍심을 가지고 있는가? 소속 교회의 리더, 담임목사와 장로를 존경하고 호의적인 감정을 가지는가?

(2) 다른 교회로 옮기려는 생각을 하는가?

(3) 교회에서 자신의 맡은 직분, 역할에 대해 감사히 생각하고 최선을 다해 이 일을 수행하는가?

성도 헌신도의 평가

성도의 헌신도 관련 설문 조사에서 높은 점수를 보이는 성도는 교회에 대한 헌신도가 높고 교회에 대한 애착심이 높은 성도라고 볼 수 있다. 그럼 헌신도는 어떤 조사 기법으로 조사하며, 얼마나 높은 점수가 높은 값인지 그리고 그 기준에 대해 알아보자.

일반적으로 설문 조사의 기법은 리커트의 5점 척도(매우 만족 5점, 만족 4점, 보통 3점, 불만 2점, 매우 불만 1점)를 사용했다. 예를 들어 질문이 50개일 때, 직원 한 사람이 50개 항목에 대한 자신의 생각을 평가하여 전체 평균값이 3.2로 나왔다면, 직원이 500명인 기업은 다시 개인들의 점수를 평균한 값을 매긴다.

여기서 평균 점수가 3.4로 나왔다면, 이 점수는 평균 3점보다는 약간 높다는 것을 알 수 있다. 만약 동일한 질문으로 작년, 재작년에도 조사했다면 그때와 비교해서 얼마나 변화가 생겼는지도 알 수 있다.

문제는 5점 척도에 대한 조사 결과는 개인도 마찬가지고 전체적으로도 거의 가운데로 몰리는 이른바 중심화 경향이 매우 강하다는 것이다. 심리적으로 어느 극단적인 값, 즉 1 혹은 5점을 잘 표기하지 않는 경향이 크기 때문이다. 그래서 이 방법은 임직원의 마음을 정확히 읽어내는 데는 많은 한계가 있다고 판단되어 최근에는 다른 기준과 기법을 도입하고 있다.

이 방법은 수치에 통계적으로도 상당히 엄격한 기준을 가지고 측정된다. 질문 하나에 대해 직원들이 5점 척도로 표기할 때, 매우 긍정과 긍정으로 답한 항목만을 조직 몰입된 것으로 간주한다. 응답에서 보통, 불만, 매우 불만은 조직 몰입이 되지 않은 것으로 해석한다. 즉 항목에 대해 확실하게 긍정하지 않는 애매한 답변은 모두 몰입이 되지 않은 것으로 평가한다. 그리고 같은 내용의 질문을 3~4개 정도 다르게 배치해서 하나의 항목에서 잘못 기입하거나 애매하게 표기한 값을 걸러내는 효과가 있다.

교회에 대한 성도의 헌신도 조사는 많은 시사점을 얻을 수 있다. 교회 몰입도가 높은 성도는 믿지 않는 주위의 사람이나 지인들에게 적극적으로 전도할 것이다. 또한 헌신도가 높은 성도는 이사하거나 직장을 옮겨도 교회를 쉽게 옮기지 않는다. 무엇보다 교회 헌신도가 높은 성도는 교회의 사역 활동에 적극적으로 참여할 것이다.

또한 교회 헌신도 조사에 사용된 항목 이외에 헌신도에 영향을 줄 만한 변수들을 설문 항목으로 설계해서 설문하는 것이 좋다. 예를 들면 담임목사의 설교 만족도, 장로의 신뢰성, 찬양의 은혜로움, 교회 선교 활동, 구제 활동, 사회적 평판 등과 같은 항목들을 함께 조사하고, 이러한 변수들이 교인의 성도 헌신도에 어떠한 영향을 미치는지도 분석하는 것이다.

조직 몰입도에 영향을 주는 변수에 대한 만족도 통계를 보면 흥미롭다. 과거 20여 년 동안, 수천 개의 기업을 대상으로 한 조사를 통해 얻은 연구 결과에서 조직 몰입도에 가장 큰 영향을 미치는 요인은 예상과는 달리 개인에 대한 보상이 아니었다. 기업의 대외적인 이미지도 아니고 발전 가능성도 아니었다. 함께 일하는 상사, 특히 직속 상사에 대한 호감과 신뢰 관계, 그리고 동료와의 관계로 나타났다.

교회의 성도 헌신도 조사 결과가 어떻게 나올지 사뭇 궁금하다. 기업의 조사 결과와 비슷한 부분도 있을 것이고, 교회의 특성상 전혀 다르게 나올 수도 있을 것이다. 또한 교회마다 성도 헌신도 조사를 매년 1~3회 정기적으로 실시해서 조사 결과치를 교회들끼리 비교해 보는 것도 의미가 있겠다. 만약 공통적인 결과 값이 나올 만큼 부실하다면, 교단 차원에서 이 문제를 해결해 나가야 할 것이다.

2) 성도 헌신도 제고 방안

교회에 대한 조직 몰입도 연구 결과는 아직 없다. 교회의 목회자와 장로, 권사 등 교회 중직자의 리더십과 성도와의 관계관리, 그리고 성도 간의 인간관계가 교회 성도의 몰입도에 가장 중요한 요인이 될 것으로 추정된다.

앞서 밝혔듯이 성도들의 몰입도를 높여 사역 성과를 높이려면 교회 리더에 대한 신뢰와 성도들 간의 인간적인 교제가 아주 중요하다. 성도들 간의 교제는 교회 지도자들이 교제를 위한 장을 만들어 도움을 줄 수도 있지만, 근본적으로 성도들 개인적인 영역이다. 그러므로 교회 지도자 입장에서는 당장 시도 가능한 영역인 성도와의 관계관리, 신뢰 형성에 목표를 두고 노력하는 것이 효과적일 것이다.

교회의 리더, 즉 목회자, 교역자, 장로, 권사 등의 중진들이 건강한 리더십을 가졌느냐는 중요하다. 능력 있는 리더가 있다면 성도의 교회 헌신도가 높게 올라갈 것이다. 그러면 능력 있는 리더십의 기초는 무엇일까?

리더의 신뢰 회복

신뢰는 리더십의 기본 요건이다. 로버트 켈리Robert Kelly의 조사에 의하면, 일반적으로 기업이나 사회에서는 50% 미만의 사람만이 리더를 신뢰한다고 했다. 존 맥스웰John Maxwell은 『리더십의 법칙Developing the leader within you』이라는 책에서 1,300명의 고위 경영자들에게 리더십의 어떤 특성이 경영의 효과를 향상시키는 데 크게 기여했는지 물었더니, 71%가 정직integrity을 꼽았다고 했다.

그렇다면 정직이란 무엇인가? 리더의 정직에 대한 하나님의 기준은 예수 그리스도의 행위를 본받아 말하고 행동하며 사는 것이다. 정직은 긍정적인 결과를 초래하는 리더십의 중요한 특성이다.

교회의 안정과 평안은 담임목사의 정직에서 출발한다. 담임목사가 말에서 실수할 수도 있고, 행위에서 그릇된 처신을 할 수도 있다. 설사 잘못을 저질렀다 해도 담임목사가 정직하게 교회 앞에 잘못을 인정하고

용서를 빌면 그릇된 처신의 결과는 많이 희석될 수 있을 것이다.

시편15편에는 정직함과 진실함에 대해서, '여호와여 주의 장막에 머무를 자 누구오며 주의 성산에 사는 자 누구오니이까, 정직하게 행하며 공의를 실천하며 그의 마음에 진실을 말하며, 그의 혀로 남을 허물하지 아니하고 그의 이웃에게 악을 행하지 아니하며 그의 이웃을 비방하지 아니하며, 그의 눈은 망령된 자를 멸시하며 여호와를 두려워하는 자들을 존대하며 그의 마음에 서원한 것은 해로울지라도 변하지 아니하며, 이자를 받으려고 돈을 꾸어 주지 아니하며 뇌물을 받고 무죄한 자를 해하지 아니하는 자이니 이런 일을 행하는 자는 영원히 흔들리지 아니하리이다.'라고 기술되어 있다. 기독교인이라면 다 알고 있는 성경 구절일 것이다.

데이비드 코트렐David Cottrell은 성경에 기초한 정직의 4가지 원칙을 제시하고 있다.

약속을 반드시 지켜라.
당신이 옳다고 믿는 것을 거리낌 없이 말하라.
항상 공평해라.
당신이 배운 대로 살아라.

안타깝게도 교회에서 정직을 훼손하는 일은 꽤 자주 일어난다. 목사가 사적으로 사용한 비용을 공적인 내역으로 넣거나 경비를 불려서 청구한다든지, 사역의 성과나 교인 수 등을 실제보다 과장하기도 한다. 교회 전체가 비전을 미사여구로만 채우거나 교회 중진들이 저조한 사역 결과에 대해서 변명만을 늘어놓고, 평신도는 약자를 무시하고 가진 자에게 굽신거리는 태도 등 불미스러운 여러 행위가 있다. 세상에서는 요령이라고 불리는 상황일 수도 있지만, 교회와 성도들에게는 이러한 행동이 정직을 해치는 행위다.

목회자나 당회에 대한 성도들의 생각을 알아보려면 연 1회 정도의 평가 설문 조사를 해 볼 필요가 있다. 평가 결과를 통해 교인들의 생각을 바로 알 수도 있다. 교회 지도자들의 매너리즘을 방지하는 효과도 있다.

기업에서는 자사의 상품에 대한 좋은 평가를 내리는 고객보다 불만을 품은 고객의 영향이 더 크게 미친다는 것을 잘 알고 있다. 일반적으로 고객 한 명의 불만이 고객 세 명의 호평을 능가하기 때문이다. 그래서 기업은 고객 불만을 관리하기 위해 많은 노력과 투자를 아끼지 않는다.

교회에서도 성도들의 평가 설문을 통해 얻은 결과를 객관적으로 받아들이는 자세가 필요할 것이다. 합리적인 리더라면 이 과정을 통해 교회의 발전 방향을 알아낼 수도 있을 것이기 때문이다.

교회의 리더는 성도들로부터 부정적인 의견을 받았을 때 합력하여 선을 이루시는 하나님의 뜻을 기억할 필요가 있다. 더 상황이 나빠지기 전에 바로잡고 앞으로 나아갈 기회가 될 수 있는 것이다.

영향력 있는 설교

교회의 몰입도에 영향을 미치는 것은 목회자의 설교에서도 찾을 수 있다. 성도가 교회에 자부심을 느끼고 교회를 사랑하며 헌신하는 하나의 중요한 요인은 담임목사의 설교가 큰 위로와 기쁨이 되기 때문이다.

성도 중에는 모태신앙으로 나고 자라서 성인이 되어서도 한 교회를 떠나지 않고 섬기는 경우도 있다. 하지만 대부분 성도는 직장을 옮기거나 이사 등의 이유로 출석 교회를 옮기게 된다. 성도들이 출석 교회를 새롭게 정할 때는 누군가의 도움을 받기도 하고 때로는 같은 교단의 교회 중에서 집에서 가까운 곳을 찾아 출석하기도 한다. 출석 교회를 정하는 이유 중에 교회의 담임목사가 누구인지가 중요하게 작용한다. 성도들의 표현으로는 담임목사님의 설교 말씀이 은혜로운지가 교회 선택에 있어서 가장 중요한 결정 요인이기도 하다.

당연한 말이지만 교회가 성장하기 위해서는 기존 성도의 이탈이 적어야 하고 새 신자의 등록이 많아야 한다. 이렇게 교회 내·외부의 성도들 관리에 담임목사의 설교평이 중요한 역할을 한다. 초기에 급격하게 성장한 교회는 유명한 목사 특히 담임목사의 설교에 대한 평가가 매우 좋은 경우가 대부분이다.

그러므로 목회자는 설교 준비를 지속적으로 철저히 해야 한다. 현실적으로 매주 은혜로운 설교를 하기는 어려울 수 있다. 이러한 문제를 해소할 방안으로써 외부 인사 설교의 잦은 초빙, 부목사 또는 인근 교회 또는 교단 내 다른 교회들 간에 교차 설교도 고려해 볼 수 있을 것이다.

이런 방안들은 담임 목회자나 몇 명의 교회 지도자로서는 결단을 내리기 쉽지 않다. 성도의 정확한 생각을 읽을 데이터가 없기 때문이다. ChRM의 활용은 교회의 방향 모색에 필요한 데이터를 모을 수 있다. 또한 변화를 시도했다면 변화된 결과 값도 정확히 도출해 낼 수 있다. 나아가 그 결과에 따라 또 다른 개선 방향을 모색하게도 해준다.

비전과 교회 혁신

앞서 밝혔듯이 교회가 비전을 수립할 때는 성도들의 다양한 의견을 수렴하는 과정이 필요하다. 수립된 비전을 성도들과 정확히 소통하며, 온 교회가 힘을 모아야 성공할 수 있다. 단어가 가진 언어적 의미처럼, 비전 추구는 현실에 안주하지 않고 새롭게 변해가는 부단한 혁신 활동과 같은 의미다. 그러므로 교회가 부흥을 향해 혁신을 추진해 가는 과정에는 당연히 많은 어려움과 장애물을 만날 수 있다. 조직과 예산이 필요하고, 성도들의 기도와 헌신도 필수적이다. 그러나 이런 어려움을 이겨가는 교회의 혁신 활동을 통해 부수적으로 성도들의 교회에 대한 애착심이나 헌신도 역시 매우 높게 형성되어 간다.

교회는 사역의 목표, 활동에 대한 혁신도 필요하지만, 교회의 리더 및 성도들의 신앙 생활도 더욱 복음적으로 건강하게 변해가야 한다. 아무리 신앙심 깊은 리더나 성도라 하더라도 교회 생활을 오래 하다 보면 자신도 모르게 매너리즘에 젖어 들 수 있다. 건강한 교회 생활을 위해서는 교인 스스로도 점검이 필요할 것이다.

마셜 골드스미스Marshall Goldsmith는 잘못된 행동을 바로 잡는 7가지 원칙을 제시했다.

(1) 원칙1: 피드백

다른 사람의 눈을 통해 자신을 바라보기: 현재 자신의 모습을 객관적으로 인지하고 개선점을 찾기 위한 가장 첫 순서다. 대부분 사람은 부정적인 피드백을 듣고 싶어 하지 않는다. 특히 자신이 실력 있고 일을 잘한다고 느끼는 사람들일수록 그렇다. 이는 자신과 자신이 이룬 것에 대해 실체보다 과장해서 생각하고 있기 때문이다.

(2) 원칙2: 사과

자신의 문제점을 솔직하게 인정하기: 사과는 마법과 같은 치유력과 복원력을 가진 행위다. 우리가 문제점을 찾아 개선하기로 결심했을 때 가장 중요한 핵심이기도 하다. 어떻게 보면 사과만큼 간단하고 명확한 것도 없다. "감사합니다"라고 말하는 것과 마찬가지로 그저 자신의 잘못을 인정하고 "미안합니다"라고 말하면 그다음의 효과는 지대하기 때문이다.

(3) 원칙3: 선언

변화의 의지를 알리고 도움을 구하기: 그저 나쁜 습관을 고치고 싶다는 말에서 그치는 것이 아니라, 정확히 어떤 부분을 고치겠노라고 다른 사람들 앞에서 선언하는 것이다. 이런 과정이 필요한 것은 당신의 행동에 대한 사람들의 인식을 바꾸는 것이 필요하기 때문이다.

(4) 원칙4: 경청

상대의 평가에 적극적으로 귀 기울이기: 들어주는 행위는 아무것도 하지 않고 앉아있는 수동적인 행동이 아니다. 일이든 공부든 운동이든 다른 사람의 이야기를 들어주는 것에 따라서 잘 배우고 못 배우고의 80%가 결정된다.

(5) 원칙5: 감사

자신의 부족함을 겸허하게 받아들이기: 상대방이 호의를 베풀거나 도움을 주었을 때 감사의 마음을 전하고 인사를 한다. 이것은 상대에 대한 기본적인 예의이며 대인 관계를 매우 긍정적인 방향으로 이끌어주는 태도이다.

(6) 원칙6: 팔로우업follow up

지속적인 성공 프로세스 만들기: 자신의 문제점을 명확히 확인한 후 지속적으로 개선해 가면 성도나 가족들은 당신이 개선되고 있음을 받아들이게 된다. 다른 사람들을 개선 작업에 참여시켜 그들과 함께 팔로우업의 단계를 거치고 있다면, 지속적인 성공을 보장받은 것이나 마찬가지다.

(7) 원칙7: 피드포워드feedforward

미래의 목표를 위한 조언 구하기: 피드포워드는 과거의 문제를 끄집어내어 지적하는 것이 아니라 미래에 무엇을 해야 할지 알려주는 것이다. 그러므로 이 때문에 모욕감이나 당혹감을 느낄 필요가 없다. 그저 그 조언을 듣기만 하면 된다. 그러기에 피드포워드는 변화를 위한 행동

중에 가장 쉬운 것이다. 이 과정들을 실천해 보면 자신의 문제를 발견하고 그것을 고치기 위해 어떤 행동이 필요한지 알게 된다.

참고문헌

제1부. 교회와 혁신

리처드 츄닝 외, 비니지스경영, 안동규 · 한정화 역, IVP, 1995

릭 워렌, 새들백교회이야기, 김현회 역, 디모데, 1996

린 하이벨스 · 빌 하이벨스, 윌로우크릭 커뮤니티교회, 김성웅 역, 두란노, 1997

마이클 해머, 리엔지니링 기업혁명: 비즈니스 혁명을 위한 마지막 선언, 스마트 비즈니스, 2009

미상무성 전자상거래국 엮음, 디지털이코노미, 신동기옮김, 씨앗을 뿌리는 사람, 2000

배종석 · 양혁승 · 류지성, 건강한 교회, 이렇게 세운다, IVP, 2008

에릭 슈미트 · 제러드 코언, 새로운 디지털 시대, 이진원 역, 알키, 2013

조안 마그레타, 경영이란 무엇인가, 권영설 · 김홍열 역, 김영사, 2002

존 코터, 변화의 리더, 한정곤 역, 김영사, 1999

최윤식, 2020-2040 한국 교회 미래지도, 생명의 말씀사, 2014

케빈 켈리, 인에비터블, 이한음 역, 청림출판, 2017

테런스 J. 세즈노스키, 딥러닝 레볼루션, 안진환 역, 한국경제신문, 2019

제2부. 교회의 혁신 모델

게리 해멀, 꿀벌과 게릴라, 세종서적, 2001

게리 해멀, 경영의 미래, 세종서적, 2009

김원경, 기업의 리모델링, 민지사, 2009

래리 보시디 · 램 차란, 실행에 집중하라, 김광수 역, 21세기북스, 2004

램 차란 · 스테픈 드로터 · 제임스 노엘, 리더십 파이프라인 : 강한 조직을 만드
    는 GE식 인재양성 프로그램, 한근태 역, 미래의 창, 2009

레오나드 베리 외, CRM전략 : 프로슈머 시대 고객의 개념변화와 기업의 대응
    전략, 21세기 북스, 2010

마이클 포터, 경쟁우위: 탁월한 성과를 지속적으로 창출하는 법, 21세기북스,
    2008

방유성, 리딩비즈-탁월한 비즈니스 리더의 로드맵, FKI 미디어, 2008

브래머 윈슬로, 퓨처워크, 이건영 역, 아이비에스, 1996

클레이튼 크리스텐슨, 혁신기업의 딜레마, 이진원 역, 세종서적, 2009

제3부. 교회의 정책관리

개롤드 마클, 성과 관리시스템의 패러다임을 바꿔라, 교보문고, 2007

노나카 이쿠지로 외, 지식경영 : 조직내 지적 자산의 창출 및 공유 확대 방안,
    21세기 북스, 2010

다카하시 토시로 외, 의료조직 성과 관리 BSC, 남상요 역, 보문각, 2005

딕 스미스 · 제리 블레이크슬리 · 리처드 쿤스, 식스시그마 성공의 조건, 한국
경제신문사, 2004

로버트 캐플란 · 데이비드 노튼, BSC (Balanced Score Card), 한언, 2014

로버트 캐플란 · 데이비드 노튼, SFO (Strategy Focused Organization), 한
언, 2002

로버트 캐플란 · 데이비드 노튼, Stratgy Maps, 21세기북스, 2004

폴 니벤, BSC 진단과 개선, NemoBooks, 2006

피터 스타진스키 · 로완 깁슨, 핵심에 이르는 혁신 : 조직의 체질을 근본적을
바꾸기 위한 혁신 로드맵, 김태훈 역, 비즈니스냅, 2009

하버드 경영대학원, 창의와 혁신의 핵심전략, 청림출판, 2004

Arthur Sharplin, Strategic Management, Mcgraw-Hill, 1985

Arthur A. Thompson, Jr and A. H. Strickland III, Strategic Management, Irwin,
1992.

Brian E. Becker, Mark A. Huselid, and Dave Ulrich, The HR Scorecard, Harvard
Business School Press, 2001

Lauren Keller Johnson, Handelman, Company Hits a High Strategic Note with
the BSC, Balaced Scorecard Report, September-October, 2003

Michael Hammer, Process Management and the Future of Six Sigma, Sloan
Management Review, Winter, 2002

Michael A. Hitt, R. Duane Ireland, Robert E. Hoskisson, Strategic Management :
Competitiveness and Globalization, West publishing Co. 1995

Michael E. Porter, The Five Competitive Forces the Shape Strategy, Harvard

Business Review, January, 2008

Mick Bennet, Andrew Bell, Leadership Talent in Asia, John Wiley & Sons, 2004

Ricceri, Federica, Intellectual Capital and Knowledge Management, Taylor & Francis, 2008

제4부. 교회의 조직관리

가레이스 모건, 조직 이론, 박상언 외 역, 경문사, 2012

게리 콜린스, 크리스천 코칭, 정동섭 역, IVP, 2004

김광점 외, 조직 이론과 설계, 한경사, 2010

김인수, 거시조직 이론, 무역경영사, 2016

던 커즌스 외, 교회관리 어떻게 할것인가?, 이인식 역, 선교횃불, 2017

데이비드 코트웰, 크리스챤 리더십, 송경근 · 서원교 역, 한언, 2006

바바라 민토, 논리의 기술, 이진원 역, 더난출판, 2007

신유근, KRP경영론, 다산출판사, 2007

엘리 골드렛, 더 골, 김일윤 외 역, 동양북스, 2013

오세철, 조직행동, 박영사, 2006

이원규, 비영리조직 운영, 예영커뮤니케이션, 2006

톰 피터스, 와우 프로젝트, 양국영 역, 21세기북스, 2002

Anand, N. and Richard L. Daft, What Is the Right Orgnization Design? Organizational Dynamics 36, no.4, 2007

David Nadler and Michael Tushman, Strategic Orgnization Design, Glenview, III: Scott Foresman, 1988

Hamton David R, Charles Edgar and Webber Ross A., Organizatinal Behavior and the Practices of Management, Sott Foresman and Co., 1986

Dave Ulrich and Norm Smallwood, Leadership Brand, Harvard Business School Press, 2007

Harry G. Barkema, Joel A. C. Baum and Elizabeth A. Mannix, Management Challenges in a New Time, Acadmy of Management Journal 45, no.5 (2002)

Henry Mitzberg, The Structuring of Organzaions, Englewood Cliffs, N.J.: Prentice-Hall, 1979

Marshall Goldsmith, What Got You Here Wont Get You There, Hyperion, 2007

Raymond E. Miles and Charles C. Snow, Organizaional Strategy, Structure and Process, New York: McGraw-Hill, 1978

Richard Scott, Organizations: Rational, Natural, and Open Systems, Prentice-Hall, 1981

Robert D. Dale, To Dream Again : How to Help Your Church Come Alive, Wipf & Srock Publishers, 2004

제5부. 교회의 관계관리

김연형, 김재훈, 이석원, 고객 관계관리와 데이터마이닝, 교우사, 2007

김형수, 김영걸, 고객 관계관리 전략원리와 응용, YOUNG, 2014

노무라 다카히로, One to One CRM 전략, 대청, 2000

롤란드 T. 러스트, 밸러리 A. 자이텀, 캐서린 N. 레먼, 고객가치관리와 고객마
    케팅 전략, 지식공작소, 2006

박찬욱, 한국적 CRM 실천방안, 시그마인사이트, 2005

알레스 버슨 외, CRM을 위한 데이터마이닝, 대청, 2000

양소영, 김형수, 김영걸, 온라인 고객리뷰의 분류항목별 차이분석,: 채널, 제품
    속성, 가격을 중심으로, 한국마케팅저널, 10(2), 2008

최정환, 과학적 경영을 위한 CRM, 다산출판사, 2005

프레드릭 뉴웰, 인터넷 시대의 고객 관계경영 : CRM.com, 21세기북스, 2000

Anderson E. W and Mittal V., Strengthening the Satisfaction-profit Chain,
    Journal of Service Research, 3(2), 2000, pp.107-120.

Baldauf A., Cravens K. S., and Binder G., Performance Consequences of Brand
    Equity Management : Evidence form Organizations in the Value Chain, The
    journal of Product and Brand Management, 12(4/5), 2003, pp.220-234.

Dyche J., The CRM Handbook, 야스미디어, 2003

Engel J. F. and R. D. Blackwell, Consumer Behavior, 4th ed., NewYork :The
    Dryden Press, 1978

Kumar V. and George M., Measuring and Maximizing Customer Equity : A
    Critical Analysis, Journal of the Academy of Marketing Science, 3(2), 2007

Mithas S., Krishnan, M. S and Fornell C., Why Do Customer Relationship
    Management Applications Affect Customer Satisfaction? Journal of
    Marketing, 69(4), 2005, pp.201-209.

Payne A. and Frow P., A Strategic Framdework for Customer Relationship

Management, Journal of Marketing, 69(4), 2005

Reichheld F. F., The Loyalty Effect, Boston, Harvard Business Press, 1997

Wagner W. P. and Zubey M. Customer Relationship Management : A People,

Process, and Technology Approach, Thomson Course Technology, 2007

잘되는 교회에는 이유가 있다

부흥으로 이끄는 교회 혁신

2021년 12월 6일 1판 1쇄 펴냄

지은이 | 방유성
펴낸이 | 김철종

펴낸곳 | (주)한언
출판등록 | 1983년 9월 30일 제1-128호
주소 | 서울시 종로구 삼일대로 453(경운동) 2층
전화번호 | 02)701-6911 팩스번호 | 02)701-4449
전자우편 | haneon@haneon.com
ISBN 978-89-5596-921-4 (03230)

만든 사람들
기획 · 총괄 | 손성문
편집 | 김세민
디자인 | 박주란
본문 사진 | 사진작가 장영규 (1부~3부)

Our Mission   – 우리는 새로운 지식을 창출, 전파하여 전 인류가 이를 공유케 함으로써 인류 문화의 발전과 행복에 이바지한다.

– 우리는 끊임없이 학습하는 조직으로서 자신과 조직의 발전을 위해 쉼 없이 노력하며, 궁극적으로는 세계적 콘텐츠 그룹을 지향한다.

– 우리는 정신적·물질적으로 최고 수준의 복지를 실현하기 위해 노력하며, 명실공히 초일류 사원들의 집합체로서 부끄럼 없이 행동한다.

Our Vision   한언은 콘텐츠 기업의 선도적 성공 모델이 된다.

저희 한언인들은 위와 같은 사명을 항상 가슴속에 간직하고
좋은 책을 만들기 위해 최선을 다하고 있습니다.
독자 여러분의 아낌없는 충고와 격려를 부탁드립니다.

· 한언 가족 ·

HanEon's Mission statement

Our Mission   – We create and broadcast new knowledge for the advancement and happiness of the whole human race.

– We do our best to improve ourselves and the organization, with the ultimate goal of striving to be the best content group in the world.

– We try to realize the highest quality of welfare system in both mental and physical ways and we behave in a manner that reflects our mission as proud members of HanEon Community.

Our Vision   HanEon will be the leading Success Model of the content group.